Neue Aussichten
Ziele

Jana Kohl, Jeannie McNeill, Steve Williams

Hodder & Stoughton
A MEMBER OF THE HODDER HEADLINE GROUP

Acknowledgements

The authors and publishers would like to thank the following for permission to reproduce photographs and realia: ©Sabine Simon/ Ullstein Bilderdienst, p1; ©argus Fotoarchiv, pp8, 48, 58, 125, 134; „Drogen" diagram, Barmer Ersatzkasse, p8; ©Telegraph Colour Library, p10, 131; ©actionplus, p10; © Nat Med, p10; Bar chart smoking statistics, *http://www.dhs.de/basis/tabak.htm*, p10; © Still Life, p12; © Wellcome Photo Library, p12; ©Emma Lee/Life File, p12; ©Life File, p12, 22; ©AKG, pp18, 46-47, 74; ©Keystone, p18; ©Rowohlt, p19; Organic food producer labels, *http://www.allesbio.de/g_info.htm*, p22; Aids awareness postcards, *www.kuckucksei.de*, p26; ©Associated Press, pp28, 31, 44 -45, 50, 61, 66, 80, 106, 147, 149; ©K. Lehnartz/ Bildarchiv Preussischer Kulturbesitz, p33; ©Heiko Burkhard, p33; ©Corbis, p33, 149; ©Berley, p35; ©Deutsches Historisches Museum Berlin, p36; ©Steve Williams, p39; ©Graphic: German ministries, Faktenlexikon Deutschland, Wilhelm Heyne Verlag, p41; Logos of German political parties, CDU, CSU, SPD, FDP, Bündnis 90/Die Grünen, PDS, p42; © Imperial War Museum, p46; © Carl Weinrother/ Bildarchiv Preußischer Kulturbesitz, p46; ©"Die Mauer Bildjournalismus" Multimedia CD-Rom, Jürgen Müller-Schneck, *www.dieberlinermauer.de* p47; © Thomas Raupach/ Still Pictures, p47; © Joker, p58; © Karl-Bernd Karwasz/argus, p64; ©Bildarchiv Preußischer Kulturbesitz, pp68, 74, 76; ©Corbis, p72, 79, 80, 83, 111, 112, 115; ©Sabine Simon/Ullstein Bilderdienst, p76; ©artur Fotoagentur, p89; ©Royal Observatory, Edinburgh/ Science Photo Library, p100; © Jörg Michaelis/ Neues Museum Weserburg Bremen, Sammlung Grothe, p102; © NMWB, Sammlung Loch, p102; © Jochen Fliegner/ NMWB, p102; © NMWB, Sammlung Dr. Böckmann, p102; © Bettina Brach / NMWB, p103; ©Science Picture Library, p105; © Lockheed Martin Corporation, p105; ©Copyright DaimlerChrysler AG, p109; *http://www.ltam.lu/solarteam/Windenergie.htm*, p109; Medical emergency card, *http://www.medi-sos-card.com* p110; ©Science Photo Library, p115; © CARO/Bastian/Ullstein Bilderdienst, p117; Campaign poster, Gewalt-Sehen-Helfen logo, realia l-h items *http://www.praeventionsrat.stadt-frankfurt.de*, Realia, *http://www.opferhilfe-hamburg.de/*, *http://www.zdf.de/ratgeber*, p119; © Peter Frischmuth/argus, p121; © *www.modeschule.de/*, p130-131; ©Ulrike Schacht/argus, p136; ©Jens Weidner, p140; ©UN/DPI; p145; Swissaid logo and maps ,© *http://www.swissaid.ch/* p150-151; ©khw-dritte-welt.de, donations: M.M. Warburg Bank Hamburg, Konto-Nummer 350 370 (BLZ 201 201 00), p152; © Christian Aid/ Eleanor Smithies/ Still Pictures, p153; ©The Fairtrade Foundation, p155; ©Transfair Austria, p155; "Die Mauer Bildjournalismus" Multimedia CD-Rom, Jürgen Müller-Schneck *www.dieberlinermauer.de;* © B. Holzner, HOPI-Media Medienservice GmnH, p.70

Further acknowledgements to be found on p.188

Orders: please contact Bookpoint Ltd, 130 Milton Park, Abingdon, Oxon OX14 4SB. Telephone: (44) 01235 827720.
Fax: (44) 01235 400454. Lines are open from 9.00 – 6.00, Monday to Saturday, with a 24 hour message answering service.
Email address: orders@bookpoint.co.uk

British Library Cataloguing in Publication Data

A catalogue record for this title is available from the British Library

ISBN 0 340 73793 X

First Published 2001

Impression number   10 9 8 7 6 5 4 3 2 1

Year   2007 2006 2005 2004 2003 2002 2001

Copyright © 2001 Jana Kohl, Jeannie McNeill, Steve Williams

Cover image from Zap Art

Cover and page design by Julie Martin

Typeset by Liz Rowe

German Language Advisor: Heiner Schenke

Printed in Italy for Hodder & Stoughton Educational, a division of Hodder Headline Plc, 338 Euston Road, London NW1 3BH by Printer Trento

*I*ntroduction

Students –
What you need to know about *Ziele*

Ziele is the second stage of a course for students of German, and will prepare you for A2 level. You may already have used the first stage, *Etappen*, when preparing for AS.

Ziele covers a range of new and relevant topics, reflecting today's issues in the German speaking countries and the wider world, as well as young people's interests and concerns. The course will enable you to further extend your vocabulary, consolidate your understanding of German grammar, and use German with greater confidence in a wide range of situations.

Ziele covers the language topics and grammar required by your exam board for A2. In addition, it revises all key grammar points covered in your AS course. The tasks and activities are designed to help you practise for your exam papers, and there is a section with advice on tackling written coursework.

Ziele is arranged in six 'Einheiten' (Units). Each 'Einheit' looks at a major topic area, and is divided into 'Themen' (each usually a double page, but sometimes more), examining specific themes and issues and helping you with a wide range of skills. In addition, each 'Einheit' has a regional focus, so that you will become more familiar with different areas of the German speaking countries.

The **Kultur SPOT** in the middle of 'Einheit' 1–5 gives you the chance to find out about modern art, theatre, fashion, architecture and more …

Finding your way around *Ziele*:

Look out for these words and symbols, which will help you to find your way around each 'Thema':

Einstieg – a first task to get you thinking about a particular issue, or to find out what you already know

A – a reading text, perhaps from the press or the Internet (this symbol also appears next to the instructions relating to that text)

B))) – a recorded item from the cassette set (this symbol also appears next to the instructions relating to that item)

Denken Sie dran! – an information box reminding you about a grammar point that you have come across before

■ **Grammatik** – more detailed information about grammar that may well be new for you.

At the back of the book is a grammar summary, in English, including all the basics as well as the more advanced items you will learn.

Additional components of the course:

- Teacher's Handbook, with **photocopiable** copy masters, guidance for each task, suggestions for differentiation, task answers, tape transcript
- Cassette set

Contents

1 Sucht und Gesundheit:
Hamburg

Sucht

Gesundheit und Fitness

Schwangerschaft

AIDS

Alkohol, Alkohol ...

1 Trinken Sie alkoholische Getränke?
   a Ja, regelmäßig (mindestens einmal pro Woche).
   b Ja, ab und zu (weniger als einmal pro Woche).
   c Ja, aber nur zu besonderen Anlässen (Weihnachten, Geburtstag usw.).
   d Nein, überhaupt nicht.

2 Gehen Sie ins Pub?
   a Ja, nur mit Freunden/Freundinnen.
   b Ja, manchmal mit Freunden/Freundinnen, manchmal mit der Familie.
   c Ja, aber nur mit der Familie.
   d Nein, überhaupt nicht.

3 Was ist Ihr Lieblingsgetränk?

---

1 Lücken

Bevor Sie das Lied hören: Lesen Sie den Text des Liedes und füllen Sie die Lücken mit passenden Wörtern aus dem Kästchen aus.

apotheker	blei	dunkel	frühstück	kaugummi
explosion		untergangs	vierzigprozentiges	
	kokain	schulklo		

 Alkohol

2 Anders ausgedrückt

Finden Sie Ausrücke im Text, die Folgendes bedeuten:

1 die ganze Nacht durchfeiert
2 ich kann nicht klar denken
3 das Gehirn
4 mich beruhigt
5 trinken sie alkoholische Getränke

3 Bildliche Sprache

1 Grönemeyer erklärt das Verhältnis zum Alkohol bildhaft. Welche von diesen Bildern kommen im Lied vor? Finden Sie die entsprechenden Zeilen.

2 Nehmen Sie zwei von den Zeilen aus Aufgabe 1: Schreiben Sie eine Interpretation auf Deutsch.

a
d
b
e
c
f

Alkohol

HERBERT GRÖNEMEYER

wir haben wieder die nacht zum tag gemacht
ich nehm mein _____ abends um acht
gedanken fließen zäh wie _____
mein kopf ist schwer wie _____ , mir zittern die knie
gelallte schwüre in rotblauem licht
_____ gleichgewicht
graue zellen in weicher _____
sonnenaufgangs- und _____vision

was ist los, was ist passiert?
ich hab bloß meine nerven massiert

alkohol
ist dein sanitäter in der not
alkohol
ist dein fallschirm und dein rettungsboot
alkohol
ist das drahtseil, auf dem du stehst
alkohol, alkohol

die nobelscene träumt vom _____
und auf dem _____ riecht's nach gras
der _____ nimmt valium und speed
und wenn es _____ wird, greifen sie zum glas

was ist los, was ist passiert?
ich hab bloß meine nerven massiert

alkohol
ist dein sanitäter in der not
alkohol
ist dein fallschirm und dein rettungsboot
alkohol
ist das drahtseil, auf dem du stehst
alkohol
ist das schiff, mit dem du untergehst
alkohol
ist dein sanitäter in der not
alkohol
ist dein fallschirm und dein rettungsboot
alkohol
ist das dressing für deinen kopfsalat
alkohol, alkohol

Grönland

4 Aussage

Hören Sie das Lied noch einmal. Was will Grönemeyer Ihrer Meinung nach damit sagen? Will er sich nur das Image eines typischen, hart trinkenden Rockstars geben oder hat sein Lied eine ernste Aussage? Ist seine Einstellung zum Alkohol gefährlich? Begründen Sie Ihre Meinung mit Zitaten aus dem Text.

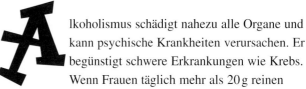

Alkoholismus

Häufigste Suchtkrankheit in Deutschland

Alkoholismus schädigt nahezu alle Organe und kann psychische Krankheiten verursachen. Er begünstigt schwere Erkrankungen wie Krebs. Wenn Frauen täglich mehr als 20 g reinen Alkohols zu sich nehmen (etwa 0,5 l Bier und 0,2 l Wein) und Männer mehr als 40 g, ist mit Gesundheitsschäden zu rechnen. Pro Jahr werden in Deutschland 2 200 Babys infolge des Alkoholismus ihrer Mütter mit schwersten körperlichen und geistigen Behinderungen geboren. Jedes Jahr sterben etwa 40 000 Menschen in Deutschland an den Folgen ihres langjährigen Alkoholismus. Nach einer Studie des Robert-Koch-Instituts unter Berliner Schülern der Klassen sieben bis zehn stieg der Alkoholverbrauch in den Jahren 1990–98 um 32%. Jeder sechste Schüler nahm täglich Alkohol zu sich und war damit stark suchtgefährdet.

1998/99 plante die EU ein Aktionsprogramm gegen Alkoholismus. Werbung für alkoholische Getränke soll eingeschränkt, Alkohol nur in ausgewählten Läden verkauft werden. Auf den Preis für alkoholhaltige Getränke soll eine Abgabe aufgeschlagen werden, die für die Behandlung gesundheitlicher Schäden zurückgelegt wird. Der höhere Kaufpreis soll vom Konsum abschrecken.

Aktuell 2000

5 Übersetzung ins Englische

Übersetzen Sie den ersten Absatz des Textes („Alkoholismus schädigt ... suchtgefährdet") ins Englische.

6 Diskussion

Lesen Sie den zweiten Absatz des Textes. Glauben Sie, dass die von der EU geplanten Maßnahmen gerechtfertigt sind?

Alkohol, Alkohol ...

Was versteht man unter „Sucht"? Das kann alles sein von einer lästigen, aber harmlosen Gewohnheit bis hin zu einer lebensgefährlichen Abhängigkeit.

Im Kästchen sind verschiedene Suchtformen aufgelistet. Entscheiden Sie:

1 Welche sind immer gefährlich?

2 Welche sind vielleicht lästig, aber selten gefährlich?

Sucht *die*; –, *Süchte*; 1 *die S.* (*nach etw.*) der Zustand, in dem man bestimmte schädliche Gewohnheiten nicht mehr ändern kann (vor allem das Rauchen, das Trinken von Alkohol, die Einnahme von Drogen) ≈ Abhängigkeit <an e–r S. leiden; von e–r S. nicht loskommen; j–n von e–r S. befreien, heilen; etw. wird bei j–m zur S.>

2 *die S.* (*nach etw.*) das übertriebene Verlangen, etw. zu tun ≈ Manie: *die S. nach Abwechslung, nach Vergnügen*

Langenscheidts Großwörterbuch Deutsch als Fremdsprache

Abenteuersucht	Gewinnsucht	Schwatzsucht
Alkoholsucht	Magersucht	Spielsucht
Drogensucht	Naschsucht	Streitsucht
Fresssucht	Putzsucht	Tablettensucht
Genusssucht	Schlafsucht	Vergnügungssucht

Denken Sie dran!

DAS IMPERFEKT (FORMEN)

Schwache Verben

*ich sag**te***	*wir sag**ten***
*du sag**test***	*ihr sag**tet***
*er/sie/es sag**te***	*sie sag**ten***
	*Sie sag**ten***

(auch unregelmäßige schwache Verben und Modalverben, z.B. *haben – ich hat**te**, können – ich konn**te***)

Starke Verben

ich nahm	*wir nahm**en***
*du nahm**st***	*ihr nahm**t***
er/sie/es nahm	*sie nahm**en***
	*Sie nahm**en***

■ Grammatik zum Nachschlagen, S.175

---

1 Textverständnis

Lesen Sie die Aussagen unten (a–g). In welchem Absatz des Textes (1–7) wird Folgendes behauptet?

a Auch bei einer Sucht bleibt die Gefahr lange verborgen.

b Erst dann, wenn es zu spät ist, wird die Sucht erkannt.

c Der Untergang der *Titanic* war die erste große Katastrophe des technischen Zeitalters.

d Die Ursachen des Unglücks lagen in der Unterschätzung der Gefahren.

e Die Gefahren waren leicht vorhersehbar.

f Der Freundeskreis ermutigt den Trinker oft zum Weitertrinken.

g Ab welchem Stadium man als Alkoholsüchtiger erkannt wird, hängt davon ab, welche Einstellung die Gesellschaft zum Alkoholkonsum hat.

2 Ähnlichkeiten

Suchen Sie im Text nach Ähnlichkeiten zwischen dem Schicksal der *Titanic* und der Entwicklung einer Alkoholsucht. Erklären Sie die Ähnlichkeiten mit Ihren eigenen Worten.

Beispiel

Die Gefahren sind verborgen.

3 Imperfekt

Finden Sie in den Absätzen 1–3 alle Imperfektformen. Füllen Sie die Tabelle aus.

Infinitiv	Imperfekt	Englisch
erleben	*ich erlebte*	*to experience*

4 Geschichte einer Sucht

Benutzen Sie die Grafik aus dem Text, um die Lebensgeschichte eines/einer fiktiven Alkoholsüchtigen zu beschreiben. Bestimmen Sie selbst, ob die Geschichte glücklich oder unglücklich endet.

Schreiben Sie die Geschichte hauptsächlich im Imperfekt.

Ⓐ

Der Untergang der *Titanic*

❶ Im Jahre 1912 erlebte die Menschheit die erste Großkatastrophe des technischen Zeitalters. Die *RMS Titanic*, das größte und modernste Schiff ihrer Zeit, stieß am 14.4.1912 auf ihrer ersten Atlantiküberquerung von England nach New York in der Nähe von Neufundland mit einem Eisberg zusammen. Innerhalb von drei Stunden sank das Schiff und 1 522 Menschen fanden den Tod.

❷ Schockiert und beunruhigt fragte damals die Öffentlichkeit nach den Ursachen des Unglücks, da die *Titanic* als unsinkbar galt. Der Kapitän, E.J. Smith, wollte das so genannte »Blaue Band« gewinnen und nahm die kürzere, nördliche Fahrtroute. Er hatte die Gefahr von Eisbergen unterschätzt. Er glaubte, auch nachts eventuelle Eisberge wegen des reflektierenden Lichts an ihren hellen Kanten rechtzeitig erkennen zu können.

❸ Wir alle wissen, dass bei einem Eisberg der größte Teil unter der Wasseroberfläche verborgen ist. Die Gefahr eines Zusammenstoßes ist bei Schiffen mit großem Tiefgang somit schon längst gegeben, wenn ein Eisberg über Wasser noch weit entfernt zu sein scheint. Im seeamtlichen Untersuchungsbericht hieß es abschließend dazu: »Die *Titanic* ist untergegangen, weil sie unklug geführt und trotz reichlicher Warnungen mit voller Geschwindigkeit in eine Gefahr gebracht wurde, der man leicht hätte ausweichen können.«

❹ Vieles am Untergang der *Titanic* ähnelt der Entwicklung einer Alkohol- oder Medikamentenabhängigkeit. Auch diese verläuft zunächst sozusagen unter der Oberfläche so langsam und unauffällig, dass sie lange Zeit vom Betroffenen und seiner Umwelt nicht bemerkt wird, obwohl in dieser Zeit häufig die entscheidenden Weichen in Richtung Suchtmittelabhängigkeit gestellt werden.

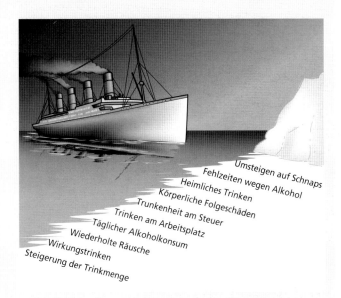

Umsteigen auf Schnaps
Fehlzeiten wegen Alkohol
Heimliches Trinken
Körperliche Folgeschäden
Trunkenheit am Steuer
Trinken am Arbeitsplatz
Täglicher Alkoholkonsum
Wiederholte Räusche
Wirkungstrinken
Steigerung der Trinkmenge

❺ »Ein richtiger Mann ...«, »Der verträgt etwas« oder »Das gehört halt dazu«. Das sind häufige Reaktionen von Freunden und Bekannten, wenn sich jemand wiederholt einen kräftigen Rausch angetrunken hat oder öfter unter einem heftigen »Kater« leidet. Lange Zeit überwiegen somit die positiven Erfahrungen mit Alkohol.

❻ Erst in einem relativ späten Stadium, wenn sich drastisch negative Folgen (z.B. Leberschaden, Verlust des Arbeitsplatzes) einstellen, kippt die Reaktion der Umwelt plötzlich um und der Betroffene wird als »Alkoholiker« oder gar »Säufer« beschimpft und verachtet. Er und seine Angehörigen fragen sich nun wie alles »nur so weit kommen konnte«. Meist ist es in diesem Stadium nicht mehr möglich, sich aus eigener Kraft von einer Abhängigkeit zu befreien.

❼ Ab wann man mit seinem Alkoholkonsum auffällt bzw. ab welchem Stadium einer Abhängigkeitsentwicklung man als »Alkoholiker« bezeichnet wird, hängt entscheidend davon ab, welche Einstellungen und welche Umgangsformen bezüglich Alkohol in einer Gesellschaft vorherrschen.

*L*ust auf den Rausch

Brainstorming: Aus welchen Gründen greifen Jugendliche zu Drogen?

Z.B. Schwierigkeiten mit der Familie; aus Neugier …

A

Elternängste

1 Gerade Eltern von Jugendlichen im Alter zwischen 14 und 18 Jahren haben Angst, dass der eigene Sohn oder die eigene Tochter mit Drogen in Kontakt kommt, jemand sie dazu verführen, gar zwingen könnte.

2 Eine Angst, die verständlich ist. Jugendliche entwachsen und entfliehen dem Schutz und der Kontrolle des Elternhauses mehr und mehr. Eltern müssen nun akzeptieren, dass Jugendliche Ziele und Vorstellungen entwickeln, die zunehmend von anderen – z.B. dem Freundeskreis – geprägt werden. Das ist eine Phase, die an sich schon viele Probleme für Eltern und Kinder schafft.

3 Zudem wird der Blick durch die Medien auf eine Szene gerichtet, die fremd und abstoßend erscheint: auf Drogenmarkt, Drogenmafia, kleine und große Dealer, auf Drogentote, auf Beschaffungsprostitution und -kriminalität.

Allein die Tatsache, dass es Drogen gibt, ist kein Grund, sie auch auszuprobieren

4 Der illegale Drogenmarkt und alle, die sich an ihm bereichern, müssen mit allen Mitteln bekämpft werden. Aber allein die Tatsache, dass es Drogen gibt, macht nicht süchtig. Die spektakulären, „medienwirksamen" Probleme illegaler Drogen verdecken den Blick auf Zusammenhänge, die besonders wichtig sind, wenn man Kinder und Jugendliche vor Drogen schützen will.

5 Sucht wird oft nur mit dem Gebrauch illegaler Drogen wie Haschisch (Cannabis), Heroin oder Kokain in Verbindung gebracht. Andere Suchtmittel wie Alkohol, Medikamente, Schnüffelstoffe oder Tabak können einen Menschen ebenfalls schwer schädigen (außerdem geht dem ersten Konsum illegaler Drogen in der Regel ein Gebrauch von Alltagsdrogen voraus). Ebenso sollte z.B. die Tatsache, dass 1991 40 000 Menschen an den Folgen von Alkoholmissbrauch und 90 000 an den Folgen des Rauchens gestorben sind, nachdenklich stimmen. Die Gefahr, dass ein Kind einmal Alkoholiker wird, ist um vieles höher, als dass es von illegalen Drogen abhängig wird.

Entwicklung des Drogenkonsums bei Jugendlichen

6 Die Entwicklung der vergangenen Jahre ist eindeutig: Jugendliche sehen Suchtmittel kritischer. Die Zahl derer, die regelmäßig mindestens einmal pro Woche Alkohol trinken, ist gesunken. Die Zahl der jungen Leute, die noch nie geraucht haben, liegt bei fast einem Drittel. Der Anteil derjenigen, die Erfahrungen mit Rauschgift haben, ist konstant geblieben; heute sagen schon über 60 Prozent der Jugendlichen, dass sie auf keinen Fall zu illegalen Drogen greifen würden. Allerdings: Die kleiner werdende Gruppe der Drogenkonsumenten nimmt Drogen heute intensiver und wahlloser.

7 Grundsätzlich gilt, dass mit jedem Drogenkonsum unkalkulierbare gesundheitliche Risiken verbunden sind. Die Gefahr, dass Jugendliche allein durch „mal probieren" süchtig werden, ist gering. Jugendliche, die aus Neugier einmal Haschisch rauchen, aber sonst keinen Grund haben, sich Erlebnisse über Drogen zu verschaffen oder Probleme zu verdrängen, geben dieses Verhalten oft schon nach kurzer Zeit wieder auf. Probier- und Neugierverhalten dürfen deshalb nicht als sichere Vorzeichen einer entstehenden Drogenabhängigkeit verstanden werden.

BZgA

1 **A oder B?**

Welche Aussage ist dem Text nach richtig – a oder b?

1

a Jugendliche zwischen 14 und 18 Jahren sind am meisten durch Drogen gefährdet.

b Jugendliche zwischen 14 und 18 Jahren machen ihren Eltern die meisten Sorgen.

2

a Eltern werden ängstlich, weil sie ihre Kinder immer weniger beschützen können.

b Eltern sollten die Ziele und Vorstellungen ihrer Kinder mehr beinflussen.

3

a Die Berichterstattung in den Medien vergrößert die Ängste der Eltern um ihre Kinder.

b Die Berichterstattung in den Medien vermindert die Ängste der Eltern um ihre Kinder.

4

a Wenn man Jugendliche vor Drogen schützen will, sollte man sich über den illegalen Drogenmarkt informieren.

b Wenn man Jugendliche vor Drogen schützen will, sollte man versuchen, die Ursachen des Drogenmissbrauchs zu verstehen.

5

a Der Gebrauch legaler Suchtmittel ist gefährlicher als der Gebrauch von Rauschgift.

b Der Gebrauch legaler Suchtmittel ist weiter verbreitet als der Gebrauch von Rauschgift.

6

a Die Zahl der Jugendlichen, die illegale Drogen konsumieren, ist in den letzten Jahren gestiegen.

b Die Zahl der Jugendlichen, die illegale Drogen konsumieren, ist in den letzten Jahren ungefähr gleich geblieben.

7

a Viele Jugendliche experimentieren mit Drogen, geben sie aber nach kurzer Zeit wieder auf.

b Viele Jugendliche experimentieren mit Drogen und werden dadurch süchtig.

B))) **Im Tanz die Töne sehen**

Raver im Gespräch über die Szene, Ecstasy und den Ausstieg.

2 **Fragen zum Text** **B**)))

Hören Sie die Aufnahme und beantworten Sie die Fragen auf Englisch. Im Kästchen werden einige umgangssprachliche Ausdrücke aus der Aufnahme erklärt.

1 What reasons do the speakers give for using Ecstasy? Name at least two reasons.

2 What potential problems with Ecstasy are mentioned by the speakers? Name at least four problems.

• abhotten	den Rausch abtanzen
• komplett ausgeschaltet	völlig erschöpft / geistesabwesend
• nichts auf die Reihe kriegen	nichts schaffen können
• schmeißen	aufgeben; (Pillen) schlucken
• E-Film	Ecstasy-Trip
• drauf bleiben	süchtig werden
• Verpeilter	Verirrter

3 **Übersetzung ins Deutsche**

Übersetzen Sie die folgenden Sätze ins Deutsche.

1 Parents of adolescents worry that their children will try drugs out of curiosity.

2 The danger of becoming addicted (use "man") is much greater if you have problems.

3 We shouldn't associate addiction just with illegal drugs, as other addictive substances can be equally harmful.

4 The fight against illegal drugs is important, but we should also consider ("sich überlegen") the reasons for drug use.

5 Nobody forced her to turn to drugs.

6 The number of fatalities from drug abuse has remained constant.

Lust auf den Rausch

A

Hansaplatz: Drogenelend wird immer größer

André Zand-Vakili

Der Hansaplatz 1989 und heute: Die Bilder gleichen sich. Auf den Stufen zum Brunnen die Süchtigen. Offen und ungeniert werden Heroinspritzen vorbereitet. Selbst als die Stadtreinigung auftaucht, um den Abfall der Nacht zu beseitigen, machen sie weiter. Heutzutage lassen sich die Dealer nicht einmal von den Müllmännern stören. Statt Kurden sind es heute Schwarzafrikaner, die am Hansaplatz den Handel mit Rauschgift kontrollieren.

Alltag am Hansaplatz: Süchtige konsumieren in aller Öffentlichkeit Drogen

Geschickt haben sie sich um den Platz verteilt. Kommen Süchtige, werden sie abgefangen. Locker, eine Hand in die Seite gestemmt, führt ein Farbiger die Abhängigen zu seinen Komplizen, die die Drogen übergeben. Neu sind die Crack-Raucher, die gierig an ihren kleinen silbernen Pfeifen ziehen.

Viele Anwohner haben sich scheinbar mit dem neuen Elend arrangiert. Ein Mann, der aus der Haustür kommt, kickt einen abgenagten Apfel und eine halbe Blechdose, die zum Aufkochen von Heroin benutzt worden war, aus dem Eingang weg. Dann geht er mit schnellem Schritt, ohne sich umzublicken, zu seinem Auto. »Ja ja, es ist wieder schlimmer geworden. Aber was soll man sagen. Hier ändert sich ja doch nichts«, sagt Anwohnerin Michaela Wulf (36). Auch die Mitarbeiterin eines Hotels ist dieser Ansicht. »Politiker reden nur, aber sie lassen uns im Stich.«

Die Polizei ist natürlich auch da. Am Mittwochmorgen hatten Beamte den Platz eingekreist und die Dealer in die Arme von Zivilfahndern getrieben. Mehrere Rauschgifthändler konnten festgenommen werden. Am Tag darauf verkauften dieselben Typen wieder Heroin und Kokain. Nach der Papierlage sind die Dealer oft Jugendliche. Die Mengen Rauschgift, die sie vornehmlich im Mund bei sich führen, sind sehr gering. »Man muss sich über eines klar werden: So wie es bei uns in Hamburg angepackt wird, ist es kein Drogenbekämpfungsprogramm«, sagt ein frustrierter Polizeibeamter. »Es ist nur ein kräfteintensives Herumjagen von Straßendealern und Süchtigen.«

Die Welt

---

1 **Textverständnis**

Entscheiden Sie, ob die folgenden Aussagen dem Text nach richtig (R) oder falsch (F) sind, oder ob nichts dazu gesagt wird (?).

1 Die Lage hat sich seit 1989 verbessert.

2 Die Dealer sind fast immer Jugendliche.

3 Die Komplizen sind meistens auch Süchtige.

4 Crack-Raucher sind erst seit kurzem auf dem Hansaplatz zu sehen.

5 Viele Anwohner haben sich mit der Anwesenheit der Süchtigen abgefunden.

6 Frau Wulf setzt ihre Hoffnung auf die Politiker.

7 Die Polizei unternimmt nichts gegen die Drogenszene.

8 Die Dealer verstecken das Rauschgift im Mund.

9 Die meisten Dealer kommen nach ihrer Festnahme gleich ins Gefängnis.

10 Manche Polizisten meinen, die Drogenbekämpfung mit diesen Methoden sei wirksam.

---

2 **Wenn ...**

Bilden Sie aus den zwei Sätzen einen „wenn"-Satz.

Beispiel

Man findet keine neue Lösung. Die Lage wird sich weiterhin verschlimmern. – Wenn man keine neue Lösung findet, wird sich die Lage weiterhin verschlimmern.

1 Die Dealer kommen nicht ins Gefängnis. Sie sind am nächsten Tag wieder auf der Straße.

2 Die Dealer sind Jugendliche. Sie können nicht so hart bestraft werden.

3 Die Dealer haben nur kleine Mengen Rauschgift bei sich. Man kann sie nicht von den Süchtigen unterscheiden.

4 Die Dealer sind Ausländer. Sie können abgeschoben werden.

5 Die Polizei jagt die Dealer und Süchtigen nur herum. Das ist kein Drogenbekämpfungsprogramm.

Grammatik: Adjektive als Substantive

Folgende Substantive sind eigentlich substantivierte Adjektive („adjectival nouns"): *der/die Jugendliche, der/die Süchtige*. Sie haben die üblichen Adjektivendungen:

Ein Jugendlicher aus Hamburg wurde neulich festgenommen.

Zwei Süchtige wurden in der Wohnung tot aufgefunden.

■ Grammatik zum Nachschlagen, S. 160

Schwache Maskulina

Substantivierte Adjektive sind nicht mit schwachen Maskulina („weak masculine nouns") zu verwechseln, z.B.: *der Komplize, der Kurde*. Schwache Maskulina haben – in allen Fällen – außer im Nominativ Singular – die Endung *-(e)n*:

Drei Komplizen des Dealers sind während der Razzia entkommen.

Ein Komplize konnte jedoch festgenommen werden.

---

4 Teufelskreis **B**))) **C**

Hören Sie die Aufnahme und füllen Sie die Lücken in der Grafik **C** aus.

---

5 Rollenspiel: Hansaplatz

Diskussion: Wie kann man die Probleme am Hansaplatz am besten lösen? Oder gibt es keine Lösung? Übernehmen Sie eine Rolle:

- Anwohner(in)
- Polizeibeamter/-beamtin
- Therapeut(in)
- Politiker(in)

---

3 Substantivierte Adjektive und schwache Maskulina

Vervollständigen Sie die folgenden Sätze, indem Sie allen Substantiven die richtige Endung geben.

1 Der Bericht erweckt den Eindruck, dass „Farbig__" am Drogenelend schuld seien, während Deutsch__ hauptsächlich Opfer seien.

2 Es hat keinen Sinn, die Süchtig__ festzunehmen. Stattdessen sollten die Polizeibeamt__ sich auf die Dealer konzentrieren.

3 Ein Kurd__ und drei Franzos__ wurden am Freitagabend auf dem Hansaplatz angegriffen. Es scheint, dass die Angreifer Deutsch__ waren.

4 Wir brauchen eine neue Klinik für die Behandlung Drogensüchtig__ und Alkoholkrank__.

5 Nach dem Bericht des Polizist__ sei die Jugendlich__ während der Razzia verletzt worden.

6 Drei von den Süchtig__ lagen bewusstlos auf den Stufen zum Brunnen.

7 Neulich habe ich einen Zeitungsbericht über einen Bekannt__ von mir gelesen. Er ist Therapeut__ geworden und behandelt jetzt Drogensüchtig__.

8 Die Nachbar__ des süchtigen Jugendlich__ scheinen sich mit der Lage abgefunden zu haben.

B))) **C** Die „Drogenkarriere" ist ein Teufelskreis ...

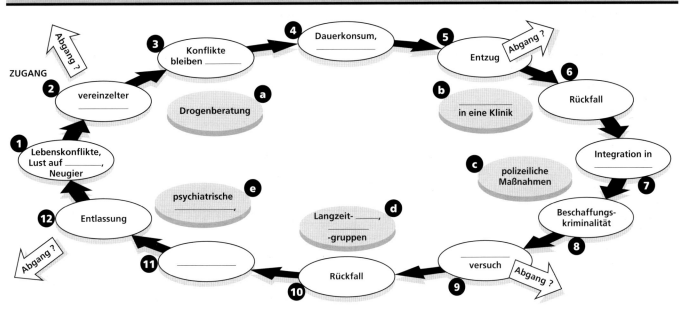

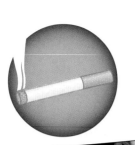

Jung qualmt mehr

Raucherstatistik

Sehen Sie sich die Angaben über Raucher in der Bundesrepublik an (Ⓐ). Beschreiben Sie mit Ihren eigenen Worten diese Angaben. Denken Sie dabei an mögliche Gründe für die Unterschiede zwischen den Altersgruppen und Geschlechtern.

Beispiele

- Mehr junge … rauchen als junge …
- Am meisten rauchen …, mit …%
- …% der … rauchen, aber nur …% der …, vielleicht weil …
- Ich nehme an, dass weniger … als … rauchen, weil …
- Der Grund dafür ist wahrscheinlich …

---

1   Gründe für oder gegen das Rauchen

1   Welche der folgenden Gründe sind für und welche gegen das Rauchen? Machen Sie zwei Listen. Erweitern Sie dann die zwei Listen mit Ihren eigenen Vorschlägen.

Gründe für das Rauchen	Gründe gegen das Rauchen

ich will alles selber ausprobieren

ich will gesund leben

ich lebe im „Hier und Jetzt"

ich bin von den positiven Wirkungen der Zigarette abhängig geworden

ich habe Krankheit oder Tod naher Bezugspersonen erlebt

ich bin unsicher und will das überspielen

ich genieße die Leistungsfähigkeit meines Körpers

2   Was sind Ihrer Meinung nach die drei wichtigsten Gründe auf jeder der zwei Listen? Besprechen Sie Ihre Gedanken darüber mit der Klasse.

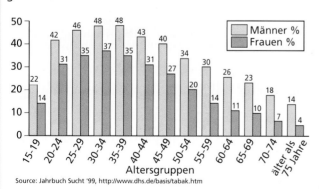

Ⓐ

Wer raucht in Deutschland?

Anzahl der regelmäßigen Raucher, nach Altersgruppen getrennt.

Altersgruppen	Männer %	Frauen %
15-19	22	14
20-24	42	31
25-29	46	35
30-34	48	37
35-39	48	35
40-44	43	31
45-49	40	27
50-54	34	20
55-59	30	14
60-64	26	11
65-69	23	10
70-74	18	7
älter als 75 Jahre	14	4

Source: Jahrbuch Sucht '99, http://www.dhs.de/basis/tabak.htm

JUNG QUALMT MEHR
Am meisten rauchen die unter 40-Jährigen

2 Zigaretten und Werbung

Lesen Sie den Bericht über Werbung für Tabakprodukte in der Bundesrepublik und ergänzen Sie die folgenden Sätze auf Deutsch.

1 Die Tabakwarenindustrie in der Bundesrepublik gibt …

2 Seit 1974 darf …

3 Auf jeder Zigarettenpackung gibt es …

4 Kinder und Jugendliche unter 16 dürfen nicht …

5 In ihrer Werbung soll die Zigaretten- und Tabakwarenindustrie versuchen, …

6 Argumente für solche Werbung sind, dass …

3 Zigaretten und junge Leute

Lesen Sie den Text noch einmal sorgfältig durch. Ihr(e) Lehrer(in) wird Ihnen dann Fragen zum Textverständnis stellen und Sie werden weitere aus dem Text entstehende Fragen diskutieren. Sie sollten sich auch überlegen, was Sie persönlich vom Thema „Zigaretten und Werbung" halten.

Die folgenden Stichpunkte helfen Ihnen vielleicht bei der Vorbereitung:

- Die Situation in Deutschland, was Werbung für Tabakprodukte betrifft
- Die Situation in Deutschland, was Jugendliche und Rauchen betrifft
- Die Argumente der Tabakwarenindustrie
- Die Argumente ihrer Gegner
- Die Situation in anderen Ländern
- Warnhinweise und negative Darstellungen des Rauchens
- Andere Einflüsse auf junge Leute – z.B. in den Medien, in der Schule, im Freundeskreis

Zigaretten und Werbung

Millionen von Euro gibt die Tabakwarenindustrie in der Bundesrepublik für die Werbung in den Massenmedien aus. Für Zigaretten und Tabakerzeugnisse darf seit 1974 in Rundfunk und Fernsehen nicht mehr geworben werden. Im Kino aber läuft die Werbung für Tabakwaren weiter. Der Warnhinweis des Bundesministeriums für Gesundheit auf den Zigarettenpackungen soll dazu beitragen, Nichtrauchende, vor allem Jugendliche, vom Rauchen abzuhalten.

Nach dem Gesetz zum »Schutz der Jugend in der Öffentlichkeit« von 1985 dürfen Kinder und Jugendliche unter 16 Jahren in der Öffentlichkeit nicht rauchen. Es dürfen in Betrieben an Jugendliche unter 16 Jahren keine Tabakwaren abgegeben werden.

Die Selbstkontrolle der Zigaretten- und Tabakwarenindustrie heißt, dass sie Folgendes zu vermeiden versucht: die Darstellung von Personen unter 30 Jahren, von Sportlern und jede Werbung, die den Eindruck erwecken könnte, Rauchen sei gut für die Gesundheit. Das ist jedoch nicht immer der Fall. Auch gesund und gut aussehende junge Menschen werden in Situationen dargestellt, die Jugendliche ansprechen.

Gegner der Werbung für Tabakwaren sind der Meinung, dass Werbung den Verbrauch steigert, dass Kinder und Jugendliche durch Werbung zum Rauchen ermuntert werden und dass die Gesundheit vermehrt gefährdet wird.

Die Tabak- und Werbewirtschaft dagegen führt an, dass:
- in Ländern ohne Werbung der Anteil der Raucher und jugendlichen Raucher nicht geringer ist als in Ländern mit Werbung
- Jugendliche durch andere Einflüsse wie Neugier, Vorbild der Erwachsenen, Freundeskreis usw. zum Rauchen kommen und nicht wegen der Werbung.

Barmer Ersatzkasse

Wichtig für Passivraucher

Eine brennende Zigarette produziert tausende von Stoffen, die zum Teil gefährliche Gifte sind. Nichtraucher »genießen« diese Gifte mit. Einige davon sind Nitrosamine, Stickoxide, Formaldehyd. Trotz der Verdünnung durch die Raumluft kann der Nichtraucher damit ebenso belastet werden wie der Raucher. Tabakrauch einzuatmen kann nicht nur belästigend für einen Nichtraucher sein, sondern auch gesundheitsschädigend. Kopfschmerzen, Atembeschwerden, Husten, Schwindel, Bronchitis und Lungenemphysem können die Folgen sein.

Der Schutz von Nichtrauchern wird daher zu Recht vom Staat gefördert und in der Öffentlichkeit sowie im privaten Miteinander zunehmend beachtet.

Barmer Ersatzkasse

4 Das Passivrauchen

Lesen Sie die Informationen zum Thema Passivrauchen und beantworten Sie die folgenden Fragen (in ganzen Sätzen auf Deutsch):

1 Nennen Sie Beispiele für Giftstoffe, die von einer brennenden Zigarette produziert werden.

2 Inwiefern kann das Passivrauchen gesundheitsschädigend sein?

3 Was kann man als Nichtraucher tun, um im privaten Miteinander das Passivrauchen zu vermeiden? (Beschreiben Sie Ihre eigenen Ideen.)

4 Wie wird das Problem des Passivrauchens in der Öffentlichkeit in Ihrem Land behandelt? Nennen Sie Beispiele. Sollte man mehr tun?

Jung qualmt mehr

„Mit dem Rauchen aufzuhören ist nicht schwer. Ich habe es selbst schon hundertmal geschafft.“
(Mark Twain, Autor)

Wege aus der Sucht

1 Nikotinersatz

Nikotinsubstitution verdoppelt die Erfolgschancen einer Entwöhnung. In Deutschland sind bisher Nikotinpflaster und -kaugummis im Handel.

2 Verhaltenstherapie

Ziel ist es, u.a. „Verführungs-situationen" zu kontrollieren. Bausteine der Therapie: Motivation und alternative Beschäftigungen finden. Raucher können von einem Tag auf den anderen oder schrittweise aussteigen.

3 Antiraucherpille

Verschreibungspflichtige nikotinfreie Tabletten zur Rauchentwöhnung dämpfen die Entzugserscheinungen im Gehirn. In den ersten drei Tagen der Therapie nehmen die Raucher eine Tablette, danach täglich zwei und reduzieren langsam ihren Zigarettenkonsum. Eine Tagesration der Antiraucherpille soll so viel kosten wie eine Schachtel Zigaretten pro Tag.

4 Hypnose

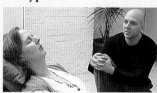

Bei der Hypnose versetzen die Therapeuten die Raucher in Trance. Hypnosetherapeuten verknüpfen das Rauchen mit unangenehmen Vorstellungen – zum Beispiel dem Gefühl, Asche im Mund zu schmecken. Gleichzeitig knüpfen sie positive Gefühle an neue Nichtrauchersituationen.

5 Schlusspunkt-Methode

Schätzungsweise 80 Prozent aller Raucher verwenden die „Schlusspunkt-Methode", bei der der Raucher von einem Tag

auf den anderen – meist aus eigener Willenskraft – aufhört. Je besser die Unterstützung durch Freunde und Familie, desto höher sind die Erfolgsaussichten mit dieser Methode.

6 Akupunktur

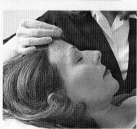

Nach dem alten chinesischen Verfahren stechen Akupunkteure in der Regel drei Nadeln in die „Suchtpunkte" des Ohrs. Die Akupunktur dämpft beim Raucher die Gier nach der Zigarette und mildert die Entzugserscheinungen.

Focus

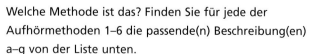

1   Aufhörmethoden

Welche Methode ist das? Finden Sie für jede der Aufhörmethoden 1–6 die passende(n) Beschreibung(en) a–g von der Liste unten.

a Etwa fünf Millionen Raucher weltweit haben diese Pharmakotherapie bereits ausprobiert.

b Man muss die genaue Lage der empfindlichen Stelle finden.

c Die Therapeuten wirken auf das Unterbewusstsein der Raucher ein.

d Ohne begleitende Unterstützung hat sie die niedrigste Erfolgsquote, aber es entstehen keine Kosten.

e Die Einstellung des Rauchers wird verändert.

f Sie verdoppelt die Erfolgschancen, unabhängig von der Intensität der sonstigen Beratung.

g Die Therapie kostet ungefähr so viel wie das Rauchen.

B

Schluss damit!

Jetzt startet die große bundesweite Gesundheitsaktion – Schluss mit dem Rauchen. Hunderttausende Raucher wollen wenigstens einen Monat lang keine Zigarette anrühren.

Am kommenden Montag wird mit riesigem Aufwand die Aktion „Quit and Win" („Aufhören und gewinnen") gestartet. Es geht darum, einen Monat lang, vom 1. Mai bis zum 31. Mai, nicht zu rauchen. Veranstalter sind das Deutsche Krebsforschungszentrum und die Weltgesundheitsorganisation (WHO). Über 30 000 bundesdeutsche Firmen und Organisationen unterstützen „Quit and Win", darunter Konzerne wie DaimlerChrysler oder die Telekom, Krankenkassen, alle Gesundheitsorganisationen Deutschlands und viele Sportvereine. Das Krebsforschungszentrum rechnet mit weit über 100 000 Teilnehmern. Anmeldeformulare gibt es in Apotheken, Arztpraxen, Gesundheitsämtern – und im Internet.

Am Ende der Aktion werden aus den Teilnehmerkarten Gewinner gezogen, die, sofern sie bei ihrem Hausarzt per Urintest nachweisen können, dass sie tatsächlich nicht geraucht haben, Geldpreise gewinnen können. Tatsächlich gewinnt aber jeder Raucher, der bei „Quit and Win" mitmacht – seien es nur ein paar Mark, die er bei einem nicht lange durchgehaltenen Aufhörversuch spart, seien es 200 oder 300 Mark, die er als starker Raucher durch totalen Verzicht im Mai spart. Hauptgewinner aber sind die, die es mit dieser Aktion vielleicht sogar schaffen, ganz aufzuhören.

Stern

Denken Sie dran!

DER IMPERATIV

du	**Sie**
Mach das!	*Machen Sie das!*
Versuch es!	*Versuchen Sie es!*
Denk an … !	*Denken Sie an … !*

Und bei trennbaren Verben:

Hör mit dem Rauchen auf!
Hören Sie mit dem Rauchen auf! (aufhören)
Nimm daran teil!
Nehmen Sie daran teil! (teilnehmen an + Dativ)

■ Grammatik zum Nachschlagen, S. 177

---

2   Gruppenarbeit – Radiowerbespot   **B**

Lesen Sie den Bericht aus *Stern* über die bundesweite Gesundheitsaktion „Schluss damit!". Sie sollen für diese Kampagne im Radio werben. Schreiben Sie in der Gruppe einen Text für Ihren Werbespot, in dem Sie Details aus dem Artikel verwenden. Teilen Sie dann in der Gruppe Rollen auf und nehmen Sie den Werbespot auf Kassette auf. (Tipps: Sie wollen die Zuhörer zur Teilnahme an der Kampagne überreden. Verwenden Sie den Imperativ!)

Nützliche Ausdrücke:

Es lohnt sich …

… lieber als …

Ich würde das empfehlen …

Es ist wichtig zu betonen/sagen, dass …

C))) **Interviews mit Ex-Rauchern**

3   So geht's: Ex-Raucher berichten   **C**)))

Hören Sie die Interviews mit vier Teilnehmern der Kampagne „Schluss damit!". Tragen Sie die angegebenen Informationen in die Tabelle unten ein. (Einige Informationen fehlen.)

4   Brief an eine Lokalzeitung   **A** **B** **C**)))

Schreiben Sie einen Brief an die Leser einer Lokalzeitung, in dem Sie sie zur Teilnahme an der Kampagne „Schluss damit!" ermuntern. Erzählen Sie auch über Ihre eigene Erfahrung als Ex-Raucher (oder die Erfahrung von einem Ihrer Bekannten). Sie sollten nicht mehr als 180 Wörter schreiben.

	Sabine Fleige	Martin Ecker	Cristina Wolger	Werner Kleeman
Alter, Beruf				
ehemaliger Zigarettenkonsum				
letzte Zigarette				
Aufhörmethode				
Schwierigkeiten				
Meinung				

Voll im Stress

Bilden Sie so viele Ausdrücke wie möglich zum Thema Stress. Verwenden Sie dazu die Wörter in den drei Kästchen. (Tipp: Sie werden nicht immer eine Präposition brauchen.)

Beispiel

unter Stress leiden

Präpositionen
an
über
auf (+ Akk.)
unter

Substantive
psychosomatische Beschwerden
Stress
seelische Belastungen
klassische Kinderkrankheiten
Allergien
Asthma
Kinder
Ursachen
Druck

Verben
sehen
leiden
ausüben
klagen
verstehen
überfordern
haben

 A

Viele Kinder mit psychosomatischen Beschwerden

Etwa zehn Prozent aller Schüler in Deutschland haben nach Angaben von Fachleuten psychosomatische Beschwerden. Immer mehr Kinder, so die Experten, litten an Allergien, Asthma, Hautausschlägen und Neurodermitis, sowie Kopf-, Magen- und Rückenschmerzen.

Ursache der Beschwerden sei oft auch der „von den Eltern ausgeübte Druck" auf die Kinder. Nach Untersuchungen der Universität Bielefeld an Grund- und weiterführenden Schulen sind vor allem Mädchen betroffen. Während die klassischen Kinderkrankheiten in den vergangenen beiden Jahrzehnten deutlich abgenommen hätten, gebe es einen dramatischen Anstieg bei Allergien. Nach der Studie klagt bei den Neun- bis Elfjährigen jedes dritte oder vierte Kind über mindestens eine allergische Reaktion – meist Hautausschläge, Heuschnupfen, Neurodermitis und Asthma.

Die Wissenschaftler sehen die Ursachen im direkten Lebensumfeld der Kinder. Kinder und Jugendliche seien heute in der Schule und zu Hause immer stärker überfordert. Sie litten unter Beziehungskrisen ihrer Eltern, Stress und massiver Reizüberflutung. „Der Körper sucht ein Ventil und findet es über alle möglichen Krankheiten." Mediziner müssten mehr von seelischen und sozialen Belastungen verstehen, forderten die Forscher.

Hamburger Morgenpost

B

Experten warnen: Ob Aspirin oder Vitamintablette, Arzneimittel sind die eigentliche Einstiegsdroge.

Kids als Pillenschlucker

Angst vor der Mathearbeit? Ein Beruhigungsmittel wird's richten. Schlecht geschlafen? Aspirin einwerfen, das macht wach. Alarm! 30 Prozent der Jugendlichen zwischen 13 und 17 Jahren greifen hierzulande regelmäßig zu Medikamenten.

Egal, ob Kids zu Hause Stress haben oder der Leistungsdruck in der Schule ihnen zusetzt: Tabletten-Konsum wird für Kinder und Jugendliche immer selbstverständlicher – mit gefährlichen Folgen. „Nicht Zigaretten oder Alkohol, sondern Arzneimittel sind in unserer Kultur die eigentliche Einstiegsdroge", warnte Professor Klaus Hurrelmann, renommierter Jugend- und Gesundheitsforscher an der Uni Bielefeld, gestern bei einer Experten-Diskussion der Technischen Krankenkasse (TK) in Hamburg. Fünf Prozent der deutschen Jugendlichen, schätzt der Professor, sind sogar medikamentenabhängig. Wenn Kinder meinen, dass der Griff zur Pille die Problemlösung sei, wird's gefährlich.

Meist fängt es harmlos an. Schon Kinder im Vorschulalter nehmen Vitaminpräparate. Für die Eltern oft ein Ausweg, wenn die Kleinen keine Lust auf Obst haben, man ihnen aber trotzdem Vitamine verabreichen will. Hurrelmann: „Kindern wird auf diese Weise vermittelt, dass es in Ordnung ist, Tabletten einzunehmen." Mit der Schulzeit beginne dann der Leistungsdruck. Hermann Schlömer vom Referat Drogen und Suchtprävention des Hamburger Instituts für Lehrerfortbildung fordert: „Statt bei Kindern Versagensängste zu schüren, sollten wir ihre Stärken betonen."

Hamburger Morgenpost

Mehr Druck und Frust am Arbeitsplatz

Die heutige Arbeitswelt fordert vom Einzelnen immer mehr Leistung, was mehr Hektik und Stress bedeutet. Andererseits sind für die meisten Arbeitnehmer und Arbeitnehmerinnen die Zeiten automatischer Lohn- und Gehaltserhöhungen, Beförderungen und sonstiger Belohnungen vorbei. Vielen gibt man das Gefühl, dass sie froh sein dürfen, einen Arbeitsplatz zu haben. Arbeitsmediziner haben für dieses Auseinandergehen von Leistungsdruck und Belohnung den Ausdruck »Gratifikationskrise« geprägt. Wer sich in einer derartigen Krise befindet, hat beispielsweise ein höheres Risiko, eine stressbedingte Herz-Kreislauf-Erkrankung zu bekommen. Das Risiko für Stresstrinken steigt mit. Arbeiter, die sich von dem Gefühl des Ungleichgewichtes zwischen Verausgabung und Belohnung am Arbeitsplatz betroffen fühlen, zeigen eine größere Tendenz, die Belastung mit Hilfe von Alkoholkonsum zu reduzieren.

SFA

1 Überforderte Kinder

Lesen Sie den Artikel und überprüfen Sie die Ausdrücke, die Sie gebildet haben.

2 Kids als Pillenschlucker

Lesen Sie beide Artikel sorgfältig durch. Schreiben Sie eine Zusammenfassung der Hauptpunkte auf Englisch. Sie sollten dabei Folgendes erwähnen:

- causes of stress in children and young people
- symptoms of that stress
- methods often used to relieve the symptoms, and their consequences
- possible solutions

3 Druck und Frust am Arbeitsplatz

Bringen Sie die folgenden Punkte des Berichts in die richtige Reihenfolge. Welcher Punkt wird im Bericht nicht erwähnt?

1 Oft wird eine größere Leistung nicht automatisch belohnt.

2 Wenn der Lohn Hektik und Stress nicht widerspiegelt, steigt die Tendenz zu stressbedingten Krankheiten oder zum Stresstrinken.

3 Arbeitnehmer wollen, dass man ihre Stärken betont.

4 Arbeiter werden unter Druck gesetzt, mehr zu leisten.

5 Viele haben das Gefühl, sie sollten froh sein, überhaupt eine Stelle zu haben.

Kaffee und Schokolade machen Frust schlimmer

4 Stressbewältigung

1 Hören Sie den Radiobericht zum Thema Stressbewältigung. Notieren Sie sich Details zu den folgenden Punkten.

a Die psychischen Wirkungen von Süßigkeiten

b Eine bessere Alternative und deren Wirkungen

c Die Gefahr für manche Menschen, die unter Stress leiden

d Entspannungsmethoden

2 Hören Sie den Bericht noch einmal. Finden Sie jeweils den deutschen Ausdruck:

a sweetened food e common parlance/speech

b state of mind f sensitive

c mood g to eat more sensibly

d bad conscience h to overcome stress

5 Diskussion: Stress in Ihrem Leben

Besprechen Sie die folgenden Fragen mit den anderen Schülern in der Klasse:

- Inwiefern fühlen Sie sich zu Hause oder in der Schule unter Stress? Geben Sie Beispiele für die Ursachen des Drucks.
- Welche Methoden helfen Ihnen, Stress zu bewältigen oder zu vermeiden?
- Wie könnten Eltern, Lehrer und junge Leute selbst den Druck zu Hause oder in der Schule reduzieren?

Auf den Magen geschlagen

Warum nicht mehr essen wollen?

Die Ursachen der Magersucht sind oft kompliziert. Wie könnten die folgenden Faktoren dazu beitragen? Besprechen Sie Ihre Ideen mit der Klasse – die Vokabeln im Kästchen helfen Ihnen dabei.

- **die Gesellschaft**
- **die Medien**
- **die Familie**
- **die Schule**
- **die Gefühle**

das Schönheitsideal(e)
das Mannequin(s)
die Modezeitschrift(en)
die Einsamkeit
das Selbstbewusstsein
die Trennung der Eltern
Diät machen
erwachsen werden
abnehmen/zunehmen
wiegen

A

Diagnose: Magersucht

„Janina" (Name wurde geändert) ist 18 Jahre alt. Als sie 13 war, trennten sich ihre Eltern. Ihr Vater, ein Alkoholiker, zog mit seiner langjährigen Geliebten zusammen, die er später auch heiratete. Janina und ihr drei Jahre jüngerer Bruder blieben bei der Mutter. Damals fing sie an, statt zwei Scheiben Brot nur noch eine Scheibe zum Abendbrot zu essen. Heute isst sie den ganzen Tag nur noch Knäckebrot und Obst. Sie wog 104 Pfund und entwickelte gerade Busen und Po. Eine „Figur wie ein Engel" sagte ihre Mutter einmal dazu. Zwei Jahre später stellte ein Arzt die Diagnose: Anorexia nervosa, Magersucht. Sie wog nur noch 76 Pfund.

Janina geht in Hamburg aufs Gymnasium und ist eine gute Schülerin. Mit ihren Eltern hatte sie nie Krach, sie war weder aufmüpfig noch agressiv; lieber zog sie sich still in ihr Zimmer zurück. Einen Freund hat die 18-Jährige bis jetzt noch nie gehabt. Und ihre langjährigen Freundinnen haben sich inzwischen alle von ihr zurückgezogen. Heute lebt Janina in der betreuten Wohngemeinschaft einer Suchtklinik und geht jeden Tag zur Schule. Diese Regelung kam auf ihren eigenen Wunsch zustande. Es ist ihr dritter Versuch, ihre Sucht zu überwinden. In ein paar Wochen ist die sechsmonatige Therapie zu Ende.

Auf den ersten Blick kann man es sich kaum vorstellen: einfach nichts mehr zu essen. Dennoch ist die Geschichte von Janina kein Einzelfall. Gerade Mädchen (aber auch einige Jungen) fangen – aus ganz verschiedenen Gründen – damit an, immer weniger zu essen, bis das ständige Abnehmen-Wollen zur Sucht geworden ist, aus der sie sich nur noch schwer befreien können.

Für viele Mädchen ist das Erwachsenwerden eine schwierige Phase; sie beobachten die Veränderungen ihres Körpers ängstlich und kritisch. Zum einen möchten sie nicht „rund" werden; zum anderen ist mit einem „erwachsenen" Körper auch „erwachsenes" Verhalten verbunden. Viele Jugendliche, die an Magersucht leiden, sehnen sich nach der Unterstützung ihrer Familien. Sie möchten sich als „Kind" ihrer Eltern beschützt und akzeptiert wissen. Andererseits gibt das ständige Fasten ihnen eher die Möglichkeit, sich von den Eltern abzugrenzen und ihren eigenen Weg zu gehen.

Süchtig zu sein bedeutet nicht nur, von Alkohol, Zigaretten oder Drogen abhängig zu sein. Auch ein bestimmtes Verhalten kann als „Suchtmittel" benutzt werden. Dann wird dieses Verhalten immer wieder eingesetzt, wenn es darum geht, Problemen und Konflikten aus dem Weg zu gehen und sich selbst eine scheinbar bessere Umgebung zu schaffen. Gerade bei Magersüchtigen fällt die zwanghafte Essensverweigerung zunächst oft nicht auf – weil Schlanksein und eine Diät zu machen von vielen Menschen gewünscht und gebilligt wird.

BZgA

1 Angaben zur Person

Lesen Sie die ersten zwei Absätze des Artikels, und notieren Sie die hier fehlenden Angaben:

Janina

Vorname:

Alter:

Familie:

Schule:

Persönlichkeit:

Wohnung:

Länge der Therapie:

2 Falsche Sätze

In jedem der folgenden Sätze über den Artikel sind zwei inhaltliche Fehler. Lesen Sie jetzt den ganzen Artikel durch und korrigieren Sie die Fehler.

1 Janinas Probleme fingen vor sieben Jahren an, als sie die Pubertät erreichte und ihr Vater Alkoholiker wurde.

2 Jetzt versucht sie zum ersten Mal, ihre Sucht zu bekämpfen, mit der Unterstützung ihrer alten Freunde.

3 Fälle wie Janinas kommen nur selten vor, da Jugendliche verschiedene Gründe haben, abnehmen zu wollen, wie zum Beispiel die Angst vor der Schule.

4 Diese Art Sucht ist hauptsächlich ein Mittel, Konflikte und Probleme zu lösen und erwachsen zu sein.

5 Oft bemerkt man sehr schnell, dass jemand magersüchtig wird, weil die Schlankheit sofort auffällt.

3 Lückentext – Pauls Geschichte

Ergänzen Sie diesen Text zum Thema Magersucht, indem Sie das jeweils richtige Verb aus dem Kästchen ins Imperfekt setzen.

Mein Bruder und ich ___(1)___ 12 und 14 als das alles ___(2)_____. Ich ___(3)___ damals um die 140 Pfund, und die anderen in meiner Klasse ___(4)___ mir ständig, ich sei zu dick. Ich ___(5)___ eigentlich keine richtigen Freunde und ___(6)___ mich irgendwie anders. Zu Hause ___(7)___ es Probleme – meine Mutter ___(8)___ ausziehen. Ich ___(9)___ zuerst ganz harmlos Diät, aber irgendwann ___(10)___ das viel ernster und ich ___(11)___ nicht aufhören. Zuerst ___(12)___ keiner was.

werden	geben	haben	fühlen
anfangen	sagen	können	wiegen
merken	machen	sein	wollen

Denken Sie dran!

INFINITIVE ALS SUBSTANTIVE

Verben können substantiviert (als Substantive gebraucht) werden: Man nimmt einfach den Infinitiv und schreibt ihn groß. Alle solche Substantivierungen sind neutral:

fasten → *das Fasten*

ZUSAMMENSETZUNGEN

Verbindungen aus Adjektiv/Substantiv/Verb/usw. + Verb können ebenfalls substantiviert werden:

erwachsen werden → *das Erwachsenwerden*

schlank sein → *das Schlanksein*

Diät halten → *das Diäthalten*

Zur Verdeutlichung kann man zwischen längeren Wörtern einen Bindestrich setzen:

das Abnehmen-Wollen

oder: *das Abnehmenwollen*

■ Grammatik zum Nachschlagen, S. 161

B))) Interview mit Janina

4 Hörverständnis

Hören Sie das Interview mit Janina und beantworten Sie die folgenden Fragen mit ganzen Sätzen. Verwenden Sie dabei das Imperfekt (1–4).

1 Beschreiben Sie die Haltung von Janinas Mutter zur Krankheit ihrer Tochter.

2 Wie versuchte Janina zuerst abzunehmen? (Nennen Sie zwei Mittel.)

3 Warum bemerkte ihre Mutter nicht sofort, dass etwas los war? (Nennen Sie zwei Gründe.)

4 Warum hörte der Kontakt mit ihren Freunden auf?

5 Was wünscht sie sich jetzt?

Kultur
SPOT

Theaterstadt Hamburg
Gustaf Gründgens und Mephisto

Am 22. Dezember 1999 wäre er hundert Jahre alt geworden – Gustaf Gründgens, der wohl berühmteste und auch umstrittenste deutsche Schauspieler, Theaterleiter und Regisseur des letzen Jahrhunderts.

Deutsches Schauspielhaus Hamburg

Das 1900 von den Wiener Architekten Helmer und Fellner errichtete Schauspielhaus gehört mit seiner prunkvollen Ausstattung und den riesigen Deckengemälden zu den bedeutendsten Bauwerken der Hansestadt. Eine der wichtigsten Epochen in der Geschichte dieser Bühne war die Intendanten-Ära von Gustaf Gründgens (1955–1963).

B
Kurzbiografie Gustaf Gründgens SCHAUSPIELER UND REGISSEUR

1899	22. Dezember: Gustaf Gründgens wird in Düsseldorf als Sohn einer alteingesessenen rheinischen Industriellenfamilie geboren.
ab 1919	Unterricht an der Hochschule für Bühnenkunst des Düsseldorfer Schauspielhauses.
1920–27	Engagements an verschiedenen Theatern, wo er vor allem zwielichtige Charaktere spielt.
1926	Im Juli heiratet er Erika Mann, eine Tochter Thomas Manns. Die Ehe wird bereits 1929 wieder geschieden.
1932	Erster Auftritt in der Rolle seines Lebens, dem „Mephisto" in Goethes *Faust I*.
1934	Ernennung zum Intendanten des Berliner Schauspielhauses.
1936	Berufung in den Preußischen Staatsrat. Heirat mit der Schauspielerin Marianne Hoppe.

1937–45	Generalintendant des Preußischen Staatstheaters.
1945/46	Neunmonatige Haft in einem sowjetischen Internierungslager.
1946	Als Schauspieler am Deutschen Theater in Ostberlin und als Regisseur an einem Westberliner Kabarett.
1947–55	Generalintendant der Städtischen Bühnen Düsseldorf, danach Geschäftsführer des Düsseldorfer Schauspielhauses. Neben Klassiker-Aufführungen präsentiert er deutschsprachige Erstaufführungen moderner Autoren.
1955–63	Generalintendant und künstlerischer Leiter des Deutschen Schauspielhauses in Hamburg.
1963	Letzter Bühnenauftritt als König Philipp in *Don Carlos*. 7. Oktober: Gustaf Gründgens stirbt auf einer Weltreise in Manila.

Netsite http://www.lvr.de

FAUST:	Wie nennst du dich?
MEPHISTOPHELES:	Die Frage scheint mir klein
	Für einen, der das Wort so sehr verachtet,
	Der, weit entfernt von allem Schein,
	Nur in der Wesen Tiefe trachtet.
FAUST:	Bei euch, ihr Herrn, kann man das Wesen
	Gewöhnlich aus dem Namen lesen,
	Wo es sich allzu deutlich weist,
	Wenn man euch Fliegengott, Verderber, Lügner heißt.
	Nun gut, wer bist du denn?
MEPHISTOPHELES:	Ein Teil von jener Kraft,
	Die stets das Böse will und stets das Gute schafft.
FAUST:	Was ist mit diesem Rätselwort gemeint?
MEPHISTOPHELES:	Ich bin der Geist, der stets verneint!
	Und das mit Recht; denn alles, was entsteht,
	Ist wert, dass es zugrunde geht;
	Drum besser wär's, dass nichts entstünde.
	So ist denn alles, was ihr Sünde,
	Zerstörung, kurz, das Böse nennt,
	Mein eigentliches Element.
FAUST:	Du nennst dich einen Teil, und stehst doch ganz vor mir?

J.W. Goethe *Faust I* 1806

Klaus Mann *Mephisto. Roman einer Karriere*

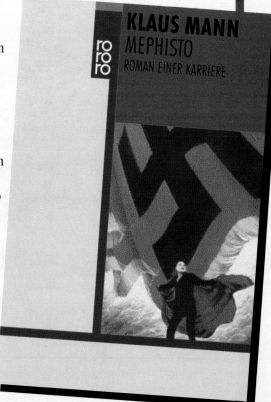

1936

Im Amsterdamer Exil erscheint Klaus Manns *Mephisto. Roman einer Karriere*. Der Roman setzt sich als einer der ersten mit dem Verhältnis des Künstlers zum totalitären Staat im Dritten Reich auseinander. Obwohl Mann stets geleugnet hat, dass seine Hauptfigur die Person Gustaf Gründgens meint.

Klaus Mann 1936:

„Ich bin genötigt, feierlich zu erklären: Mir lag nicht daran, die Geschichte eines bestimmten Menschen zu erzählen, als ich *Mephisto. Roman einer Karriere* schrieb. Mir lag daran, einen Typus darzustellen und mit ihm die verschiedenen Milieus (mein Roman spielt keineswegs nur im braunen), die soziologischen und geistigen Vorraussetzungen, die einen solchen Aufstieg erst möglich machten ... Mein Mephisto ist nicht dieser oder jener. In ihm fließen vielerlei ‚Züge' zusammen. Hier handelt es sich um kein ‚Porträt', sondern um einen symbolischen Typus – der Leser wird beurteilen, ob auch um einen lebensvollen, dichterisch geschauten und gestalteten Menschen."

1965

Die erstmals erschienene bundesdeutsche Ausgabe des Romans wird auf Antrag des Adoptivsohns von Gründgens in Deutschland gerichtlich verboten.

1980/81

Im Rowohlt-Verlag erscheint die Taschenbuchausgabe, womit das Publikationsverbot des Romans faktisch aufgehoben wird.

Istvan Szabo verfilmt das Buch unter dem Titel *Mephisto* mit Klaus-Maria Brandauer in der Hauptrolle.

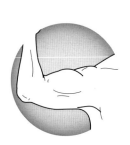

Fitness und Wellness

Sofakartoffel oder schlanke Spargel?

1 Lesen Sie die Anzeige für ein Hamburger Fitnessstudio. Welche von den Aktivitäten haben Sie selbst schon ausprobiert? Welche würden Sie gerne einmal ausprobieren?

2 Ist Fitness für Sie persönlich wichtig? Wie halten Sie sich fit? Sind Sie bereit, Zeit und Geld dafür zu investieren? Besprechen Sie mit der Klasse Ihre Gedanken darüber oder machen Sie eine Umfrage.

GYM
Sport Club Hamburg

Fitness über den Dächern von Hamburg und vieles mehr …
Einrichtungen

- Qualifizierte Fitness- und Aerobictrainer, Krankengymnasten, internationale Gasttrainer
- Ergofit-Fitnesstest, Infrarot-Bodyanalyse, Sportmedizinische Beratung, Ernährungsberatung, Personal Training, Sicherheitstraining für Frauen
- Body & Mind Fitness, Qigong, Power Yoga, Rückengymnastik, Step-Reebok, Slide-Reebok, Body-Pump, Spinning, Hip-Hop, In-Line Skating, u.v.a.m.
- Zwei Aerobic-Hallen mit hochwertigen Schwingfußböden für heiße Aerobicstunden
- Die neuesten Strength-System-Geräte und Cardiogeräte
- Gemischte Sauna, Damensauna, Dampfbad, klimatisierte Solarien, Massagen
- Sportshop mit neuester Sportwear-Kollektion, Kinderhort
Öffnungszeiten: Mo.–Fr. 6–23 Uhr, Sa., So. u. feiertags 8–23 Uhr

Weidelstr. 27, 22083 Hamburg, Telefon (040) 27 83 95, Fax (040) 27 19 75

B

Exzessiver Sport: neue Männerkrankheit „Muskelsucht"

Immer mehr Männer treiben Bodybuilding bis an die Grenzen ihrer Gesundheit, weil sie sich für zu dürr halten. Diese „Muskelsucht" kommt einer Krankheit gleich und wird in der Fachsprache als „Bigarexia" bezeichnet, schreibt die Gesundheitszeitschrift „Apotheken Umschau" in ihrer März-Ausgabe.

„Der perfekte Körper, der in der Werbung und im Fernsehen immer nur weiblich war, wird inzwischen auch von Männern erwartet", so die Psychologin Maria Sanzone gegenüber der „Apotheken Umschau". Während Frauen fasten oder zu Abführmitteln greifen, versuchen Männer, durch exzessiven Sport ihren Körper auf Idealmaße zu trimmen.

Focus

(A))) Fitnessstudio Wohnzimmer

1 Hörverständnis

1 Hören Sie den Bericht über Fitnessgeräte für den Hausgebrauch. Bilden Sie aus jedem der folgenden Wortpaare bzw. Ausdrücke einen Satz auf Deutsch, um den Inhalt des Berichts zu erläutern. Schlagen Sie zuerst neue Vokabeln im Wörterbuch nach.

Beispiel

die Heimwerkerutensilien / die Heimtrainingsgeräte

Holger Dietmann hat Heimtrainingsgeräte statt Heimwerkerutensilien in seinem Keller.

   a Millionen Deutsche / ein eigenes Fitnessstudio

   b das Nachfragepotenzial / die großen Sportartikelhersteller

   c die Zuwachsraten / die Verkaufszahlen

   d der Umsatz mit Heimgeräten / die Durchschnittspreise

   e sich trauen / nach Feierabend

2 Welche Bedeutung haben die folgenden Zahlen im Bericht? Hören Sie noch einmal zu und notieren Sie die Angaben auf Deutsch.

   a 3 000

   b 300 Millionen

   c 17,4 Millionen

   d 3–5

   e 1 500

3 Schreiben Sie eine Zusammenfassung des Berichts auf Deutsch. Erwähnen Sie die folgenden Punkte:

- der Trend zum eigenen Fitnessstudio
- Holger Dietmann als Beispiel
- die Reaktion der Sportartikelhersteller
- die Verkaufszahlen des Sportfachhandels
- Gründe für die steigende Nachfrage nach Fitnessgeräten

2 Fitness-Sucht   B

1 Beschreiben Sie mit Ihren eigenen Worten die Krankheit „Bigarexia".

2 Wie unterscheiden sich die Reaktionen von Männern und Frauen in Bezug auf den „perfekten Körper"? Erwähnen Sie auch Ihre eigenen Gedanken.

3 Was sind mögliche negative Folgen, wenn man versucht, sich auf „Idealmaße" zu trimmen? Was denken Sie darüber?

(C) Sauna: Immer mehr Deutsche schwitzen

Der Trend zum Schwitzen ist in Deutschland ungebrochen. „Es gibt einen richtigen Sauna-Boom", so der Geschäftsführer des Deutschen Sauna-Bundes, Rolf Pieper. 23 Millionen Menschen suchen jedes Jahr die mehr als 10 000 Saunabäder auf. Vor 15 Jahren gab es erst acht Millionen Saunagänger.

Zu den kommunalen und privatwirtschaftlichen Schwitzbädern kommen noch über eine Million Saunakabinen, die in Privathäusern eingebaut sind. Die Bundesrepublik nehme weltweit einen Spitzenplatz bei der Versorgung mit Sauna-Einrichtungen ein, so Pieper.

Winterliche Kälte treibt die Menschen in die Sauna, aber sie ist ganzjährig zu empfehlen, denn:

- das Schwitzen reinigt den Körper von Schlackenstoffen, hält das Immunsystem in Schwung und stärkt Herz und Kreislauf
- der Stoffwechsel in den Muskeln erhöht sich und beugt so einem Muskelkater vor
- ein Saunagang wirkt sich auch positiv auf die Psyche und das allgemeine Wohlbefinden aus. Ein bis zwei Stunden nach dem Schwitzbad stellt sich eine angenehme Müdigkeit ein. Deshalb empfiehlt es sich, abends in die Sauna zu gehen.

Focus

3 Sauna-Boom

Lesen Sie den Text über den so genannten „Sauna-Boom" in Deutschland. Finden Sie dann im Text die jeweils passenden Wörter zu den folgenden Definitionen.

   1 damit wehrt der Körper Infektionen ab

   2 Metabolismus

   3 Haut wird von der Hitze nass

   4 die Gedanken und Gefühle

   5 wenn man schlafen möchte

   6 Organ, das den Blutkreislauf in Gang hält

   7 Schmerzen nach ungewohnter körperlicher Anstrengung

   8 positiver körperlicher und seelischer Zustand

Alles Bio oder was?

Einstieg

Wenn „Bio" oder „Öko" draufsteht, muss auch Bio drin sein. Die Zeiten für Bio-Betrüger sind schlechter geworden, seitdem in Deutschland das Öko-Prüfzeichen eingeführt wurde. Haben Sie schon einmal Lebensmittel aus organischem Anbau gekauft? Wie waren sie gekennzeichnet?

Landwirtschaft und Ernährung

1 Organischer Anbau

Hören Sie die Interviews mit Anja, Birgit und Beatrice aus Deutschland und Österreich an. Entscheiden Sie, ob die folgenden Aussagen richtig (R) oder falsch (F) sind, oder ob dazu nichts gesagt wird (?).

1 Wir müssen auch an die Zukunft denken.

2 Der Boden wurde zu viel gedüngt.

3 Bioläden sind nicht wirtschaftlich.

4 Mit organischem Anbau wird mehr produziert.

5 Ich habe kein Problem mit genetisch veränderten Lebensmitteln.

6 Die Landwirtschaft muss nicht subventioniert werden.

7 Beim organischen Anbau werden keine Chemikalien benutzt.

8 Ich gehe aus Bequemlichkeit nicht in den Bioladen.

9 Gemüse und Obst leiden unter Abgasen.

2 Kaufen Sie organische Produkte?

1 Hören Sie sich die Aufnahmen noch einmal an und notieren Sie die Argumente für und gegen den Kauf organischer Produkte.

2 Machen Sie ein kurzes Interview mit einem Partner / einer Partnerin aus Ihrer Klasse. Warum kaufen Sie (oder Ihre Eltern) organische Lebensmittel, warum nicht?

B

Sieben Gründe, warum Sie Bioprodukte kaufen sollten

1 Schutz der natürlichen Ressourcen Boden, Wasser und Luft

2 Unterstützung der einheimischen Bauern

3 Artgerechte Tierhaltung und keine Massentierhaltung

4 Eingeschränkte Anwendung von Chemikalien und Zusatzstoffen

5 Kein Einsatz von Gentechnik

6 Stärkung des Immunsystems des Menschen mit Bionahrung

7 Geschmackliche Überlegenheit der Naturkost

22

3   Werbung für Bioprodukte

Lesen Sie jetzt in Text , warum man Bioprodukte kaufen sollte. Schreiben Sie dann vollständige Sätze für eine Fernsehwerbung: Wählen Sie dafür drei Stichpunkte, formen Sie das Substantiv in ein Verb um und benutzen Sie es in einem Satz.

Sie können u.a. folgende Satzanfänge benutzen:

Sie sollten Bioprodukte kaufen, weil ...
Naturkost ist gut für Sie, denn ...
Mit dem Kauf von biologischen Lebensmitteln ...

C

Netsite	http://www.netlink.de/gen/Zeitung/1999/990218b.htm

Vom Asket zum Gourmet – Die Öko-Branche setzt auf Genießer

Von Marion Trimborn   dpa, 18.02.1999

1 Die Öko-Branche hat den genussfreudigen und kaufkräftigen Kunden entdeckt. »Die klassischen alternativen Käufer werden weniger«, sagt die Geschäftsführerin der deutschen Bundesverbände Naturkost Naturwaren, Elke Röder. »Heute kommt das technisch-liberale Milieu. Menschen, die Karriere gemacht haben.« Und die zahlten bis zu 50 Prozent mehr als für Nicht-Ökoware.

2 Auf Genuss möchten die gesundheitsbewussten Käufer dabei nicht mehr verzichten. Wem Apfelessig zu sauer ist, der kann auf Bio-Apfelessig zurückgreifen. Das erste naturtrübe Edelbier aus Gerstenmalz soll mit hohem Eiweißgehalt richtig gesund sein.

3 Aber Bio gibt's nicht nur zum Essen, sondern auch in Kleidung, Kosmetik und Möbeln aus ökologisch erzeugten Rohstoffen. Die Branche profiliert sich, indem sie benennt, was alles nicht in ihren Produkten enthalten ist: Keine Pestizide, keine Herbizide, kein Kunstdünger und keine gentechnisch veränderten Bestandteile.

4 Am stärksten hat sich in den vergangenen Jahren der Naturkost-Bereich gewandelt. Heute tauchen in den Regalen der Ökoläden immer häufiger Tiefkühl-Pizzas und Tütensuppen auf. »Gutverdienende Singles sind eine wichtige Gruppe.« Für die schnelle Küche werden Reibekuchen, Püree und Knödel aus kontrolliert ökologischem Anbau als Neuheit angeboten.

5 Besonders Tiefkühlkost boomt und macht inzwischen 15 Prozent der gesamten Öko-Nahrung aus. Renner sind aber auch Brot, Milchprodukte und Obst, auf die etwa die Hälfte des Umsatzes entfällt. In Zeiten von BSE und Schweinepest gewinnen Öko-Fleisch und Wurst an Bedeutung.

6 Neben der Biokost verkauft sich auch die Bio-Kosmetik gut, die inzwischen einen Umsatz von einer Milliarde DM erzielt. Bei Naturtextilien mit 1,2 Milliarden Mark Umsatz sind Hanf oder traditionell gegerbtes Leder wichtig. Und auch der Tourismus hat das Etikett »Bio« als geschäftsträchtig erkannt und lockt Reisende mit Urlaub auf Bio-Höfen oder bei Bio-Winzern.

---

4   Neue Öko-Kundschaft

Beantworten Sie die folgenden Fragen auf Deutsch. Sie finden die Antworten in dem jeweiligen Absatz des Textes.

1 Welche Eigenschaften haben die neuen Öko-Kunden? Nennen Sie drei.

2 Warum sind die neuen Käufer Gourmets? Wer waren im Gegensatz dazu die Asketen?

3 Worin unterscheiden sich Naturwaren von anderen Produkten?

4 Welche Naturkost-Lebensmittel sind neu im Angebot?

5 Warum sind Ökofleisch und -wurst heute wichtiger denn je?

6 Welche neuen Verkaufsbereiche erschließt sich der deutsche Öko-Markt?

5   Zukunftsaussichten?

Glauben Sie, dass die Menschen in Zukunft in erster Linie organische Produkte kaufen werden? Begründen Sie Ihre Vermutungen, Befürchtungen und Hoffnungen. Erwähnen Sie:

- die Gründe für und gegen den Kauf von Bioprodukten
- die Auswirkungen auf die Umwelt
- die Bedeutung von Naturkost für die menschliche Gesundheit

Schwanger und was nun?

Sehen Sie sich das Assoziogramm
zum Thema Verhütung – Schwangerschaft –
Abtreibung an und bilden Sie mindestens
fünf Sätze mit den vorgegebenen Vokabeln.

Schwangerschaft
junge Mutter
der Fötus
Partnerschaft/Vater
Schutz des ungeborenen Lebens
der Embryo

Verhütung
die Pille
Geschlechtskrankheiten
AIDS
andere Methoden
schützen vor, verhüten
das Kondom/e

Abtreibung
abtreiben
unterbrechen
Behinderung
finanzielle Sorgen
ungewolltes Kind
Vergewaltigung

A

Schwangere Teenager in England

Johannes Keienburg

SEIT JAHREN HAT GROSSBRITANNIEN ein Problem mit der „teenage pregnancy" – der Schwangerschaft unter Teenagern. Von 1000 Mädchen unter 16 werden Jahr für Jahr neun schwanger. Deutlich zu nimmt die Rate bei den unter 18-Jährigen, wo es bei 45 von 1 000 Mädchen zu Schwangerschaften kommt – rund 40 Prozent treiben ab. Dennoch ist die Rate weit höher als in Deutschland, wo jährlich sieben von 1000 der unter 18-Jährigen ein Baby zur Welt bringen. In England sind es rund 18.

Klar ist: Natürlich haben alle Mädchen und Frauen schon einmal davon gehört. Was ungeschützter Geschlechtsverkehr bedeuten kann, das haben sie nahezu alle verstanden. Das heißt aber noch lange nicht, dass sie deshalb ein Kondom oder die Pille nehmen. Es mangele am Bewusstsein, am Verständnisvermögen – die Aufklärung versage. So sieht es zumindest die Labour-Regierung und daher setzt man hier auf verstärkte Information der Jugendlichen gerade in den Schulen.

Jetzt gab es neuen Argumentations-Stoff: Seit drei Monaten läuft in Manchester ein Projekt, bei dem Frauen ab 16 erstmals die „Pille danach" ohne Rezept und Aufsuchen eines Arztes in der nächsten Drogerie bekommen. Die Konservativen sind entsetzt, denn so liege die Hemmschwelle ja noch niedriger.

Zu einem großen Teil sind es Mädchen aus bestimmten Gruppen, die schon als Teenager schwanger werden. Die meisten von ihnen kommen aus ärmlichen Verhältnissen. So steht es in einer Studie des britischen Gesundheitsministeriums. Rund 40 Prozent fehle es an jeglichem Schulabschluss, viele der Mädchen wurden in ihrer Kindheit missbraucht. Experten haben einen Verdacht: Die Schwangerschaft sei ein Mittel zum Zweck, sie sei ein Hilfeschrei der Mädchen, ein Hilfeschrei nach Aufmerksamkeit und Anerkennung.

Tagesspiegel

1 **Indirekte Rede**

Finden Sie im Text die vier Sätze in indirekter Rede. Schreiben Sie sie ab. Ergänzen Sie dann, wer diese Aussagen gemacht hat.

Grammatik: Indirekte Rede (1)

Die indirekte Rede wird durch den Gebrauch des *Konjunktivs* gekennzeichnet.

Sie sollten die indirekte Rede benutzen, wenn Sie in einem Satz ausdrücken wollen, was andere Personen gesagt haben, und wenn Sie dabei ein Zitat vermeiden möchten.

Die indirekte Rede wird besonders oft in Nachrichten oder Zeitungsberichten benutzt und oft mit *laut + Dat.* oder *nach Aussagen + Gen.* eingeführt:

Laut einigen Experten sei die Schwangerschaft unter Teenagern ein Hilfeschrei nach Anerkennung.

In der Tabelle finden Sie einige nützliche Formen.

■ Grammatik zum Nachschlagen, S. 178 [Konjugation]

Infinitiv	Präsens Indikativ	dritte Person Singular	
		Präsens Konjunktiv (Infinitiv-Stamm + -e)	Perfekt Konjunktiv (habe/sei + Partizip)
arbeiten	*er arbeitet*	*er arbeite*	*er habe gearbeitet*
haben	*er hat*	*er habe*	*er habe gehabt*
können	*er kann*	*er könne*	*er habe gekonnt*
			er habe … können
sein	*er ist*	Ausnahme: *er sei*	*er sei gewesen*
werden	*er wird*	*er werde*	*er sei geworden*

2 Problematische Aussagen

Wandeln Sie die folgenden Sätze in die indirekte Rede um. Schreiben Sie auch dazu, wer diese Aussage gemacht hat (in Klammern angegeben).

Beispiel
„In Großbritannien ist die Abtreibungspille kein Thema." (Gesundheitsbehörde) – *Laut der Gesundheitsbehörde sei die Abtreibungspille in Großbritannien kein Thema.*

1 „Die DDR hatte ein besseres Abtreibungsrecht als die Bundesrepublik." (Frau aus der ehemaligen DDR)

2 „Die 'Schwangerschaftsunterbrechung in der Mittagspause' kann das Problem nicht lösen." (Organisation Leben)

3 „Die Aufklärung in den Schulen ist zu spät erfolgt." (viele Eltern)

4 „Man gibt den Schwangeren ausreichend Beratung." (die Fürsorgerinnen)

5 „Die minderjährige Mutter wird mit ihren Problemen allein gelassen." (eine 15-Jährige)

3 Zusammenfassung

Fassen Sie den Text auf Deutsch in etwa 100 Wörtern zusammen. Erwähnen Sie dabei folgende Punkte:

- einige Zahlenbeispiele
- warum es zum Problem der Schwangerschaften unter Teenagern kommt
- was die Regierung dagegen tut
- was das britische Gesundheitsministerium herausgefunden hat.

*G*ib AIDS keine Chance

Postkarten

Erklären Sie kurz, was die Abbildungen auf den Karten bedeuten könnten. Würden Sie so eine Postkarte an Ihre Freunde verschicken? Warum/warum nicht?

1 Aids-Beratung

Wählen Sie jeweils das richtige Wort.

AIDS Beratung

1 Wer sind wir?

Wir sind ein Team, **mit/auf/in** dem eine Ärztin, ein Sozialarbeiter, eine Sozialpädagogin und eine Arzthelferin **arbeiten/bearbeiten/überarbeiten**.

2 Wenn Sie zu uns kommen,

■ bieten wir **Sie/Ihnen/Euren** einen anonymen HIV-Test (Kosten 25 DM) an und beraten **Sie/Ihnen/Euren**

■ klären wir Sie über die HIV-Infektion und AIDS **über/auf/an**

■ besprechen wir mit **Sie/Ihnen/Euren** die persönlichen Infektionsrisiken und möglichen Ängste **in/im/beim** Zusammenhang mit AIDS

■ teilen wir Ihnen das Testergebnis **privat/persönlich/ geheim** mit

■ bieten wir Hilfestellung bei einem **eventuellen/ unmöglichen/beruflichen** positiven Testergebnis an.

3 Wer muss/darf/kann sich an uns wenden?

■ Jeder, **der/die/wer** Fragen zur HIV-Infektion und AIDS hat

■ **Betroffener/Betroffene/Betroffenen**, die einen Rat und Hilfe suchen

■ Partner, Angehörige, Freunde und Arbeitskollegen von **Betroffener/Betroffene/Betroffenen**

■ Jeder, der einen HIV-Test durchführen möchte **oder/ dass/denn** der für sich klären will, ob er einen Test machen soll

■ Mitarbeiter/innen aus pädagogischen **Bereich/ Bereiche/Bereichen**, aus dem Pflegebereich sowie anderen Institutionen, **die/denen/dem** wir unsere Zusammenarbeit bei der Durchführung von Informationsveranstaltungen anbieten.

4 Unser Ziel ist es,

■ durch Informationen und Gespräche Ängste und Unsicherheiten **bauen ab/abbauen/abzubauen**

■ darauf hinzuarbeiten, **weil/dass/oder** sich jeder Einzelne vor einer Infektion schützen kann

■ und dabei zu helfen, **Vorurteile/Vorteile/Urteile** abzubauen, damit HIV-Infizierte gesellschaftlich nicht ausgegrenzt **würden/worden/werden**.

Wie und wann erreichen Sie uns?

Telefonische Information u. Beratung:
Mo, Di, Mi und Fr 8.30–12.00 Uhr
Di, Mi und Do 13.00–15.30 Uhr
Offene Sprechstunde (für Beratung u. HIV-Test):
Di und Mi 8.30–11.00 Uhr

Stadtgesundheitsamt Frankfurt

Denken Sie dran!

VERBEN MIT DATIV

Im Deutschen gibt es einige Verben, die ausschließlich ein Dativobjekt verlangen – kein Akkusativobjekt!

Z.B. *danken*, *gratulieren*, *helfen*:

*Sie hatte **allen Gästen** für die großzügigen Geldspenden zur AIDS-Hilfe **gedankt**.*

*Man konnte **der Wissenschaftlerin** zur Entwicklung eines neuen HIV-Tests **gratulieren**.*

*Wir müssen **den Menschen** in der Dritten Welt bei der Bekämpfung von AIDS **helfen**.*

■ Grammatik zum Nachschlagen, S. 173

2 Verben mit Dativobjekt

1 Bilden Sie sinnvolle Sätze mit der richtigen Dativform.

a ähneln – er – sein Bruder – nicht mehr

b drohen – eine Epidemie – die ganze Welt

c einfallen (*Perfekt*) – ich – nichts

d folgen – die Empfehlungen des Arztes – er

e gehören – die Medikamente – die Infizierte – nicht

f imponieren – ich – dein Mut

g passen – die Sachen – sie – nicht mehr

h schaden – Rauchen – Ihre Gesundheit

i vertrauen – der Kranke – niemand

j wehtun – Körper und Seele – sie (*Plural*)

2 Hier sind einige feststehende Verbindungen mit dem Dativ. Übersetzen Sie sie ins Englische.

a Er fehlt mir.

b Es gefällt ihr nicht.

c Das tut uns Leid.

d Genügt euch das?

e Schmeckt es dir nicht?

f Ist dir etwas Schlimmes passiert?

3 Manche Verben mit bestimmten Präfixen, z.B. nach-, wider-, zu-, werden mit dem Dativ benutzt. Setzen Sie das Verb mit dem entsprechenden Präfix in der richtigen Form ein.

a Das Testergebnis ___ seinen Erwartungen. (-sprechen)

b Du musst mir ___ . (-hören)

c Er sollte ihr nicht ___ . (-laufen)

B Ein Datum wird zur Bewegung

In den Städten werden Rote Schleifen verteilt, die Medien berichten über Aids und über betroffene Menschen. Der Welt-Aids-Tag ist ein Tag der Erinnerung, dass Aids immer noch ein Thema ist, dass sich weiterhin Menschen anstecken und auch daran sterben, dass in Deutschland und in aller Welt Menschen mit HIV und Aids in Not sind und dass Solidarität und Unterstützung unverzichtbar im Kampf gegen Aids sind.

Der »World Aids Day« wurde erstmals 1988 ausgerufen. Der 1. Dezember wurde der Solidarität mit betroffenen Menschen und den ihnen Nahestehenden gewidmet. Ein Tag, an dem auch deutlich gemacht werden soll, dass für diese Menschen jeder Tag des Jahres ein »Aids-Tag« ist.

Zunächst noch ohne breitere Öffentlichkeit, entwickelte sich der Welt-Aids-Tag in den 90er Jahren international in Richtung eines gesellschaftlichen »Ereignisses«. Heute ist der 1. Dezember auch für viele Prominente, die ihr Aids-Engagement öffentlich zeigen, ein wichtiger Tag. Die Aktionen erhalten damit eine höhere öffentliche Aufmerksamkeit, höhere Teilnehmerzahlen und es kommen mehr Spenden zusammen. Das Thema »Aids-Solidarität« wird durch das Engagement von Prominenten aufgewertet. Dies wiederum stärkt das Selbstbewusstsein vieler Betroffener und sichert die dringend benötigte Unterstützung.

BZgA

3 Die Rote Schleife B

Beantworten Sie die Fragen. Die Anfänge der Antworten sind vorgegeben.

1 Was passiert am 1. Dezember?
Am 1. Dezember verteilen …

2 Wofür steht die Rote Schleife?
Die Rote Schleife erinnert …

3 Ist das Thema AIDS noch aktuell?
Immer noch …

4 Wie unterschieden sich die 80er von den 90er Jahren?
In den 80er Jahren gab es …

5 Was können Prominente bewirken?
Prominente werten das Thema in der Öffentlichkeit …

4 Und Sie?

Haben Sie schon einmal die Rote Schleife getragen. Warum (nicht)?

Diskutieren Sie in der Gruppe: Was würden Sie zu Ihrem Freund / Ihrer Freundin sagen, um ihn/sie davon zu überzeugen, am World-Aids-Tag etwas zu tun? Was würden Sie an seiner/ihrer Stelle erwidern?

Die Babyklappe in Hamburg

Das Kästchen zeigt einige Bedeutungen des Worts „Klappe". Welche Bedeutung trifft Ihrer Meinung nach beim Wort „Babyklappe" zu? Wie sieht so eine Babyklappe vielleicht aus?

1 Diskussion über Findelkinder

„Findelkind" ist ein Wort aus dem Mittelalter. Es bezeichnet ein Kind, das von seinen Eltern absichtlich irgendwo zurückgelassen oder ausgesetzt, von Fremden gefunden und dann von diesen ernährt und aufgezogen wurde.

Tragen Sie in der Klasse Gründe zusammen, warum wohl Mütter ihre Kinder heute immer noch aussetzen. Erstellen Sie dazu eine Liste mit Stichpunkten.

Klappe

- am Fenster: *vent*
- am Briefkasten: *flap*
- am Auto: *gate, board*
- (*hinged*) *lid*
- am Ofen: *door*
- am Herz: *valve*
- auf dem Auge: *patch*
- umgangssprachlich für Mund: *trap*

Ⓐ))) Letzter Ausweg Babyklappe

2 Findelkinder von heute   Ⓐ)))

Hören Sie die Aufnahme und beantworten Sie die inhaltlichen Fragen auf Englisch.

1 Why was the "Babyklappe" in Hamburg installed?
2 What else is on offer for unwanted pregnancies? (3 things)
3 What happens to the baby as soon as its placed in the "Klappe"? (3 things)
4 What happens to the baby later on? (2 things)
5 Is it possible for the mother to have her baby back?

3 Lückentext

Welche Wörter aus dem Kästchen passen dem Sinn nach in die Lücken? Setzen Sie sie in der richtigen Form ein. (Es gibt mehr Wörter als Lücken.)

Kritiker ___(1)___, die Babyklappe ___(2)___ die Hemmschwelle herabsetzen, ein Kind auszusetzen. Heidi Rosenfeld ___(3)___. „Keine Frau gibt einfach so ___(4)___ Kind ab", sagt sie. „Wer das tut, befindet sich in einer ___(5)___. Wer sein ___(6)___ Kind zur Welt bringt, ohne dass es ___(7)___ merkt, der hat niemanden. So eine Frau sieht keinen anderen Ausweg. Und sie ___(8)___ dringend unsere Hilfe."

Behauptung behaupten sprechen Meinung widersprechen
einverstanden werden sein ihr Extremsituation Notlüge
lieb ungewollt alles jemand brauchen bitten

---

4 Kritiker und Befürworter

Die „Babyklappe" ist sehr umstritten. Tragen Sie kritische und befürwortende Stimmen zum Thema zusammen. Die ersten Meinungen finden Sie in Übung 3; was ist Ihre Meinung?

Beispiel

Dagegen: Die Babyklappe setzt die Hemmschwelle der Mutter herab, ihr Kind auszusetzen.

Dafür: Damit helfen wir Frauen in Extremsituationen.

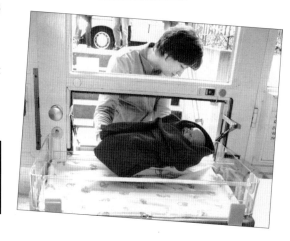

B

An der Babyklappe scheiden sich die Geister

Große Abendblatt-Umfrage zu der umstrittenen Maßnahme vom Verein SterniPark

„Die Initiative mit der Babyklappe kann ich nur begrüßen, da sie jungen Müttern in Notlagen eine einmalige Chance bietet, ihr Kind sicher abzugeben, und ihnen außerdem die Möglichkeit zur Umorientierung gibt, das Baby später doch noch anzunehmen."
Rosi Jessen (49), Leiterin eines evangelischen Kindergartens

„Es ist sehr viel sinnvoller, mehr Aufklärungsarbeit zu machen, damit sich solche Frauen bereits in der Schwangerschaft an Hilfseinrichtungen wenden."
Walter Wilken, Geschäftsführer des Kinderschutzbundes

„Die Idee sollte auch in anderen deutschen Großstädten nachgeahmt werden, um das Leben von Neugeborenen zu retten, die ansonsten unter Umständen ausgesetzt würden."
Bundesfamilienministerin Christine Bergmann (SPD)

„Für Frauen in extremen Notsituationen kann die Babyklappe eine große Entlastung sein. Ich befürchte aber auch, dass die Hemmschwelle, ein ungewolltes Kind auszusetzen, durch ein solches Angebot herabgesetzt wird."
Annegrethe Stoltenberg, Hamburger Diakoniechefin

„Die Babyklappe ist unchristlich und unmenschlich. Wenn das erste Kind dort ausgesetzt wird, muss
Strafanzeige gestellt werden."
Viviane Spethmann, Rechtsanwältin

„Es ist schön, wenn man Babys retten kann, die Not der Mütter wird durch eine Babyklappe aber nicht gemindert. Für uns ist eine umfassende Beratung über Schwangerschaftsverhütung und über Möglichkeiten des Schwangerschafts-abbruchs vorrangig."
Gisela Gebauer-Jipp, Familienrechtlerin

„Ich frage mich, ob die Frauen, die in einer Notsituation ihr Kind in den Mülleimer werfen, den Weg zu dieser Klappe finden."
Christl Steudel, Sozialpädagogin

„Wenn durch die Babyklappe auch nur das Leben eines einzigen Kindes gerettet wird, dann hat es sich gelohnt. Die Frage ist natürlich, ob die Klappe auch von den Müttern angenommen wird."
Ute Lockemann, stellvertretende Leiterin des Instituts für Rechtsmedizin am UKE

„Es gibt Frauen, die so tief in der Anonymität stecken, dass sie nicht an die sozialen Dienste gehen. Das sind zum Beispiel Minderjährige, Frauen, die Drogen nehmen, oder Frauen, die vergewaltigt wurden. Für sie kann die Klappe ein Hilfsangebot sein, natürlich nur ein Angebot von vielen. Es wäre uns lieber, die Mütter würden sich beraten lassen, bevor sie über ihr Kind entscheiden."
Herbert Wiedermann, Abteilungsleiter beim Amt für Jugend

Hamburger Abendblatt

---

5   Wer meint das?   **B**

Wer vertritt welche Meinung zum Thema? Manchmal haben mehrere Personen die gleiche Meinung.

1 Vielleicht werden die Frauen die Babyklappe nicht benutzen.

2 Eine Beratung während der Schwangerschaft ist wichtiger.

3 Es wird der Mutter vielleicht zu leicht gemacht, ihr Kind wegzugeben.

4 Die Rettung menschlichen Lebens steht an erster Stelle.

5 Die Benutzung der Klappe sollte bestraft werden.

6 Die Babyklappe bietet einmalige Hilfsmöglichkeiten.

6   Informationsblatt

Schreiben Sie ein Informationsblatt (150–180 Wörter) über die Babyklappe in Hamburg. Es sollte Folgendes enthalten:

- Was ist eine „Babyklappe"?
- Was passiert mit dem Kind?
- Welche Beratungsangebote gibt es außerdem?

Quiz – Sucht und Gesundheit

1 Wie viele deutsche Jugendliche greifen regelmäßig zu Medikamenten?

a 63%
b 13%
c 30%
d 43%
e 3%

2 Mit welchem Namen hat man die Muskelsucht unter Männern benannt?

a Großismus
b Muskulitis
c Muskulösia
d Bigarexia
e Enormitis

3 Was machen 23 Millionen Deutsche jährlich?

a ein Saunabad besuchen
b in ein Fitnessstudio gehen
c Haschisch rauchen
d unter Stress leiden
e schwanger werden

4 Welches Zeichen ist ein Garant für Lebensmittel aus organischem Anbau?

a Grüner Punkt
b Bio-Zeichen
c Öko-Prüfzeichen
d Müsli-Riegel
e Naturkostzeichen

5 Wie nennt sich die Hamburger Einrichtung für ungewollte Babys?

a Babyschleuse
b Baby-Container
c Baby-Box
d Babyklappe
e Babyzentrum

6 Was ist die häufigste Suchtkrankheit in Deutschland?

7 In Deutschland ist die Zigarettenwerbung ...

a in Rundfunk und Kino verboten.
b in Kino und Fernsehen verboten.
c in Fernsehen und Rundfunk verboten.
d überall erlaubt.

8 Welcher Hamburger Platz ist für seine Drogenszene berüchtigt?

a Hannoverplatz
b Hansaplatz
c Holsteinplatz
d Heldenplatz
e Hofplatz

9 Wie viele deutsche Frauen zwischen 18 und 28 Jahren rauchen?

a 69,6%
b 59,6%
c 49,6%
d 39,6%
e 29,6%

10 Welche zwei von diesen Substanzen sind nicht in Zigaretten enthalten?

a Formaldehyd
b Zyanid
c Stickoxide
d Schwefelsäure
e Nikotin

Tipp: Auf diesen Seiten können Sie die Antworten finden:
1 S. 14, 2 S. 20, 3 S. 21, 4 S. 22, 5 S. 28, 6 S. 3, 7 S. 11, 8 S. 8, 9 S. 10, 10 S. 11

2 Politik und Zeitgeschichte:
Berlin

Die Mauer und die Wende

Politik heute

Krieg

Pazifismus

28 Jahre geteilter Himmel

Einstieg

Was wissen Sie schon über die Berliner Mauer? Die Ereignisse im Nachrichten-Ticker helfen Ihnen.

.... zwischen der Bundesrepublik und der DDR .... Westberlin und Ostberlin geteilt .... Konzert „The Wall" von Pink Floyd ....

die Mauer wurde gebaut .... die Mauer fiel .... Präsident Kennedy in Berlin .... 28 Jahre lang .... Checkpoint Charlie ....

A

a

Die Mauer gibt es nicht mehr und wir können nur noch wenige Teile finden. Zwei der am häufigsten gestellten Fragen in Berlin sind: »Ist das ein Teil der Mauer?« und »Wo ist die Mauer?«.

b

Die Grenze zwischen Ost- und Westberlin ist offen. Eine halbe Million Menschen überqueren täglich problemlos die Grenze von einem Teil der Stadt in den anderen. Viele Ostberliner gehen in Westberlin ins Kino oder in die Disco, arbeiten im Westteil der Stadt oder kaufen dort ein.

c

Auf einer abendlichen Pressekonferenz erfahren wir fast beiläufig, dass die Reisebeschränkungen für DDR-Bürger aufgehoben werden. In dieser Nacht strömen Ostberliner zur Mauer und kommen in den Westteil der Stadt. Hunderttausende aus Ost- und Westberlin feiern durch die Nacht.

d

Am Sonntag um Mitternacht beginnen Armee, Polizei und Kampfgruppen, die Grenze zu schließen. Es wird eine Mauer gebaut, die Berlin für mehr als 28 Jahre in zwei Teile trennt. Straßen, Eisenbahn, S-Bahn-Linien werden unterbrochen, U-Bahnhöfe geschlossen und sogar Friedhöfe werden nicht verschont. Familien werden zerrissen.

1 Geschichte der Mauer

Welcher Text (a–d) passt zu den folgenden Zeitangaben?

1 bis August 1961   3 9. November 1989

2 13. August 1961   4 die Mauer heute

2 Imperfekt

Setzen Sie jetzt die unterstrichenen Verben ins Imperfekt.

3 Zeitangaben

Wie heißen diese Zeitangaben auf Deutsch?

1 after the thirteenth of August 1961

2 on the ninth of November 1989

3 it was the thirteenth of August 1961

4 for 28 years

5 in the autumn of 1989

6 between 1961 and 1989

7 in 1990 (two versions)

8 at the beginning of October 1990

9 that day

10 until 1989

11 from 1961 to 1989

12 at that time

4 Adjektiv und Substantiv

Finden Sie die passenden Adjektive zu den Substantiven.

1 Angst	5 Zorn	9 Euphorie
2 Wut	6 Glück	10 Entsetzen
3 Freude	7 Gefahr	11 Sprachlosigkeit
4 Unsicherheit	8 Ärger	12 Begeisterung

a

b

c

d

Denken Sie dran!

ZEITANGABEN

Jahr

Im Gegensatz zum Englischen braucht man *keine* Präposition:

1957 übersiedelte er nach Westberlin.

Aber auch:

Im Jahre 1957 übersiedelte er nach Westberlin.

Monat/Jahreszeit

in + Dativ:

Im Winter 1989 wurde die Grenze geöffnet.
Im Januar fuhren sie nach Rostock.

Idiomatische Variante ohne *in*:

Winter/Januar 1963 kam er zurück.

Tag

an + Dativ:

An diesem Tag ist die Mauer gefallen.
Am Montag sind wir über die Grenze gegangen.

Datum

Bei Ordinalzahlen in Ziffern den Punkt nicht vergessen:

Es war der 1. Mai 1965. = *Es war der erste Mai 1965.*

Das war am 1. Mai 1965. = *Das war am ersten Mai 1965.*

5 Mauerbilder

Sehen Sie sich die Bilder an und ordnen Sie die Bildunterschriften zu. Es gibt drei Unterschriften zu viel.

1 Kampfgruppensoldaten am 13.8.1961 vor dem Brandenburger Tor

2 Winkende Menschen und Oma mit Fernglas

3 Stacheldraht am Potsdamer Platz

4 Geteilte Straße

5 Todesstreifen

6 „Mauerspechte"

7 9.11.1989

6 Gedanken und Emotionen

Sehen Sie sich ein oder zwei Bilder noch einmal an. Beantworten Sie dann die folgenden Fragen in jeweils zwei Sätzen. Die Adjektive und Substantive aus Aufgabe 4 helfen Ihnen dabei. Beachten Sie auch die Redewendungen im Kästchen.

1 Was könnten die Menschen denken?

2 Welche Emotionen könnten sie empfinden?

3 Was geht Ihnen beim Betrachten der Bilder durch den Kopf?

sie fühlen sich + Adjektiv
sie sind + Adjektiv
sie fühlen + Substantiv
sie empfinden + Substantiv
sie denken an + Akkusativ
sie denken, dass ... + Nebensatz (Verb ans Ende)

28 Jahre geteilter Himmel

A

Die Spur der Steine

Wo sind eigentlich die 45 000 Betonteile der Berliner Mauer geblieben – zehn Jahre nach ihrem Abriss?

Eberhard Schade/Stefanie Friedhoff

A Da stehen sie, zehn Jahre nach der Wende: Touristen am Checkpoint Charlie – ratlos. Gucken ins kahle Nichts des früheren Todesstreifens und fragen in allen Sprachen: „Wo ist die Mauer?"

B Weg ist sie. Einzig abseits der touristischen Hauptrouten erheben sich in Berlin noch ein paar Hundert Meter – und das auch nur, weil sie unter Denkmalschutz stehen: Überbleibsel von 155 Kilometern deutsch-deutschem Schicksal. 28 Jahre lang galt die Mauer als unverrückbar, unüberwindbar. Dann kam die Wende.

C Erst sind es die Mauerspechte, die sich im November 1989 ein Stück Geschichte aus dem Beton schlagen. Wenig später stehen fliegende Händler vor dem Brandenburger Tor, verscherbeln Mauerstücke im handlichen Taschenformat, garniert mit dubiosen Echtheitszertifikaten. Die Touristen, die sie kaufen, tragen die Mauer um die Welt. Es gibt wohl kaum ein Land auf der Erde, in dem nicht ein Brocken irgendeinen Kaminsims oder Setzkasten ziert.

D Für prominente Besucher war solcher Bröselkram natürlich nicht angemessen. Ihnen gebührte Größeres, also verschenkte die Stadt Berlin komplette Mauersegmente. Der frühere US-Präsident Ronald Reagan besitzt so ein 2,6 Tonnen schweres, 3,60 Meter hohes und 1,20 Meter breites Winkelstützelement als Andenken an den kalten Krieg, das bayerische Innenministerium hat eins und der Papst auch. Andere dieser Megaklötze wurden versteigert.

E Und der Rest? Niemand hat den genauen Überblick über die insgesamt 45 000 Segmente behalten. Aber so viel steht fest: 500 000 Tonnen Beton wurden demontiert, geschreddert und als Schotter auf irgendwelche Baustellen gekippt. Ein Stück deutsche Geschichte – recycelt.

F Die Mauer ist mitten unter uns, auch wenn es kaum jemand weiß. „Find ich nicht gut, so mit historischem Stein umzugehen", empört sich ein Mitarbeiter der Firma Thyssen, als er erfährt, worauf er täglich sein Auto abstellt. Ein Kollege sieht die Sache gelassener: „So schön beerdigt wie hier liegt die Mauer genau richtig."

Stern

1 Zusammenfassung (A)

Welcher Abschnitt (A–F) wird durch die folgenden Sätze zusammengefasst?

1 Wir erfahren etwas über die Statistik der Mauer.

2 Wir hören Meinungen über einen Parkplatz.

3 Berühmte Persönlichkeiten besitzen große Mauer-Teile.

4 Kleine Mauerstückchen werden in die ganze Welt verkauft.

5 Der Mauer-Beton wird zum Bauen benutzt.

6 Berlin-Touristen suchen nach Resten der Mauer.

2 Wortbedeutung (A)

Erklären Sie auf Deutsch die unterstrichenen Ausdrücke.

3 Mauerkunst (B)

Wählen Sie eins der beiden Bilder aus. Was sehen Sie darauf? Welche Bedeutung hat die Zeichnung? Welche Bedeutung hat der Text? Was gefällt Ihnen an dem Bild? Was gefällt Ihnen nicht?

B

East Side Gallery

In der East Side Gallery stellen Künstler aus aller Welt ihre bemalten Mauersegmente aus. Sie können sie entweder in der Mühlenstraße im Berliner Osten oder im Internet unter http://www.eastsidegallery.com ansehen.

---

4   Einschränkung: obwohl   **B**

Die Konjunktion können Sie für die Differenzierung Ihrer Meinung benutzen. Beachten Sie dabei die Satzstellung.

Beispiel

Das Bild gefällt mir, obwohl ich den Text nicht verstehe.
Obwohl ich den Text nicht verstehe, gefällt mir das Bild.

1   Bilden Sie Sätze, die mit „obwohl" beginnen.

   a Einerseits mag ich Farben, andererseits finde ich das Bild zu bunt.

   b Die Zeichnung ist verständlich, aber die Bedeutung bleibt unklar.

   c Jeder kann die Bilder sehen, doch nicht jeder versteht sie.

   d Ich habe schon einmal einen Trabi gesehen. Ich bin noch nie in einem Trabi gefahren.

   e Er kann nicht malen. Er würde gern malen können.

2   Übersetzen Sie Ihre Sätze (a–e) ins Englische.

---

5   Mauerkünstler

Welches Bild würden Sie auf ein Mauersegment malen, wenn Sie Künstler wären? Schreiben Sie ca. 200 Wörter.

Denken Sie dran!

UNTERORDNENDE KONJUNKTIONEN

Unterordnende Konjunktionen (z.B. **obwohl**, **weil**, **wenn**) leiten einen Nebensatz ein.

Im Hauptsatz steht das finite Verb an *zweiter* Stelle; im Nebensatz steht das finite Verb an *letzter* Stelle. Der Nebensatz wird durch ein Komma vom Hauptsatz getrennt:

Hauptsatz	Nebensatz
Das Bild **gefällt** mir,	obwohl ich den Text nicht **verstehe**.

N.B. Das finite Verb muss nicht *das zweite Wort* im Hauptsatz sein, sondern *die zweite Idee*. *„Das Bild"* (eine Nominalphrase) gilt hier als die erste Idee.

Aus stilistischen Gründen wird der Nebensatz oft vor den Hauptsatz gestellt. In diesem Fall gilt *der ganze Nebensatz* als erste Idee im Hauptsatz. Das finite Verb im Hauptsatz folgt also direkt auf den Nebensatz:

Nebensatz	Hauptsatz
Obwohl ich den Text nicht **verstehe**,	**gefällt** mir das Bild.

Nicht vergessen: Nebensatz vor Hauptsatz = Verb–Komma–Verb!

■ Grammatik zum Nachschlagen, S. 180

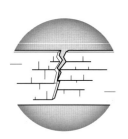

Die Wende

Die „Wende" und „Wiedervereinigung" waren zwei der bedeutendsten Ereignisse in der Geschichte der DDR und der Bundesrepublik.

Versuchen Sie, die Forderungen der Ostdeutschen auf den Wendeplakaten kurz auf Englisch zu erklären.

es heißt eben nicht

Deinung
Seinung
Ihrung
Unserung

oder

Euerung

sondern

MEINUNG

NEUES DENKEN IN ALTEN KÖPFEN?

1 Wendezeiten

1 Wählen Sie aus der Chronik auf Seite 37 die drei für Sie wichtigsten Daten aus.

2 Bilden Sie Sätze, um Ihre Wahl zu begründen. Beachten Sie dabei die Redewendungen im Kästchen.

Beispiel

Vielleicht ist der 7. Mai 1989 ein wichtiges Datum, weil es damals die ersten Proteste gab.

Für mich ist …

Meiner Meinung nach ist …

Sicher ist …

Vielleicht ist …

Wahrscheinlich ist …

Ich glaube, … ist …

Ich denke, … ist …

Ich bin davon überzeugt, dass … ist.

Ich kann mir vorstellen, dass … ist.

Es ist möglich, dass … ist.

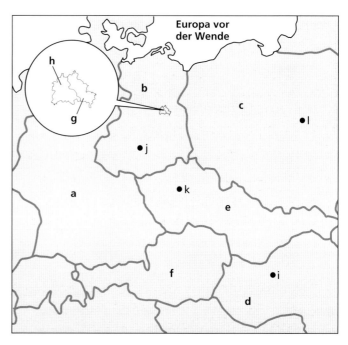

Europa vor der Wende

A

Chronik der Ereignisse

07. Mai 1989	Gefälschte Wahlen in der DDR (98,9% Ja-Stimmen für die SED, die Sozialistische Einheitspartei Deutschlands), erste Proteste
04. Juni 1989	Blutbad in Peking, China – von der SED befürwortet
August 1989	Massenflucht aus der DDR über die BRD-Botschaften in Budapest, Prag, Warschau
04. Sept. 1989	Erstes „Friedensgebet" in der Leipziger Nikolaikirche
11. Sept. 1989	Ungarn öffnet für DDR-Flüchtlinge seine „grüne Grenze" nach Österreich
30. Sept. 1989	Alle DDR-Flüchtlinge in der Prager Botschaft dürfen nach Westdeutschland ausreisen
07. Okt. 1989	40. Jahrestag der DDR in Berlin
09. Okt. 1989	70 000 Menschen bei gewaltfreier Montagsdemonstration in Leipzig: „Wir sind das Volk!"
04. Nov. 1989	500 000 Ostberliner demonstrieren auf dem Alexanderplatz. Rücktritt von Politbüro und Regierung
09. Nov. 1989	Die Mauer fällt: Öffnung der Grenze zu Westberlin
13. Nov. 1989	Neue DDR-Regierung schlägt „Vertragsgemeinschaft beider deutscher Staaten" vor
22. Nov. 1989	Forderung nach Vereinigung auf Leipziger Montagsdemo: „Wir sind ein Volk!"
18. März 1990	Erste freie Wahl in der DDR: Ost-CDU (Christlich Demokratische Union) siegt
01. Juli 1990	Währungs- und Sozialunion: die D-Mark wird auch in der DDR Zahlungsmittel
15./16. Juli 1990	Vereinbarung zwischen Moskau und Bonn: die Sowjetunion wird ihre Truppen abziehen, wenn Bonn wirtschaftliche Hilfe leistet
03. Okt. 1990	Beitritt der DDR zur Bundesrepublik gemäß Artikel 23 des Einigungsvertrages: Tag der deutschen Wiedervereinigung

2 Orientierung

Beschriften Sie in der Karte:

- die Länder (a–f): Ungarn, Österreich, Tschechoslowakei, Polen, BRD, DDR

- die Städte (g–l): Ostberlin, Leipzig, Warschau, Budapest, Prag, Westberlin

- den Grenzverlauf am „Eisernen Vorhang" entlang: zwischen BRD und DDR, zwischen Tschechoslowakei/Ungarn und Österreich

B Im Osten aufgewachsen

3 Inhaltliche Fragen

In dem Hörtext beschreibt die Schauspielerin Christiane Paul ihr Leben in der DDR und kurz nach der Wende. Hören Sie sich Abschnitt A an und beantworten Sie die Fragen dazu in ganzen Sätzen.

1 In welche Organisation wäre Christiane möglicherweise eingetreten?

2 Wo war sie Mitglied?

3 Welchen Berufswunsch hatte sie schon immer?

4 Was waren ihre Eltern von Beruf?

5 Welche Werte kannte sie aus der Schule?

6 Wozu wollte das System die Menschen erziehen?

7 Was gab es im Osten nicht?

8 Wer hatte die gleichen Bücher im Regal wie ein Akademiker?

9 Wer konnte auch in der DDR ins Theater gehen?

10 Warum konnten sie das?

4 Richtig oder falsch?

Hören Sie sich Abschnitt B des Hörtextes an und entscheiden Sie, ob diese Aussagen richtig oder falsch sind. Korrigieren Sie die falschen Sätze.

1 Sie bereut nicht, dass sie in der DDR aufgewachsen ist.

2 Sie ist eine Woche nach der Maueröffnung in den Westen gefahren.

3 Sie haben sich rote Ringe gekauft.

4 Westberlin hat ihr nach dem Mauerfall nicht gefallen.

5 McDonald's fand sie klasse.

6 Sie war in der Pubertät nicht sehr selbstbewusst.

7 Als sie in den Westen kam, hatte sie nicht genug Geld.

8 Sie kam im Sommer 1991 nach München, um eine Model-Karriere zu beginnen.

9 Sie musste 157 DM Miete zahlen.

10 Sie hatte viele Schulden.

*D*ie Wende

1 Statistik

Lesen Sie den Text und verbinden Sie die Zahlenangaben
(1–10) mit den entsprechenden Ausdrücken (a–j).

1	45%	**a**	Reisemöglichkeiten besser
2	20%	**b**	Meinungsfreiheit möglich
3	95%	**c**	politisches System der BRD schlechter als in der DDR
4	92%		
5	zwei Drittel	**d**	soziale Absicherung schlechter
6	zwei Drittel	**e**	Zukunftsperspektiven der Jugend schlechter
7	81%		
8	67%	**f**	soziale Absicherung besser
9	58%	**g**	Waren-und Dienstleistungsangebot besser
10	18%		
		h	Umwelt besser
		i	Schutz vor Kriminalität schlechter
		j	politisches System der BRD besser als in der DDR

2 Tabelle

Vervollständigen Sie jetzt die folgende Tabelle mit dem
Vergleichsmaterial aus Übung 1.

	besser als in der DDR	schlechter als in der DDR
politisches System der BRD	*45%*	*20%*
Waren- und Dienstleis-tungsangebot		

3 Vortrag

Halten Sie mit Hilfe Ihrer Tabelle einen mündlichen Vortrag. Sie können dabei die Strukturen im Kästchen benutzen.

50% der Befragten finden … besser/schlechter.	**Achtung: Konjunktiv!**
50% der Befragten sehen … als besser/schlechter an.	50% der Befragten sagen, dass … besser/schlechter sei.
50% der Befragten schätzen … als besser/schlechter ein.	Über … sagen 50% der Befragten, dass es besser/schlechter sei.
50% der Befragten denken, dass … besser/schlechter ist.	

Große Mehrheit der Ostdeutschen sieht deutsche Einheit positiv: größerer Wohlstand, größere Freiheit, größere Unsicherheit

*Umfrage: Für mehr als zwei Drittel überwiegen Vorteile/
Nur 45 Prozent finden politisches System der
Bundesrepublik besser als das der DDR*

JUTTA KRAMM

BERLIN, 7. November 1999

Mehr als zwei Drittel aller Ostdeutschen ziehen zehn Jahre nach dem Fall der Mauer eine positive Bilanz der deutschen Vereinigung. An der repräsentativen Umfrage im Auftrag der „Berliner Zeitung" waren 1000 Personen aus Ostberlin und den fünf neuen Ländern aller Altersgruppen (ab 18 Jahren) und sozialen Schichten beteiligt. Gefragt wurde zwischen dem 25. Oktober und 4. November 1999.

Auf die Frage, ob die Entwicklung der vergangenen zehn Jahre eher Vorteile oder eher Nachteile gebracht habe, antworteten 70 Prozent aller Bürger in Ostberlin und den fünf neuen Ländern, insgesamt überwögen die Vorteile. 18 Prozent sahen eher Nachteile, neun Prozent der insgesamt 1 000 Befragten antworteten mit „Weiß nicht".

Allerdings differenzieren die Menschen im Osten Deutschlands inzwischen sehr stark. Die Umfrage zeigt, dass sich einzelne Lebensbereiche in ihrer Wahrnehmung deutlich verschlechtert haben. Das politische System der Bundesrepublik beurteilen nur 45 Prozent der Ostdeutschen als besser, 20 Prozent aber als schlechter als das der DDR.

Auf die Frage, was nach der Wiedervereinigung besser geworden sei, nennen 95 Prozent aller Ostdeutschen das Angebot von Waren und Dienstleistungen, 92 Prozent schätzen die Möglichkeit zu reisen. Zwei Drittel schätzen es, dass sie ihre Meinung frei äußern können, ebenso viele halten die Umwelt heute für besser als vor 1989.

Deutlich negativer wird der Schutz vor Kriminalität bewertet: 81 Prozent sagen, er sei schlechter geworden. Die Zukunftsperspektiven der nachwachsenden Generation sehen 67 von 100 Befragten als schlechter an. Auch die soziale Absicherung wird in der westdeutsch geprägten Gesellschaftsordnung als deutlich schlechter erlebt: 58 Prozent aller Befragten sagen, diese sei im Vergleich zur DDR schlechter, 18 Prozent sagten, sie sei besser geworden.

Berliner Zeitung

Grammatik: Indirekte Rede (2)

Welche Zeitform des Konjunktivs wählt man, wenn man berichten will,
was jemand gesagt hat? Grundsätzlich gilt das folgende Schema:

Direkte Rede: Indikativ	Indirekte Rede: Konjunktiv
Präsens Jörg: „Ich **habe** viel Freiheit."	*Präsens* Jörg sagte, er **habe** viel Freiheit.
Imperfekt Jörg: „Ich **hatte** viel Freiheit."	*Perfekt* Jörg sagte, er **habe** viel Freiheit **gehabt**.
Perfekt Jörg: „Ich **habe** viel Freiheit **gehabt**."	*Perfekt* Jörg sagte, er **habe** viel Freiheit **gehabt**.
Futur Jörg: „Ich **werde** viel Freiheit **haben**."	*Futur* Jörg sagte, er **werde** viel Freiheit **haben**.

Dabei gibt es ein Problem: In vielen Fällen ist der Konjunktiv vom Indikativ nicht zu unterscheiden. Zum Beispiel:

Präsens des Indikativs	Präsens des Konjunktivs
Petra: „Sie **haben** viel Freiheit."	Petra sagte, sie **haben** viel Freiheit.

Um den Unterschied deutlich zu machen, kann man
statt des Präsens das Imperfekt benutzen, statt des Perfekts
das Plusquamperfekt, statt des Futurs **würde + Infinitiv**:

Direkte Rede: Indikativ	Indirekte Rede: Konjunktiv
Präsens Jörg und Petra: „Wir haben viel Freiheit."	*statt Präsens: Imperfekt* Sie sagten, sie hätten viel Freiheit.
Imperfekt/Perfekt Jörg und Petra: „Wir **hatten** viel Freiheit." Jörg und Petra: „Wir **haben** viel Freiheit **gehabt**."	*statt Perfekt: Plusquamperfekt* Sie sagten, sie **hätten** viel Freiheit **gehabt**.
Futur Jörg und Petra: „Wir **werden** viel Freiheit **haben**."	*statt Futur: würde + Infinitiv* Sie sagten, sie **würden** viel Freiheit **haben**.

■ Grammatik zum Nachschlagen, S. 178

B

Gemischte Gefühle über die Mauereröffnung

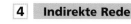

Hans Schmitz (42) hat die
Mauereröffnung mit gemischten
Gefühlen erlebt:
„Mein erster Gedanke war
Enttäuschung. Mir war klar, dass es jetzt sehr schnell in
Richtung deutsche Einheit gehen würde. Damals haben
wir noch von einer anderen, besseren DDR geträumt. …
Während der letzten zehn Jahre habe ich alle Seiten des
‚neuen Lebens' erlebt. Heute genieße ich die Freiheiten,
die ich habe. Ich trauere der DDR nicht mehr hinterher."

4 **Indirekte Rede** **B**

Setzen Sie Herrn Schmitz' Aussage in die
indirekte Rede um. Fangen Sie so an:

*Hans Schmitz (42) hat die
Mauereröffnung mit gemischten
Gefühlen erlebt. Sein erster Gedanke
sei …*

Parlament und Politik

„Was hat Politik mit mir zu tun?"

Interessieren Sie sich überhaupt für Politik oder finden Sie Politik todlangweilig? Warum?

Fassen Sie Ihre Haltung dazu in einem Satz zusammen und vergleichen Sie Ihre Antwort mit den anderen Schülern in der Klasse.

1 Politik in den Nachrichten

Was wissen Sie bereits über Politik in der Bundesrepublik und in Ihrem Land? Kennen Sie Namen von Politikern oder Parteien? Was haben Sie in der Presse oder im Fernsehen gesehen? Tragen Sie Ihre Kenntnisse in der Gruppe zusammen und füllen Sie diese Tabelle aus.

	Deutschland	Ihr Land
Hauptstadt		
Eine Demokratie?		
Name des Parlaments		
Namen/Titel von drei Politikern		
Namen von drei Parteien		

Demokratie
Regierungssystem, in dem die vom Volk gewählten Vertreter die Herrschaft ausüben. Zu den Prinzipien der Demokratie gehört die freie Meinungsäußerung.
Duden Deutsches Universalwörterbuch

2 Definitionen

Was sind die Hauptbegriffe des politischen Lebens in Deutschland?
Ergänzen Sie diese Sätze mit jeweils einem Wort aus dem Kästchen.

1 Das deutsche Parlament heißt der _____.

2 Ein Mitglied des Bundestages heißt ein(e) _____.

3 Die _____ wird von der Mehrheitspartei im Parlament gebildet.

4 Der/die _____ leitet die Bundesregierung.

5 Ein(e) _____ ist Mitglied der Bundesregierung und leitet ein _____, z.B. für Gesundheit.

6 Der/die _____ ist das Staatsoberhaupt der Bundesrepublik Deutschland.

7 Die Verfassung der Bundesrepublik Deutschland heißt _____.

8 In jedem der 16 Bundesländer gibt es einen _____ oder ein Landesparlament.

der/die Abgeordnete	die Bundesregierung	der Landtag
der/die Bundeskanzler(in)	der Bundestag	der/die Minister(in)
der/die Bundespräsident(in)	das Grundgesetz	das Ministerium

3 Und in Ihrem Land?

1 Gibt es die Begriffe von Aufgabe 2 auch in Ihrem Land? Wie heißen sie auf Englisch? Kennen Sie Namen oder Beispiele? Besprechen Sie Ihre Beispiele mit den anderen Schülern in der Klasse.

2 Sehen Sie sich die Grafik an. Vergleichen Sie die Namen der Bundesministerien mit denen, die Sie in Ihrem Land kennen. Sind sie ähnlich?

4 Die BUNDESrepublik Deutschland

Deutschland ist ein *Bund* von 16 *Bundesländern*, 11 „alten" und 5 „neuen". Jedes Bundesland hat eine Landeshauptstadt, ein Landesparlament und eine Landesregierung.

1 Wie heißen die 16 Bundesländer? Tragen Sie Ihre Kenntnisse in der Gruppe zusammen.

2 Welche Zusammensetzungen mit „Bund-" kennen Sie? Sie finden mehrere auf dieser Doppelseite und können andere im Wörterbuch suchen. Wie viele können Sie finden?

Beispiele

Bundesregierung, Bundesliga …

3 Erklären Sie die Bedeutung „Bundes-" auf Deutsch.

B))) Interview: Jugendliche und Politik

5 Jugendliche und Politik

Katarina und Guido verbringen ein Jahr ihres Studiums an einer englischen Universität. Sie sprechen über Jugendliche und Politik in England und Deutschland. Hören Sie ihren Äußerungen zu. Entscheiden Sie, ob die folgenden Sätze richtig (R) oder falsch (F) sind, oder ob sie nicht erwähnt werden (?). Verbessern Sie die falschen Sätze.

Katarina

1 Katarina kennt viele politisch interessierte Studenten an der Uni in England.

2 Ihre englischen Bekannten sind fast alle gegen die EU.

3 Sie selbst studiert Politik an der Uni.

4 In Deutschland lesen Jugendliche sehr selten eine Zeitung.

Guido

5 Seiner Erfahrung nach interessieren sich weniger britische Studenten für Politik als deutsche.

6 In Deutschland hat man mehr Gelegenheiten, sich an der Politik zu beteiligen.

7 Die deutschen Bürgerinitiativen sind etwas kompliziert.

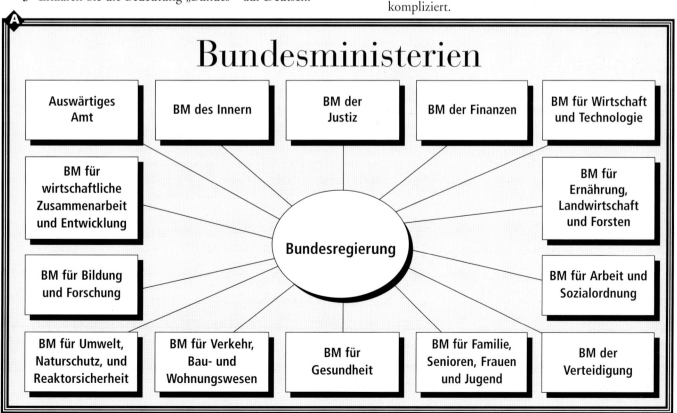

Parlament und Politik

1 Im Bundestag

Sehen Sie sich die Grafik der Sitzordnung im ersten Berliner Bundestag nach der Wiedervereinigung an. Fassen Sie die Informationen in einigen Sätzen zusammen – wie viele Parteien gibt es? Mit wie vielen Abgeordneten? usw.

A

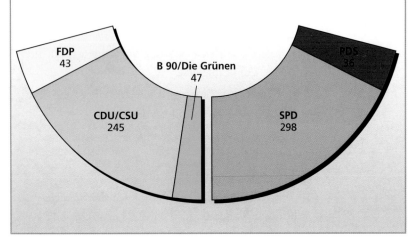

Die Sitzordnung im 14. Deutschen Bundestag

FDP 43

B 90/Die Grünen 47

PDS 36

CDU/CSU 245

SPD 298

2 Der deutsche Parteienstaat B

Welche Partei(en) …

1 war früher die Partei der Deutschen Demokratischen Republik?

2 ist die älteste Partei der Bundesrepublik?

3 war jahrzehntelang Koalitionspartner in verschiedenen Regierungen?

4 regierte zur Zeit der Wiedervereinigung?

5 betrachtet sich jetzt als Volkspartei, früher als Arbeiterpartei?

6 hat ihren Sitz in Bayern?

7 werden als konservativ betrachtet?

8 betrachtet die Umwelt als Schwerpunkt ihrer Politik?

B

Die Parteien

 SPD – Sozialdemokratische Partei Deutschlands

Die SPD existierte bereits am Anfang des 20. Jahrhunderts, wurde aber während der Nazizeit verboten. Nur langsam schaffte es die Partei, sich von den marxistischen Traditionen zu trennen und von einer Arbeiterpartei zu einer Volkspartei zu wandeln. Nach 16 Jahren Opposition im Bundestag wurde die SPD mit Gerhard Schröder 1998 wieder die Mehrheitspartei im Bundestag.

Bündnis 90 / Die Grünen

 Im Januar 1980 gründeten sich Die Grünen als ökologische Bundespartei. 1993 schlossen sich die Grünen mit dem in der Wendezeit 1989/90 in der DDR entstandenen Bündnis 90 zu einer gesamtdeutschen Partei zusammen.

Ökologische Themen bilden noch einen Schwerpunkt grüner Politik, aber das Bündnis 90/Die Grünen ist längst mehr als eine Umweltpartei. Die Verwirklichung und Beachtung der Menschenrechte, Gewaltfreiheit, soziale Gerechtigkeit oder die Gleichstellung von Mann und Frau sind heute ebenfalls wichtige Themenfelder. 1998 bildete die Partei die erste rot-grüne Regierung mit der SPD.

CDU – Christlich Demokratische Union Deutschlands

 Unter dem Motto „Einigkeit und Recht und Freiheit" wurde 1945 die CDU gegründet. Traditionell eine konservative Partei, betrachtet sie sich jedoch jetzt als Volkspartei. 1982–1998, mit dem Parteivorsitzenden Helmut Kohl als Bundeskanzler, hatte die CDU die Verwirklichung der deutschen Einheit und die Weiterentwicklung der europäischen Integration als Marksteine ihrer Regierungszeit.

CSU – Christlich-Soziale Union in Bayern

 Die 1945 gegründete konservative CSU füllt im deutschen Parteiensystem eine Doppelrolle aus. Einerseits ist sie bayerische Landespartei. Andererseits hat sie durch ihre Zusammenarbeit mit der CDU ein großes bundespolitisches Gewicht.

FDP – Freie Demokratische Partei

 1948 schlossen sich die liberalen Parteien in den westdeutschen Ländern zur FDP zusammen. Freiheit, Marktwirtschaft und finanzielle Stabilität der Bundesrepublik wurden zu den Leitvokabeln der FDP-Politik. Bis 1998 war sie in unterschiedlichen Koalitionen an mehreren Bundesregierungen beteiligt.

PDS – Partei des Demokratischen Sozialismus

 Mit dem Fall der Berliner Mauer im Herbst 1989 kam auch das rasche Ende der kommunistischen SED, der Staats- und Regierungspartei der DDR. Mit einem neuen Namen, PDS, versuchte man, sich von der SED-Vergangenheit zu distanzieren. Die PDS hat sich zur ostdeutschen Regional- und Protestpartei entwickelt. Sie profitiert dabei von den sozialen und wirtschaftlichen Folgekosten der deutschen Einheit, den daraus resultierenden Enttäuschungen der Menschen in Ostdeutschland, ihren Zukunftsängsten und ihrer Orientierungssuche.

Faktenlexikon Deutschland

3 **Politische Parteien – ein internationaler Vergleich**

1 Gibt es in Ihrem Land …

   a eine sozialdemokratische Partei?

   b eine Umweltpartei?

   c eine konservative Partei?

   d eine liberale Partei?

   e eine kommunistische Partei?

2 Wenn Sie „Ja" geantwortet haben: Wie heißt die Partei? Wer leitet sie?

3 Ein Besucher aus Deutschland will wissen, wie das politische System in Ihrem Land aussieht. Die folgenden Fragen helfen Ihnen bei der Erklärung:

   • Monarchie oder Republik?

   • Bund oder zentralisierte Regierung?

   • Demokratie oder Diktatur?

   • Wie viele Parteien?

   • Wie heißen sie?

   • Wofür stehen sie? (z.B. für die Umwelt? für benachteiligte Menschen?)

   • Welche ist zur Zeit die Mehrheitspartei im Parlament?

Denken Sie dran!

PRÄPOSITIONEN + KASUS

Akkusativ

Immer nach: *bis, durch, für, gegen, ohne, um*

Nach: *an, auf, entlang, hinter, in, neben, über, unter, vor, zwischen*

a wenn sie Bewegung anzeigen

b in bestimmten festen Ausdrücken, z.B. *sich freuen auf, sich ärgern über*

Genitiv

Immer nach: *(an)statt, trotz, während, wegen, beiderseits, diesseits, jenseits, außerhalb, innerhalb, oberhalb, unterhalb, unweit*

Dativ

Immer nach: *aus, außer, bei, gegenüber, mit, nach, seit, von, zu*

Nach: *an, auf, entlang, hinter, in, neben, über, unter, vor, zwischen*

a wenn sie einen Standort anzeigen

b in bestimmten festen Ausdrücken, z.B. *leiden unter, sich fürchten vor*

■ Grammatik zum Nachschlagen, S. 179

---

4 **Links oder rechts?**

Politische Parteien und Gruppen werden oft als „links" (sozialistisch/kommunistisch) oder „rechts" (konservativ) beschrieben. Aber was heißt das eigentlich? Ordnen Sie die deutschen Parteien einer passenden Stelle auf der Linie zu.

←——————————————→
links   rechts

5 **Verb + Präposition**

1 Listen Sie die folgenden Verbindungen aus Verb + Präposition in der Wörterbuchform auf. Was bedeuten sie auf Englisch?

   Beispiel

   Die junge Generation erinnert sich kaum noch an den Herbst 1989.

   sich erinnern an + Akk. – to remember

   a Sie glaubten nicht mehr an den Sozialismus.

   b Der Bundeskanzler reagierte heftig auf die Kritik.

   c Wir sollten stolz sein auf das, was wir erreicht haben.

   d Auf Politiker kann man sich nicht verlassen.

   e Wir müssen auch an die Arbeitslosen denken.

   f Hoffen wir auf bessere Zeiten!

   g Alle reden über die Arbeitslosigkeit, aber keiner tut etwas dagegen.

   h Über dieses Thema lässt sich streiten.

   i Die FDP war immer bereit, sich an einer Koalitionsregierung zu beteiligen.

   j Viele Bürger weigerten sich, an den Wahlen teilzunehmen.

2 Ergänzen Sie Ihre Liste mit weiteren Beispielen aus Text **B**.

6 **www.bundestag.de**

Suchen Sie im Internet die Website des deutschen Bundestages. Besprechen Sie nachher mit der Klasse, was Sie herausgefunden haben. Was fanden Sie am interessantesten? Warum? Wählen Sie dann eine der deutschen Parteien und suchen Sie deren Website.

Wahlkampf!

»Wir erwarten von Europa ke
Geschenke. Aber umgekehrt s
es genauso sein.«

wer SCHON AN 630 MARK SCHEITERT,
SOLLTE EUROPA ANDEREN ÜBERLASSEN.

CDU

Vokabeln

Bilden Sie aus den Wörtern im Kästchen zusammengesetzte Substantive, die mit „Wahl"
anfangen. Aufgepasst: Zwei Wörter passen nicht! Schreiben Sie die Substantive mit
dem Artikel auf. Was bedeuten sie auf Englisch?

Wahl	+	
Lokal	Kampf	Kreis
Kanzler	Recht	berechtigt
Ergebnis	Politiker	Kabine
Tag	Programm	Spruch
Urne	Rede	

1   Diskussion: Warum wählen?

Besprechen Sie die folgenden Fragen mit einem Partner /
einer Partnerin:

- Haben Sie jemals bei Kommunal- oder
  Parlamentswahlen gewählt? Warum (nicht)?
- Wann bekommt man in Ihrem Land das Wahlrecht?
- Werden Sie bei den nächsten Kommunal- oder
  Parlamentswahlen wählen gehen? Warum (nicht)?
- Wo ist Ihr Wahllokal?
- Wie heißt der/die Abgeordnete für Ihren Wahlkreis?
  Welche Partei vertritt er/sie?
- Beschreiben Sie einen Politiker / eine Politikerin,
  den/die Sie kennen.
- Welche Politiker finden Sie interessant?
- Welche Politiker mögen Sie nicht? Warum?
- Glauben Sie den Politikern, wenn sie im Fernsehen
  oder im Radio auftreten?

Ⓐ

Umfrage: Zahl der Nichtwähler steigt

dpa Dresden – Die Zahl der Nichtwähler steigt dramatisch.
Wenn heute Bundestagswahl wäre, würde nach einer
Umfrage des Bonner Dimap-Institutes mehr als jeder Dritte
zu Hause bleiben. 36 Prozent würden nicht zur Wahl gehen,
ergab eine Befragung im Auftrag des Mitteldeutschen
Rundfunks und der Bild-Zeitung. Das sind drei Prozent-
punkte mehr als vor einer Woche. Im Osten stieg die Zahl
der Nichtwähler von 37
auf 40 Prozent. Die
CDU kam wie in der
Vorwoche auf 31
Prozent. Die SPD sackte
leicht um einen Punkt
auf 42 Prozent ab. Die
Grünen liegen bei 8
Prozent, FDP (–1) und
PDS (+1) bei jeweils 7
Prozent.

Berliner Morgenpost

2   Die steigende Zahl der Nichtwähler

Ⓐ

Lesen Sie den Artikel über die steigende Zahl der Nichtwähler in Deutschland. Erklären
Sie die Bedeutung der folgenden Prozentzahlen in jeweils einem Satz auf Deutsch.
Verwenden Sie dabei den Konjunktiv in einem Konditionalsatz.

Beispiel

31% – Wenn heute Bundestagswahl wäre, würde die CDU 31 Prozent der Stimmen gewinnen.

1 36%   2 40%   3 42%   4 8%   5 7%

Dr.Gregor Gysi, PDS-Abgeordneter, mit Fami

Denken Sie dran!

KONDITIONALSÄTZE

Gegenwärtige Situation: **würde + Infinitiv** im Hauptsatz; Imperfekt des Konjunktivs im Nebensatz. Komma dazwischen nicht vergessen!

*Meine Freunde **würden** nicht **wählen**, wenn heute Parlamentswahl **wäre**.*

*Ich **würde** mehr für Jugendliche **tun**, wenn ich Bundeskanzler **wäre**.*

*Die Politiker **würden** mehr Stimmen **bekommen**, wenn sie glaubwürdiger **wären**.*

Man kann auch den Satz mit dem Nebensatz anfangen – das ist nur eine Frage des Stils. Denken Sie jedoch dran: Verb–Komma–Verb!

*Wenn heute Parlamentswahl **wäre**, **würden** meine Freunde nicht **wählen**.*

*Wenn ich Bundeskanzler **wäre**, **würde** ich mehr für Jugendliche **tun**.*

*Wenn die Politiker glaubwürdiger **wären**, **würden** sie mehr Stimmen **bekommen**.*

■ Grammatik zum Nachschlagen, S. 178

---

3 **Die Nichtwählerstatistik**

Lesen Sie den Artikel noch einmal und beantworten Sie die folgenden Fragen. (Wenn die Antwort nicht im Artikel zu finden ist, äußern Sie Ihre eigene Meinung.)

1 Woher kommt die Statistik?

2 Warum würden so viele Deutsche zu Hause bleiben?

3 Wie ist die Zahl der Nichtwähler in Ostdeutschland im Vergleich zur gesamten Bundesrepublik?

4 Was sind mögliche Gründe für diesen Unterschied?

B))) **Interview: Sind Politiker glaubwürdig?**

4 **Kann man den Politikern vertrauen?** **B**)))

Vier Deutsche sprechen über Politiker in ihrem Land: Hören Sie ihre Meinungen. Vervollständigen Sie die folgenden Aussagen mit Ihren eigenen Worten.

Katarina

1 Die Politiker im Fernsehen finde ich oft nicht glaubwürdig, weil …

2 Den echten Arbeitern würde ich schon …

Guido

3 Wie in anderen Ländern auch, sind die Politiker in Deutschland …

4 Es gefällt mir nicht, dass die Politiker nicht direkt ihre Meinung sagen, sondern …

5 Stimmen zu gewinnen ist anscheinend …

Karin

6 Man muss sehen, …

Beatrice

7 Es hat in Deutschland schon Skandale gegeben, aber …

8 Man muss immer davon ausgehen, dass …

9 Die Wahlbeteiligung unter jungen Leuten in Deutschland …

10 Anderseits hat Deutschland …

---

5 **Leserbrief: Jugendliche und Politik**

Sie haben neulich in Ihrer Lokalzeitung einen Bericht über die steigende Zahl der Nichtwähler gelesen. Schreiben Sie einen Brief (von etwa 200 Wörtern) an die Redaktion, in dem Sie erklären, warum sich viele Jugendliche nicht für Politik interessieren.

Sie könnten auf folgende Fragen eingehen:

• Was würden Sie machen, wenn heute Parlamentswahl wäre?

• Wie relevant ist Politik für Ihr Leben?

• Demokratie – warum sollte man wählen?

• Die Parteien – sind sie interessant? Tun sie was für junge Leute?

• Was sind Ihre Hauptsorgen?

• Die Politiker – sind sie vertrauenswürdig? Halten sie, was sie im Wahlkampf versprechen?

Kultur SPOT

Der Reichstag

Der Reichstag – Zeuge und Opfer schwieriger Zeiten – ist Berlins meistbesuchte Sehenswürdigkeit. Jeden Tag stehen Tausende Schlange, um die riesige Glaskuppel von Norman Foster zu besteigen und den unvergleichlichen Blick über Berlin zu genießen. Direkt darunter, im Plenarsaal des Deutschen Bundestages, entscheiden die Abgeordneten über das Wohl von 82 Millionen Bürgern.

Die seit 1916 im Dachgebälk des Haupteinganges zum Reichstag eingemeißelte Inschrift ist von besonderer Bedeutung für die Demokratie in Deutschland.

Am 30.8.1932 wird die Reichstagssitzung von der Alterspräsidentin Clara Zetkin mit ihrer berühmten Rede eröffnet.

Der Reichstagsbrand am 27.2.1933 bietet den Nazis einen willkommenen Vorwand, alle politischen Gegner auszuschalten.

Der Krieg ist vorbei und die Frage nach dem Wiederaufbau des Reichstages bleibt zunächst offen.

1979 – der Wachturm im Osten, der Reichstag im Westen, dazwischen verläuft die Mauer als Symbol der deutschen Teilung.

Im November 1989 fällt die Berliner Mauer und die Menschen in beiden Teilen der Stadt bejubeln ihre neu gewonnene Freiheit.

Der Reichstag wird vom 23. Juni bis zum 6. Juli 1995 vom Künstler Christo in Kunststoff verhüllt.

Das Berliner Reichstagsgebäude aus der Vogelperspektive, von der aus man die von Sir Norman Foster neu erbaute Glaskuppel sieht.

Demos auf dem Kudamm

Vokabeln

Bilden Sie Substantive. Zum Beispiel:

Demon+stration = *die Demonstration(en)*

Demon	strant
Demon	*stration*
Diskrim	heit
Grund	inierung
Kund	recht
Minder	gebung
Um	lung
Versamm	zug

A

Netsite	http://archiv.berliner-morgenpost.de

Liebe in Zeiten des Krieges

Die Love Parade marschiert in ihr elftes Jahr.

„Musik ist der Schlüssel zum Frieden, Musik verbindet und wenn wir gemeinsam tanzen, werfen wir keine Bomben oder tun irgend jemandem weh." So erklärt Dr. Motte, der Spandauer Ex-Punk und Erfinder der Love Parade, das Motto des größten Dancefloors der Welt.

Noch nie gab es so viele Diskussionen um die Notwendigkeit einer politischen Positionierung der Parade wie dieses Jahr, ausgelöst durch den Kosovokrieg. Love Parade-Pressesprecher Disko: „Wir sprechen uns explizit für den Frieden in langer Love Parade-Tradition aus, wollen uns aber nicht in das parlamentarische Geschehen oder die Außenpolitik einmischen." Da fragt sich natürlich, was denn das Ziel der Parade sein könnte. Disko: „Man muss sich von der Vorstellung lösen, dass eine Demo ein Ergebnis haben muss. Die Leute demonstrieren alle etwas, und zwar jeder, was er will, nicht für oder gegen etwas. Eine Versammlung, bei der so viele Leute zusammenkommen und sich nicht auf die Schnauze hauen, ist schon politisch genug."

Auf jeden Fall wird bis zur Parade am 10. Juli wieder viel „love in the air" sein. Kunterbunte Plakate, Flyer und T-Shirts sind schon jetzt überall in der Stadt zu sehen und ein technolastigeres Radioprogramm zählt zu den Vorboten. Mehr als

50 Wagen aus allen Kontinenten werden am 10. Juli auf der Straße des 17. Juni erwartet.

Berliner Morgenpost

---

1   **Techno-Spektakel und schrille Paraden**   **A**   **B**

Lesen Sie die Artikel über zwei Paraden in Berlin und beantworten Sie die folgenden Fragen.

1 Wofür steht die Love Parade?

2 Warum war der Frieden in diesem Jahr ein besonders umstrittenes Thema in Deutschland?

3 Inwiefern ist die Love Parade eine politische Demonstration?

4 Was heißt „sich auf die Schnauze hauen"? Erklären Sie mit Ihren eigenen Worten.

5 Was gibt es bei der Love Parade zu sehen und zu hören?

6 Beschreiben Sie die Pläne für den Umzug zum Christopher-Street-Day in Berlin.

7 Wo haben 1969 die ersten Christopher-Street-Demonstrationen stattgefunden?

8 Wogegen hat man damals protestiert?

| Netsite | http://archiv.berliner-morgenpost.de |

Party unterm Regenbogen

An diesem Sonnabend werden die Schwulen und Lesben mit ihrem Umzug zum Christopher-Street-Day in der City Furore machen. 300 000 Berliner und Gäste aus ganz Europa werden erwartet.

Die Veranstalter legen besonderen Wert auf die bekannte Mischung aus Straßenfest, politischer Demonstration und „schwul-lesbischer Selbstdarstellung". Auf der sechs Kilometer langen Route vom Kudamm über den Wittenbergplatz und Großen Stern zur Straße Unter den Linden wird sich ab 11 Uhr ein zwei Kilometer langer Zug aus Wagen und Fußgängern formieren. Am Zielort, dem Bebelplatz, ist von 17 bis 22 Uhr eine Abschlusskundgebung geplant. Mehrere Bands wie beispielsweise „Die Kusinen" und bekannte Musiker wie Jimmy Somerville werden für die musikalische Untermalung sorgen.

Anlass der Parade, die sich in Berlin zum 21. Mal jährt, waren vor 30 Jahren Demonstrationen in der New Yorker Christopher Street infolge regelmäßiger Polizeirazzien in der Szenekneipe „Stonewall Inn". Im Juni 1969 hatten Homosexuelle damit auf Diskriminierungen aufmerksam gemacht.

Berliner Morgenpost

---

2   Streit auf dem Kudamm

1   Lesen Sie den Artikel über Demonstrationen auf dem Kurfürstendamm in Berlin und erklären Sie die unterstrichenen Wörter und Ausdrücke im Zusammenhang des Artikels auf Deutsch.

2   Beantworten Sie folgende Fragen:

   a Was für Demos gibt es auf dem Kudamm? Finden Sie Beispiele im Artikel.

   b Wer ist gegen diese Demonstrationen und warum?

   c Warum scheint es unmöglich, die Probleme zu lösen?

3   Fassen Sie die Hauptpunkte des Artikels mit Ihren eigenen Worten auf Deutsch zusammen.

Wie viel Freiheit braucht der Kudamm?

Händler, Einkäufer und Demonstranten im Streit

Der Kurfürstendamm hat seine Anziehungskraft nicht verloren – als traditionelle Protestmeile. Gerade an den Einkaufs-Wochenenden vor Weihnachten wird ein Anstieg der Demos erwartet.

„Wir ärgern uns schwarz", sagt Manuela Remus-Woelffling von der AG City, dem Zusammenschluss der Einzelhändler. Sie kann nicht verstehen, dass es „immer der Kudamm und immer die Hauptgeschäftszeit" sein muss.

So gibt es beispielsweise am 9. November einen Aufzug gegen SED-Unrecht und am 30. November eine Kundgebung zum Welt-Aids-Tag. Am 4. Dezember, am 2. Adventswochenende, wird von 9 bis 15 Uhr eine Kundgebung von Tierschützern vor dem KaDeWe stattfinden, von 15 bis 19 Uhr gibt es einen „Aufzug für mehr Nächstenliebe", der von einer Privatperson angemeldet wurde. Angeblich sollen 60 000 Demonstranten kommen, eine Erwartung, die die Polizei allerdings nicht teilt.

„50 Tierschützer protestieren, und der Kurfürstendamm ist stundenlang blockiert", kritisiert Manuela Remus-Woelffling, „bei jeder kleinen Demonstration muss die Fahrbahn gesperrt werden und im Radio heißt es: Bitte umfahren Sie den Bereich weiträumig." Das Ergebnis: Viele Kunden bleiben weg. Die Interessen von Einzelhändlern und Autofahrern sind der Versammlungsfreiheit und dem Recht auf freie Meinungsäußerung untergeordnet.

Das zu ändern, ist nach Meinung von Staatsrechtler Ulrich Battis von der Humboldt-Universität unmöglich. „Die Versammlungsfreiheit und das Recht auf freie Meinungsäußerung sind Grundrechte. Da kann der Staat nicht sagen, das sind nur ein paar Minderheiten und Radikalinskis, die schicken wir auf irgendein Feld." Gerade Minderheiten sind auf diese Grundrechte besonders angewiesen.

Berliner Morgenpost

Nie wieder Krieg?

Einstieg

Wählen Sie die sechs Wörter im Kästchen, die Sie am ehesten mit diesem Bild assoziieren.

Angriff	aufregend	beistehen	beruhigend
bedrohend	Freiheit		furchterregend
Gefahr	Gerechtigkeit	Gewalt	Hilfe
Macht	rücksichtslos		beschützen
Sicherheit	töten		Unterdrückung
Verteidigung	zerstören		zuverlässig

1 | Bündnisse und Gemeinschaften

Füllen Sie die Tabelle aus.

	Voller Name (A)	Beschreibung (B)	Mitgliedsstaaten (C)
NATO			
WEU			
UNO			

A

Atlantic   United

Nations   Westeuropäische

North

Organization

Organization

Treaty

Union

B

Beistandspakt westeuropäischer Staaten

Nordatlantikpakt: Vertrag zur gemeinsamen Verteidigung der Mitgliedsstaaten

Überparteiliche und überstaatliche Organisation zur Erhaltung des Weltfriedens

C

Belgien Deutschland Frankreich Großbritannien Italien Luxemburg Niederlande

Belgien Dänemark Deutschland Frankreich Griechenland Großbritannien Island Italien Kanada Luxemburg Niederlande Norwegen Portugal Spanien Türkei USA

159 Nationen

2 | Definitionen

Finden Sie die passende Definition (a–g) für jeden Begriff (1–7).

1 der Einsatz (¨e)   a   die Versorgung einer notleidenden Gruppe von Menschen per Luft

2 der Bürgerkrieg (e)   b   ein bewaffneter Kampf zwischen verschiedenen Gruppen innerhalb eines Staates

3 die Massenvernichtungswaffe (n)   c   ein Verbot, mit einem bestimmten Staat Handel zu treiben

4 der Sanitäter (-)   d   ein von Flugzeugen oder Raketen ausgeführter Angriff

5 das Handelsembargo (s)   e   eine atomare, biologische oder chemische Waffe

6 die Luftbrücke (n)   f   eine Handlung, an der das Militär beteiligt ist

7 der Luftschlag (¨e)   g   jemand, dessen Beruf es ist, Kranken und Verwundeten zu helfen

A))) Die Rolle der Bundeswehr

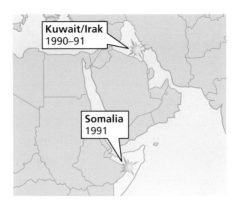

Kambodscha
1979–91

Kuwait/Irak
1990–91

Somalia
1991

Serbien/Bosnien
1992–95

Kosovo
1999

3 Bundeswehr-Einsätze   A)))

Hören Sie zu. Wie war die Bundeswehr beteiligt: Handelte es sich um humanitäre Hilfe, eine Friedensaktion oder einen Kampfeinsatz? Kreuzen Sie an:

	humanitäre Hilfe	Friedensaktion	Kampfeinsatz
Irak			
Bosnien			
Somalia			
Kambodscha			
Kosovo			

Denken Sie dran!

PERFEKT ODER IMPERFEKT?

Perfekt oder Imperfekt? Das ist vor allem eine Frage des Stils. Wegen seiner Kürze ist die Imperfektform für längere Erzählungen besser geeignet als die Perfektform. Aus diesem Grund sieht man in Romanen und in Zeitungsberichten vor allem das Imperfekt.

Der Gebrauch des Imperfekts hat eine distanzierende Wirkung, während das Perfekt die Verbindung zwischen Vergangenheit und Gegenwart betont.

■ Grammatik zum Nachschlagen, S. 175

4 Weitere Informationen   A)))

Hören Sie noch einmal zu. Schreiben Sie Sätze mit Hilfe der Notizen im Kästchen.

Die Sätze sollten entweder im Imperfekt oder (mit „seit") im Präsens stehen.

Beispiel

Von August 1991 bis September 1996 war die Bundeswehr an einem UNO-Einsatz im Irak beteiligt. Das Ziel des Einsatzes war, irakische Massenvernichtungswaffen zu erfassen und zu beseitigen.

Einsätze der Bundeswehr

Aug. 1991 – Sept. 1996	**UNO-Einsatz – Irak – Erfassung u. Beseitigung von Massenvernichtungswaffen**
Mai 1992 – Nov. 1993	**Sanitäter – UNO-Einsatz – Kambodscha**
1992–	**NATO-Einsätze – Bosnien** • **Überwachung des Embargos gegen Serbien (1992–95)** • **Luftversorgung – Bosnien (Juli 1992 – Jan. 1996)** • **3 000–4 000 Soldaten – NATO-Friedenstruppe – Bosnien (seit Dez. 95)**
Aug. 1992 – März 1994	**humanitärer Einsatz – Somalia**
Feb. 1999–März 1999	**ca. 1 000 Soldaten – NATO-Friedenstruppe – Kosovo** **10 Tornado-Kampfflugzeuge – Kampfeinsatz gegen Serbien**

Nie wieder Krieg?

Deutsche gegen Krieg

Köln (ap) – Vier von fünf Deutschen sind gegen einen Krieg am Golf und plädieren für die Fortsetzung der Verhandlungsbemühungen auch nach Ablauf des UNO-Ultimatums und trotz drohender Kriegsgefahr. Nur jeder zehnte Bundesbürger befürwortet einen Angriff auf den Irak. Das geht aus dem gestern veröffentlichten Ergebnis einer Umfrage des Infas-Instituts hervor.

die Tageszeitung 16.1.1991

B

Mehrheit billigt Waffeneinsatz
Wenig Verständnis für Demonstrationen

Tübingen, 20.1. (ddp/dpa)

Die meisten Deutschen sind mit dem Waffeneinsatz gegen den Irak einverstanden. Nach den am Wochenende veröffentlichten Ergebnissen einer Umfrage der Tübinger Wickert-Institute sprachen sich 81,4 Prozent dafür aus. Zehn Prozent waren dagegen und 8,6 Prozent blieben ohne Urteil.

Entsprechend groß war mit 85,2 Prozent auch die Mehrheit derer, die kein Verständnis für Demonstrationen gegen den Golfkrieg aufbringen. Sehr viele der Befragten wiesen darauf hin, dass sie der Ansicht sind, man hätte früher, schon beim Einmarsch in Kuwait, demonstrieren müssen. Insgesamt 14,8 Prozent äußerten sich zustimmend, wobei das Verständnis für die Demonstranten mit steigendem Alter abnahm.

Die meisten (81 Prozent) sprachen sich für eine angemessene finanzielle Beteiligung der Bundesrepublik an den Kosten aus, die den USA mit dem Krieg entstehen. Fast gleich viele der Befragten (74,9 Prozent) lehnten eine direkte militärische Beteiligung Deutschlands ab.

Die Zustimmung der Amerikaner zur Politik von Präsident Bush ist sprunghaft von 66 auf 86 Prozent gestiegen. Während mehr als zwei Drittel der Franzosen (69 Prozent) die militärische Intervention gutheißen, treten 80 Prozent der britischen Bevölkerung für den bewaffneten Kampf gegen den Diktator Saddam Hussein ein.

Neue Osnabrücker Zeitung 21.1.91

---

1   Ergebnisse der Umfrage

Wo wird das behauptet? In Text A, in Text B oder in keinem der beiden?

1 Die meisten Deutschen waren für den Krieg am Golf.

2 Die meisten Deutschen waren gegen den Krieg am Golf.

3 Die meisten Deutschen waren mit den Anti-Kriegs-Demonstrationen einverstanden.

4 Die meisten Deutschen waren mit den Anti-Kriegs-Demonstrationen nicht einverstanden.

5 Die meisten Deutschen waren dafür, dass Deutschland einen finanziellen Beitrag zum Krieg leisten sollte.

6 Die meisten Deutschen waren dagegen, dass Deutschland einen finanziellen Beitrag zum Krieg leisten sollte.

7 Die meisten Deutschen wollten deutsche Truppen gegen den Irak einsetzen.

8 Die meisten Deutschen wollten keine deutschen Truppen gegen den Irak einsetzen.

2   Ja oder nein?

1 Finden Sie Ausdrücke in den zwei Artikeln, die Zustimmung ausdrücken.

2 Finden Sie Ausdrücke in den zwei Artikeln, die Ablehnung ausdrücken.

3   Lückentext

Lesen Sie die drei Aussagen und füllen Sie die Lücken aus. Die fehlenden Wörter finden Sie im Kästchen.

Karin: „Wir haben die gleiche _____(1)_____ wie andere Länder. Wenn Kriege _____(2)_____ sind, müssen wir auch unseren _____(3)_____ erbringen."

Katarina: „Als Mitglied von vielen _____(4)_____ hat Deutschland die _____(5)_____ , auch einen _____(6)_____ Beitrag zu leisten."

Beatrice: „Weil Deutschland _____(7)_____ und politisch eine _____(8)_____ sein will, muss es auch eine militärische _____(9)_____ spielen – aber nur, um sich selbst oder andere zu _____(10)_____ und um Leuten zu _____(11)_____ ."

Gemeinschaften	helfen	militärischen	Pflicht
Rolle	Teil	unvermeidbar	Verantwortung
verteidigen	Weltmacht	wirtschaftlich	

Deutsche Streitkräfte im Ausland?

4 Wer spricht?

Hören Sie jetzt Karin, Katarina und Beatrice. Vergleichen Sie ihre Antworten mit den Aussagen von oben. Entscheiden Sie, wer spricht. Bringen Sie die drei Namen in die richtige Reihenfolge.

5 Verb und Substantiv

Füllen Sie die Tabelle aus.

Verb	Substantiv
angreifen	
	der Einsatz
	der Dienst
erpressen	
	die Förderung
gefährden	
integrieren	
	die Rettung
	der Schutz
sichern	
stabilisieren	
	die Unterstützung
	die Verteidigung

Aufgaben der Bundeswehr

Auszüge aus dem Bundeswehrplan 1997
Die Bundeswehr schützt Deutschland und seine Staatsbürger gegen politische Erpressung und äußere Gefahr, fördert die militärische Stabilität und die Integration Europas, verteidigt Deutschland und seine Verbündeten, dient dem Weltfrieden und der internationalen Sicherheit in Einklang mit der Charta der Vereinten Nationen und hilft bei Katastrophen, rettet aus Notlagen und unterstützt humanitäre Aktionen.

Kernaufgaben der Bundeswehr laut Bundeswehrplan 1997:
- Landes- und Bündnisverteidigung in Zentraleuropa
- Krisenreaktion und Verteidigung im Bündnis außerhalb Zentraleuropas
- Krisenbewältigung im erweiterten Aufgabenspektrum
- Rettungs- und Evakuierungseinsätze
- Hilfeleistungen, die subsidiär, d.h. ohne gesondert aufzubringende Kräfte und Mittel zu erbringen sind.

Bundeswehrplan 1997

6 Fragebogen – Truppeneinsatz

1 Welchen Aussagen stimmen Sie zu?

Deutschland sollte Truppen im Ausland einsetzen, um …

a seine Grenzen zu verteidigen.

b deutsche Bürgerinnen und Bürger im Ausland zu schützen.

c humanitäre Hilfe zu leisten.

d dem Angriff eines Feindes zuvorzukommen.

e seinen Status zu behaupten.

f seine wirtschaftlichen Interessen zu verteidigen.

g befreundeten Ländern beizustehen.

h die Zivilbevölkerung eines fremden Landes vor dessen Militär zu schützen.

i seine Pflicht als Mitglied der UN, der WEU und der NATO zu erfüllen.

Deutschland sollte unter keinen Umständen Truppen im Ausland einsetzen.

2 Vergleichen Sie jetzt Ihre Antworten innerhalb der Gruppe: Gibt es große Meinungsunterschiede?

7 Vergleich

1 Welche Aufgaben aus dem Fragebogen (Übung 6) decken sich mit den Aufgaben der Bundeswehr ()?

2 Welchen Aufgaben haben Sie in Übung 6 zugestimmt?

3 Sind Sie also mit den Aufgaben der Bundeswehr …

a völlig einverstanden?

b teilweise einverstanden?

c gar nicht einverstanden?

8 Aufsatzthema

Schreiben Sie einen Aufsatz über das Thema „Wozu braucht Deutschland die Bundeswehr?" (ca. 250 Wörter). Unterstützen Sie Ihre Meinung mit Fakten und Beispielen. Benutzen Sie die Texte von oben sowie Ihre Lösungen zu den Übungen.

Frauen an die Waffen!

Sind Soldatinnen in Ihrem Land berechtigt, an Kampfeinsätzen teilzunehmen?

A

Frauen und Bundeswehr

»Wir wollen das volle Programm«

Es ist das einzige Berufsverbot mit Verfassungsrang: Frauen sind von Kampfeinsätzen ausgeschlossen. Der Europäische Gerichtshof will das Grundgesetz kippen – und trifft vor allem bei der jungen Generation auf große Zustimmung.

Arabella sagt's drastisch: »Der Staat darf den Frauen das Recht nicht verweigern und sie in die Küche schicken.« Warum«, fragt sich Marie-Louise, »sollen Frauen mit Waffen nicht genauso gut umgehen können wie Männer?« Schließlich, sagte Anne, »war die Jeanne d'Arc doch auch eine Frau – und sie hat die Engländer besiegt.«

Die Meinung dieser Abiturientinnen aus dem Albert-Einstein-Gymnasium trifft die Stimmungslage der Deutschen – vor allem der jungen, wie das Meinungsforschungsinstitut Forsa für den STERN ermittelte. Danach sind 78 Prozent aller Bürgerinnen unter 30 Jahren der Meinung, dass Frauen in der Bundeswehr Dienst mit der Waffe leisten dürfen, selbst wenn das Grundgesetz dafür geändert werden müsste. Insgesamt sprachen sich 59 Prozent aller Deutschen dafür aus.

Anne Maike Sippel, 18: »Körperliche Nachteile sind kein Argument.«

Lena Träbing, 19: »Wenn eine Frau es will, sollte sie es dürfen. Für mich wäre es nichts.«

Anne Sawade, 18: »Nicht jede ist geeignet. Auch viele Männer sind nicht kampffähig.«

Melanie Eichner, 18: »Männer und Frauen sollten gleichberechtigt sein – auch an den Waffen.«

Arabella Jankovic, 18: »Wer hin zur Armee will, soll hin – unabhängig vom Geschlecht.«

Carsten Staat, 19: »Eine Berufsarmee kann auf Frauen gar nicht verzichten.«

Markus Strack, 19: »Frauen sind körperlich schwächer als Männer.«

Marie-Louise Fend, 19: »Wenn schon Wehrpflicht, sollte sie für Männer und Frauen gelten.«

Patrick Ott, 19: »Männer und Frauen haben die gleichen Rechte. Deshalb müssen Frauen an die Waffen dürfen.«

Dominique Schultz, 18: »Frauen sind zu emotional, deshalb bin ich dagegen.«

Simone Schieker, 18: »Frauen können genauso aggressiv sein wie Männer.«

Tina Siebenhaar, 19: »Was Männer können, können auch Frauen. Ich bin für eine Berufsarmee.«

Yasina Harji, 18: »Zur Gleichberechtigung gehört auch der Dienst an der Waffe für Frauen.«

Timothy Vance, 18: »Frauen und Männer sollten gleich behandelt werden.«

Sibylle Oppenheim, 18: »Wenn sie wollen, sollen Frauen an die Waffen.«

Roland Klostermann, 19: »Wenn schon, sollte es auch für Frauen die Wehrpflicht geben.«

Sarah Häbel, 19: »Es gibt körperliche Unterschiede zwischen Männern und Frauen, auch wenn's nicht gerecht ist.«

Stern

1 **Dafür oder dagegen?** **A**

Lesen Sie die Aussagen der Schülerinnen und Schüler. Wer ist für die Beteiligung von Frauen an Kampfeinsätzen? Wer ist dagegen?

2 Grundargumente

Was ist das Grundargument? Ordnen Sie jeden Namen einem Argument (1–5) zu.

Beispiel

1 – Marcus Strack, Dominique Schultz, usw.

1 Frauen sind zum Kampf mit der Waffe weniger geeignet.

2 Frauen und Männer haben die gleichen Rechte.

3 Frauen und Männer haben die gleiche Verantwortung.

4 Es kommt aufs Individuum an, nichts aufs Geschlecht.

5 Frauen sind ebenso fähig wie Männer.

»Ich will keine Frauen an vorderster Front«
Rupert Scholz, 62, ist Verfassungsrechtler und war CDU-Verteidigungsminister

Einerseits sind da die physischen Bedenken. Frauen haben es an der Front nun mal mit Männern zu tun, die viel stärker sind. Auch sind Frauen bei Gefangennahme wesentlich gefährdeter als Männer. Dann gibt es neben der moralischen auch eine taktische Komponente. Die Erfahrung in anderen Ländern zeigt, dass sich Männer im Ernstfall oft anders verhalten, wenn sie Frauen an ihrer Seite haben. Höchste Priorität hat für sie nicht die Bekämpfung des Gegners, sondern der Schutz ihrer weiblichen Kameraden. Militärs haben das überspitzt so ausgedrückt: Der Kampfeinsatz von Frauen schwäche die Kampfkraft. Ich will und kann das nicht beurteilen. Ich weiß aber, dass die Politik die Aufgabe hat, für die Interessen ihrer Bürger einzutreten. Dazu gehört, die Bürgerinnen zu schützen. Auch vor übertriebenen Forderungen.

Stern

3 Modalverben

Übersetzen Sie diese Sätze aus dem Text ins Englische. (Tipp: Übersetzen Sie nicht Wort für Wort, sondern suchen Sie eine idiomatische Lösung.)

Beispiel

Wer hin zur Armee will, soll hin. – Anyone who wants to join the army should be allowed to do so.

1 Wenn eine Frau es will, sollte sie es dürfen.

2 Deshalb müssen Frauen an die Waffen dürfen.

3 Wenn sie wollen, sollen Frauen an die Waffen.

4 Was Männer können, können auch Frauen.

4 Warum?

Fassen Sie die wichtigsten Argumente von Herrn Scholz zusammen. Nehmen Sie dafür die Sätze aus Übung 2 als Muster.

5 Debatte

Sollten Frauen an die Waffen dürfen?

Sprecher(in) A: Sie sind für die Beteiligung von Frauen an Kampfeinsätzen der Streitkräfte.

Sprecher(in) B: Sie lehnen die Beteiligung von Frauen an Kampfeinsätzen ab.

Beide Sprecher(innen) halten eine Rede, in der sie versuchen, die Klasse zu überzeugen. Die Klasse stellt Fragen, danach stimmt sie ab.

Grammatik: Modalverben ohne Infinitiv

Ein Modalverb darf in folgenden Fällen ohne einen darauffolgenden Infinitiv verwendet werden:

1 Bewegung – ein Adverb oder eine Adverbialphrase macht die Bedeutung deutlich, z.B:

> *Ich will morgen nach Hamburg.*

Anstatt: *Ich will morgen nach Hamburg fahren.*

2 Das Verb **tun** ist implizit. Zum Beispiel:

> *Das kann ich nicht. Du kannst es auch nicht.*

Anstatt: *Das kann ich nicht tun. Du kannst es auch nicht tun.*

3 Das Modalverb bezieht sich auf einen vorhergehenden Satz. Manchmal wird **es** als Akkusativobjekt hinzugefügt. Zum Beispiel:

> *Leih mir zwanzig Mark bis Montag. – Nein, ich kann (es) nicht.*

Anstatt: *… Nein, ich kann dir nicht zwanzig Mark bis Montag leihen.*

4 In einigen idiomatischen Fällen, z.B.:

> *Er kann gut Deutsch [sprechen].*
> *Wir können bald nicht mehr [weitermachen].*
> *Was soll das eigentlich [bedeuten]?*

■ Grammatik zum Nachschlagen, S. 173

Kriegsdienstverweigerer

Vervollständigen Sie den Text mit den Zahlen im Kästchen.

Deutsche Männer können vom vollendeten _____(1) _____ Lebensjahr an zum Dienst in den Streitkräften verpflichtet werden. Sie dürfen aus Gewissensgründen diesen Wehrdienst verweigern und als Ersatz Zivildienst leisten. Deutsche Frauen müssen und dürfen keinen Wehrdienst leisten.

_____(2) _____ dauerte der Wehrdienst _____(3) _____ Monate. Am 1. Juli 2000 wurde der Zivildienst auf _____(4) _____ Monate verkürzt, d.h. einen Monat länger als der Grundwehrdienst.

_____(5) _____ betrug der Tagessold eines Rekruten _____(6) _____ DM.

> 10 11 18. 14,50 2000 2000

 A

Kriegsdienstverweigerung: (d)ein Grundrecht

„Niemand darf gegen sein Gewissen zum Kriegsdienst mit der Waffe gezwungen werden." *Grundgesetz Artikel 4, Absatz 3*

Immer mehr junge Männer nehmen das Grundrecht auf Kriegsdienstverweigerung in Anspruch. 1998 waren es über 171 000. Doch Kriegsdienstverweigerung ist das einzige Grundrecht, das nur auf Antrag hin gewährt wird. Der Antrag besteht aus vier Teilen:

1. dem formellen Antragsschreiben
2. dem polizeilichen Führungszeugnis
3. einem Lebenslauf
4. einer schriftlichen Begründung.

Der Lebenslauf

Der Lebenslauf soll lückenlos sein und die wichtigsten Lebensdaten enthalten. Dein Lebenslauf soll dem Bundesamt ermöglichen, sich ein Bild von deinem familiären und sozialen Umfeld zu machen. Im Lebenslauf sollte enthalten sein:

- Name, Geburtstag und Geburtsort
- Eltern und Geschwister, deren Beruf und Lebenssituation
- Angaben zum Familienleben (Todesfälle, Scheidung der Eltern etc.)
- schulische Ausbildung
- Wohn- und Lebenssituation (eigener Haushalt, bei den Eltern etc.)
- soziales und politisches Engagement (Mitarbeit bzw. Mitgliedschaft in Vereinen, Parteien, Verbänden etc.)
- Interessen und Hobbys
- Konfession und Verhältnis zur Kirche
- Berufliche Ausbildung und Perspektiven

Die Begründung

Der wichtigste und zentrale Teil des Antrages ist deine „Begründung". In der Begründung solltest du ausführlich deutlich machen können:

- was „Gewissen" für dich heißt
- wie deine Gewissensentscheidung zustande kam: Welche Rolle haben dabei eventuell deine Eltern, Freunde, Bekannten gespielt? Wie hat die Auseinandersetzung mit bestimmten Personen, Filmen, Büchern dich beeinflusst?
- welche Maßstäbe für dein Leben bindend sind (Werte und Normen, Gebote und Verbote)
- woher diese Wertvorstellungen kommen, wer und was sie mitgeprägt hat
- was eine Übertretung dieser Normen (insbesondere deine Gewissensentscheidung, nicht töten zu können) für dich bedeuten würde
- wie du zur „Gewalt und Gewaltanwendung" stehst, was für dich „Krieg" bedeutet, welchen Wert „Leben" für dich hat usw.
- wo und wie du versuchst, dich für friedliche Konfliktaustragung einzusetzen, dich für Frieden und soziale Gerechtigkeit zu engagieren
- welche Probleme diese Gewissensentscheidung für dich aufwirft.

Merke

Es geht nicht um eine Entscheidung „Bundeswehr oder Zivildienst", sondern um die Fragen „Kann ich das Töten von Menschen im Krieg mit meinem Gewissen vereinbaren?" und „Würde ich damit fertig werden, im Krieg zu töten?"

Beispiel aus einer Begründung:

„Ich verweigere den Dienst mit der Waffe, weil ich nicht imstande bin, einen anderen Menschen im Krieg zu töten. Ich könnte es mit meinem Gewissen nicht in Einklang bringen, wenn ich einen ‚feindlichen Soldaten' – einen Menschen wie du und ich – umgebracht hätte. Für mich gibt es keine Feinde, viel weniger Todfeinde."

Wer wird anerkannt?

Als Kriegsdienstverweigerer wird anerkannt:

- wer aus seinem Gewissen heraus eine Entscheidung gegen den Kriegsdienst mit der Waffe getroffen hat
- wer deshalb jeden Krieg und jedes Töten im Kriege ablehnt (also nicht nur bestimmte Kriege oder Waffen)
- wer glaubt, in eine Gewissensnot zu geraten, falls er im Kriegsfalle andere Menschen töten müsste.

Es geht also darum, im Lebenslauf und in der Begründung Erlebnisse, Einflüsse, Gedanken etc. darzustellen, die dein Gewissen geprägt haben. Auf diesem Hintergrund musst du deutlich machen können, dass du in eine Gewissensnot, in einen unlösbaren inneren Konflikt, kommen würdest, wenn du gegen dein Gewissen verstoßen müsstest.

Verein für Friedenspädagogik Tübingen e.V.

1   Zusammensetzungen

Verbinden Sie die Wörter im Kästchen, um die deutschen Übersetzungen folgender englischer Begriffe zu bilden. Geben Sie auch den Artikel (der/die/das) an. Sie dürfen jedes Wort mehrmals verwenden. (Tipp: Die Lösungen können Sie auch im Text finden.)

1 basic or fundamental right

2 conscientious objection (refusal to bear arms)

3 decision prompted by conscience

4 use of force or violence

5 deadly enemy

6 crisis of conscience

der Grund
der Krieg
der Dienst
die Verweigerung
das Gewissen
die Gewalt
die Entscheidung
die Anwendung
der Tod
der Feind
die Not
das Recht

2   Richtig oder falsch?

Sind folgende Aussagen dem Text nach richtig (R) oder falsch (F)? Korrigieren Sie die falschen Aussagen.

1 Das Recht auf Kriegsdienstverweigerung steht im Grundgesetz.

2 Der wichtigste Teil des Antrags auf Kriegsdienstverweigerung ist der Lebenslauf.

3 Man darf sich für den Zivildienst entscheiden, wenn man keinen Kriegsdienst leisten will.

4 Ein Kriegsdienstverweigerer muss deutlich machen, dass er nicht fähig ist, andere Menschen im Krieg zu töten.

5 Ein Kriegsdienstverweigerer muss nur bestimmte Kriege und Waffen ablehnen.

B))) Es ist deine Entscheidung

3   Soldaten oder Kriegsdienstverweigerer?

1 Bevor Sie die Aufnahme hören: Entscheiden Sie, welcher Anfang (1 und 2) zu welchen Sätzen (a–f) passt.

1 Soldaten …

2 Kriegsdienstverweigerer …

a … wurden früher Drückeberger und Feiglinge genannt.

b … müssen strammstehen, schlammrobben und scharf schießen.

c … wollen lieber Behinderte füttern, Glühbirnen auswechseln oder Kranke versorgen.

d … müssen Befehle befolgen, ohne über ihren Sinn nachzudenken.

e … sind mittlerweile in vielen Berufen erwünscht.

f … sind heute gesellschaftlich anerkannt.

2 Hören Sie jetzt die Aufnahme: Haben Sie richtig getippt?

4   Antrag auf Kriegsdienstverweigerung

Sie sind ein 19-jähriger Deutscher.
Schreiben Sie einen Antrag auf Kriegsdienstverweigerung:

1 einen Lebenslauf (ca. 150 Wörter)

2 eine Begründung (ca. 150 Wörter).

Nehmen Sie den Text Ⓐ zu Hilfe.

Hörtext Ⓑ))) könnte Ihnen weitere Ideen für Ihre Begründung geben.

Zivildienst: ordentlich mit anpacken

1 Textverständnis

Was ist richtig: a, b oder c?

1 „Zivi" ist eine Abkürzung für … (Absatz 2)
   a Zivildienst.
   b Zivildienststelle.
   c Zivildienstleistender.

2 Die Bundesregierung … (Absatz 5)
   a gibt 2,7 Millionen Mark für den Zivildienst aus.
   b will 2,7 Millionen Mark einsparen.
   c zahlt 2,7 Millionen Mark an Zivildienstleistende.

3 Laut Herrn Schneider bedeuten die Sparmaßnahmen, dass … (Absatz 6)
   a 9 000 karitative Vereine keine weiteren Zivildienstleistenden bekommen werden.
   b die Wohlfahrtsverbände zusätzliche 100 Millionen Mark werden finden müssen.
   c kleine karitative Vereine 40 000 Zivildienstleistende weniger werden einstellen können.

2 Questions in English

Answer the following questions in English.

1 What are the three main cost-cutting measures proposed by Frau Bergmann?

2 In which fields is the number of civilian service recruits ("Zivildienstleistende") to remain constant under the measures?

3 What two problems will the shorter duration of civilian service ("Zivildienst") cause for health care and conservation?

4 What is the "gap" referred to in the title ("Angst vor der Lücke")?

3 Indirekte und direkte Rede

1 Finden Sie Beispiele für den Konjunktiv der indirekten Rede in den folgenden Absätzen:

   • 4 (zwei Verben)
   • 6 (zwei Verben)
   • 9 (ein Verb)

2 Schreiben Sie die Aussagen von Herrn Dohn, Herrn Schneider und Frau Stumböck in die direkte Rede um.

So packen »Zivis« an

Wacht im Nationalpark Wattenmeer

Haushaltshilfe bei einer Gehbehinderten

Betreuung behinderter Kinder

4 Übersetzung

Übersetzen Sie ins Englische:

Die Diskussion über die Abschaffung der Wehrpflicht stellt auch die Zukunft des Zivildienstes in Frage. Dabei leistet der 1960 eingeführte Zivildienst einen wichtigen sozialen Beitrag. Krankenhäuser, Pflegedienste und Umweltschutzorganisationen zum Beispiel verlassen sich auf die billigen Arbeitskräfte. Derzeit werden bundesweit rund 152 000 Zivildienstleistende in der Behinderten- und Altenpflege eingesetzt. Damit dieser wichtige Beitrag erhalten bleibt, fordern Wohlfahrtsverbände als Ersatz für den Zivildienst ein freiwilliges soziales Jahr für junge Männer und Frauen. Bei einer Umfrage in Baden-Württemberg ergab sich, dass 59,1 Prozent der befragten Jugendlichen zu einer solchen Arbeit für die Gesellschaft bereit wären, während 29,1 Prozent sich unschlüssig waren und nur 11,8 Prozent den Vorschlag ablehnten.

ZIVILDIENST Angst vor der Lücke

Jede fünfte Zivildienststelle will das Familienministerium bis 2003 einsparen. Schon im nächsten Sommer kann es auf Pflegestationen dramatisch werden.

1 Der junge Mann auf Burg Altena hat sich bisher vor keiner Arbeit gedrückt. Wann immer Zimmer und Toiletten in Deutschlands ältester Jugendherberge gereinigt werden sollen, packt der Zivildienstleistende Habib Youssofy, 20, nach dem Urteil von Herbergsmutter Hendrine Groothusen „ordentlich mit an".

2 Ein paar hundert Kilometer nördlich, in der Jugendherberge im schleswig-holsteinischen Niebüll, serviert der Zivildienstleistende (Zivi) Moritz Müller, 20, Kindern ihr Lieblingsgericht: Nudeln mit Tomatensauce und Hackbällchen. Ohne den gelernten Koch, der auch Türen streicht und die Zimmer putzt, „können wir den Laden dichtmachen", sagt Herbergsvater John Isernhagen.

3 So kann es kommen. Vom 1. Juli nächsten Jahres an will Bundesfamilienministerin Christine Bergmann (SPD) die Kosten für die im Jahresdurchschnitt 138 000 Zivis drastisch senken und unter anderem ihre Zahl bis zum Jahr 2003 auf 110 000 verringern; bereits im Haushaltsjahr 2000 sollen 15 000 Kriegsdienstverweigerer weniger einberufen werden.

4 Die Ministerin will vor allem Zivi-Arbeitsplätze in Handwerk und Verwaltung sowie in den gärtnerischen und landwirtschaftlichen Bereichen streichen. So seien die Stellen der 1800 Zivildienstleistenden in den 604 deutschen Jugendherbergen laut Bernd Dohn vom Deutschen Jugendherbergswerk „akut von der Streichung bedroht". Etliche der kleinen Herbergen mit weniger als 40 Betten wie auf Burg Altena und in Niebüll stünden ohne die billigen Arbeitskräfte „vor dem Aus".

5 Ministerin Bergmann hat gleich mehrere Sparvorgaben erarbeiten lassen, um den Jahresetat für den Zivildienst von derzeit 2,7 Milliarden Mark zu reduzieren:

- jede fünfte Zivildienststelle wird in den nächsten Jahren gestrichen; die 90 000 Plätze in Betreuung und Pflege Kranker, Älterer oder Behinderter sollen der Zahl nach erhalten bleiben

- den sozialen Einrichtungen und Verbänden, die Zivildienstleistende beschäftigen, werden statt bisher 75 nur 70 Prozent des Soldes erstattet, und

- die Dauer des Zivildienstes wird zum 1. Juli 2000 um zwei auf elf Monate gekürzt und liegt damit nur noch einen Monat über dem Wehrdienst.

6 Bei den Trägern der Zivildiensteinrichtungen macht sich Bergmann damit kaum Freunde. Ulrich Schneider, Hauptgeschäftsführer des Deutschen Paritätischen Wohlfahrtsverbandes, der 9 000 Organisationen aus dem Sozialbereich mit rund 40 000 Zivildienstleistenden vertritt, hält die Pläne der Ministerin schlicht für „Unsinn". Die Mehrbelastungen von rund 100 Millionen Mark, die nun auf die deutschen Wohlfahrtsverbände insgesamt zukämen, könnten kleine karitative Vereine nicht verkraften.

7 Auch die geplante Verkürzung der Dienstzeit wird Krankenhäusern, Pflegediensten und Umweltschutzorganisationen schwer zu schaffen machen: Zivildienstleistende können ihre Nachfolger dann kaum noch angemessen einarbeiten, Pflegebedürftige und Ältere, die sich an einen jungen Zivi gewöhnt haben, müssen sich öfter als bisher auf eine neue Bezugsperson einstellen.

8 Elfriede Stumböck, Geschäftsführerin der Vereinigung Integrationsförderung in München, fürchtet sich schon jetzt vor dem Sommer nächsten Jahres. Etliche Zivis, die 120 Alte und Behinderte ambulant betreuen, scheiden im Mai aus – ihre Nachfolger kommen vermutlich erst im Herbst, weil das Familienministerium tausende Kriegsdienstverweigerer aus Kostengründen verspätet einberufen will.

9 Unter der „katastrophalen Versorgungslücke", so Stumböck, litten vor allem sozial Schwache, „die es sich nicht leisten können, mal eben einen privaten Pflegedienst in Anspruch zu nehmen."

CARSTEN HOLM   *Der Spiegel*

Quiz – Politik und Zeitgeschichte

1 Wie heißt das deutsche Parlament?

a das Bundesland
b der Landtag
c das Grundgesetz
d die Bundesregierung
e der Bundestag

2 Wie heißt der große Berliner Umzug?

a die Love Party
b die Techno Party
c die Love Straße
d das Love Fest
e die Love Parade

3 Wann fiel die Berliner Mauer?

a 13. August 1961
b 5. Mai 1975
c 9. November 1989
d 3. Oktober 1990
e 4. April 1992

4 Wie viele junge deutsche Männer haben 1998 den Kriegsdienst verweigert?

a 171
b 1 710
c 17 100
d 171 000
e 1 710 000

5 Wie hieß die ostdeutsche Regierungspartei vor der Wende?

a SED
b BRD
c FDP
d DDR
e CDU

6 Wofür stehen die Buchstaben „SPD"?

a Sozialistische Partei der Demokraten
b Sozialistische Partei Deutschlands
c Sozialdemokratische Partei Deutschlands
d Soziale Partei Deutschlands
e Sozialistische Partei der Deutschen

7 Was ist der offizielle Name der heutigen deutschen Streitkräfte?

a die Bundeswaffe
b die Bundeswehr
c die Wehrpflicht
d die Wehrmacht
e der Kriegsdienst

8 Wie heißt die Alternative zum Wehrdienst?

a der Zivildienst
b der Sozialdienst
c der Friedensdienst
d der Pflegedienst
e der Arbeitsdienst

9 Wer leitet die Bundesregierung?

a der/die Abgeordnete
b der/die Premierministerin
c der/die Bundespräsident(in)
d der/die Bundeskanzler(in)
e der/die Bundesminister(in)

10 Souvenir-Jäger haben 1989 die Berliner Mauer teilweise demoliert. Was ist die wörtliche englische Übersetzung des Spitznamens, den man diesen Souvenir-Jägern gab?

a "Wall Moles"
b "Wall Squirrels"
c "Wall Woodpeckers"
d "Wall Hunters"
e "Wall Rats"

Tipp: Auf diesen Seiten können Sie die Antworten finden:
1 S. 40, 2 S. 48, 3 S. 32/37, 4 S. 56, 5 S. 37, 6 S. 42, 7 S. 51/53, 8 S. 58, 9 S. 40, 10 S. 34

3 Fremdenhass und Integration:
Wien

Rechtsextremismus

Jüdisches Wien

Religionen

Europäische Union

Ganz rechts

Tragen Sie die Vokabeln und Ausdrücke aus dem Kästchen ins Assoziogramm ein.

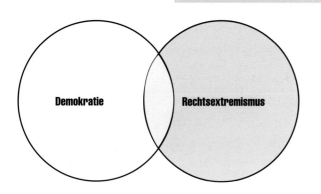

Demokratie   Rechtsextremismus

ausländerfeindlich	Menschenrechte
autoritär	Nationalismus
Chancengleichheit	Nationalstolz
Elite-Denken	Patriotismus
Gehorsam	Rassismus
Gewalt	Schutz von Minderheiten
Gleichbehandlung	tolerant
Heimatliebe	totalitär
individuelle Freiheit	Tradition
konservativ	Vorurteile
Meinungsunterschiede	

A

Rechte Jugendliche meist in einer Identitätskrise

Wissenschaftler aus Klagenfurt stufen 15 Prozent der von ihnen befragten Schüler als „rechts" ein.

WIEN (w. s.). „Wenn ich nicht weiß, wer ich bin und wohin mein Weg führt, dann docke ich mich an politische Führer an, die zum Teil aus den Gräbern geschaufelt werden." Das sagte die Professorin für Psychotherapie an der Universität Klagenfurt, Jutta Menschik-Bendele, am Dienstag bei einer Pressekonferenz. Die Wissenschaftlerin stellte gemeinsam mit Klaus Ottomeyer, Professor für Sozialpsychologie, das Buch „Sozialpsychologie des Rechtsextremismus" vor. Für diese Studie wurden in Kärnten 16 Workshops mit etwa 180 Schülern im Alter zwischen 12 und 19 Jahren durchgeführt. Etwa 15 Prozent dieser Jugendlichen seien als „rechts" einzustufen, so das Ergebnis der Forschung. Der harte Kern von

Rechtsextremen sei etwas kleiner. Er zeichne sich durch Ethnozentrismus, Gewaltbereitschaft und Bagatellisierung der NS-Verbrechen aus. Die rechtsextremen Jugendlichen seien fast ausschließlich männlich und stammten aus zerrütteten Familien, stellte Ottomeyer fest. Die betroffenen Burschen hätten Probleme, eine eigene Identität zu finden und sich von ihrer Mutter abzugrenzen. „Die Stiefel und die Outfits dieser jungen Männer sind Initiationsriten, weil Väter als Reibebäume nicht zur Verfügung stehen." Neben den Recherchen in den Schulen führten die Wissenschaftler auch Gesprächsrunden mit auffällig rechtsradikalen, gewalttätigen Jugendlichen durch. Dabei trat auch Unerwartetes zu Tage: „Einer der Burschen hat unter Erröten schließlich seinen tiefsten Wunsch preisgegeben: eine Lehrstelle als Spengler, eine ordentliche Wohnung und eine Freundin, mit der er eine Familie gründen kann."

Die Presse

1 Textverständnis

Welche Erklärung passt am besten zum
Textzusammenhang: a, b oder c?

1 „politische Führer … , die … aus den Gräbern
geschaufelt werden"

  a politische Führer, die altmodisch sind

  b politische Führer, die alt sind

  c politische Führer, die tot sind

2 „Ethnozentrismus"

  a wenn man von Ausländern besessen ist

  b wenn man von seiner Rasse besessen ist

  c wenn man von seinem Vaterland besessen ist

3 „Bagatellisierung der NS-Verbrechen"

  a wenn man die Verbrechen der Nazis leugnet

  b wenn man die Verbrechen der Nazis nachahmt

  c wenn man die Verbrechen der Nazis verharmlost

4 „Die Stiefel und die Outfits … sind Initiationsriten"

  a Durch seine Kleidung gibt man zu erkennen, dass
man erwachsen ist oder eine Probe bestanden hat.

  b Durch seine Kleidung gibt man zu erkennen, dass
man gewalttätig ist.

  c Durch seine Kleidung gibt man zu erkennen, dass
man Fremde hasst.

5 „Reibebaum" (im Text Plural: „Reibebäume")

  a jemand, mit dem man streiten kann

  b jemand, den man imitieren kann

  c jemand, der einen unterstützt

2 Trennbare Verben

1 Finden Sie alle trennbaren Verben im Text. (Insgesamt
acht Verben; zwei von ihnen kommen zweimal vor.)
Listen Sie sie im Infinitiv mit ihrer englischen
Bedeutung auf.

2 Setzen Sie die trennbaren Verben (in Klammern) in die
Sätze ein. Wählen Sie die passende Zeitform.

  a Ich würde nicht alle Jugendlichen, die manchmal
rassistische Schimpfwörter gebrauchen, als
„rechtsextrem". (einstufen)

  b Die Tabelle die Ergebnisse der Studie sehr anschaulich.
(zusammenfassen)

  c 180 Jugendliche zwischen 12 und 19 Jahren an der
Studie, die wir in Kärnten. (teilnehmen, durchführen)

  d Man auch mehrere Interviews mit Jugendlichen, die
durch ihre Gewalttätigkeit, über ihr Verhältnis zu
ihren Eltern. (durchführen, auffallen)

  e Ich kann mir gar nicht, einer rechtsextremen Partei.
(vorstellen, angehören)

Denken Sie dran!

TRENNBARE VERBEN

Trennbare Verben werden in folgenden Situationen
zusammengeschrieben:

1 *Infinitiv:*   *Wir müssen **feststellen**, ob …*

                   *Um **festzustellen**, inwieweit …*

2 *Partizip Präsens:*   ***Zusammenfassend** möchte ich
sagen, dass …*

3 *Partizip Perfekt:*   *Sie hat eine Studie
durchgeführt.*

4 *Verb ans Ende:*   *Die Jugendlichen, die an der
Studie **teilnahmen**, …*

In allen anderen Situationen werden sie getrennt
geschrieben, d.h. das Präfix geht ans Ende des
Satzes:

*Die Wissenschaftlerin **stellte** das Buch, das die
Ergebnisse ihrer Forschung darlegte, einem
internationalen Publikum **vor**.*

Man vermeidet es jedoch, das Präfix nach einem
Nebensatz ganz alleine ans Ende zu stellen:

*Die Wissenschaftlerin **stellte** das Buch **vor**, das die
Ergebnisse ihrer Forschung darlegte.*

*(Anstatt: Die Wissenschaftlerin **stellte** das Buch,
das … , **vor**.)*

■ Grammatik zum Nachschlagen, S. 171

---

3 Zusammenfassung

Fassen Sie die Ergebnisse der Studie mit Ihren eigenen
Worten zusammen (maximal 100 Wörter). Erwähnen Sie
dabei:

- Statistik
- typisches Verhalten der rechtsextremen Jugendlichen
- Gründe für dieses Verhalten

*G*anz rechts

 A

Rechtsradikalismus – Gedanken

1 Zuerst möchte ich vorausschicken: Ich bin auch froh, in Österreich zu leben. Daraus kann ich aber keinen übersteigerten Nationalstolz ableiten. Warum auch? Nur weil ich zufällig in Österreich geboren bin? Ich wohne im südlichen Niederösterreich. Würde ich 50 km weiter rechts leben, wäre ich jetzt ein Ungar. 150 km weiter unten, und ich wäre ein „Jugo". Auf jeden Fall wäre ich ein „Tschusch" und hätte damit (zumindest für einige) schon meine Existenzberechtigung verloren. Und warum? Wegen lächerlicher 50 km?!

2 „Nein, nein", werden jetzt manche rechte Geister einwenden, „das ist keine Frage des Wohnortes, sondern der Rasse." So so, die Rasse also. Dieser nette, aus dem Tierreich entlehnte Ausdruck ist also für alles verantwortlich. (Nebenbei bemerkt, gibt es im Tierreich keine „Herrenrassen" und auch keine Tiere, die Mitglieder anderer Rassen nur deshalb töten, weil sie eben einer fremden Spezies angehören.) Selbstverständlich gibt es Menschen, die verschieden aussehen, unterschiedliche Hautfarbe haben und unterschiedliche Sprachen sprechen. Wenn man unbedingt möchte, kann man diese unterschiedlich aussehenden Menschen auch als Mitglieder verschiedener „Rassen" bezeichnen (ich würde eher von der Vielfalt der Schöpfung Gottes sprechen). Aber daraus irgendwelche Vorrechte oder Herrschaftsansprüche abzuleiten, ist vollkommen unverständlich.

3 Muss ein ziemlicher Tiefschlag für die Rechtsextremen gewesen sein, als die Archäologen den „ersten Menschen" ausgebuddelt haben. Der war nämlich ein farbiger Afrikaner (genauer gesagt: eine farbige Afrikanerin), ein „Neger" also, um im rechten Vokabular zu bleiben. Das bedeutet also, dass die ganzen „rein Weißen und Arischen" von einer Schwarzen abstammen. Aber das wird halt auf der rechten Seite ignoriert. Man lässt die Geschichte einfach erst bei den Germanen beginnen – und schon ist alles in Ordnung. Leider glauben es heute mehr denn je.

---

1 Zusammenfassung   ◆ A

Bringen Sie folgende Aussagen in die richtige Reihenfolge, um eine Zusammenfassung des Textes ◆ zu geben.

1 Die Ansprüche der Rechtsextremen sind unbegründet, weil alle Menschen die gleiche Abstammung haben.

2 Die Rechtsextremen ignorieren die Tatsachen, wenn sie ihnen nicht passen.

3 Ich bin aus Zufall in diesem Land geboren. Das ist kein Grund, übertrieben stolz zu sein.

4 Wenn es schon Rassen gibt, haben sie alle den gleichen Wert und die gleichen Rechte.

5 Ich bezweifle, dass der Begriff „Rasse" für die Menschheit zutreffend ist. Ich sehe keinen Grund, Menschen nach ihrer „Rasse" zu kategorisieren.

2 Wortbedeutungen

Folgende Aussagen beziehen sich auf ein Wort im Text. Geben Sie das Wort an. Schreiben Sie das Wort so, wie es im Text vorkommt. Der jeweilige Absatz und die Wortart sind in eckigen Klammern angegeben.

1 Man sagt etwas, bevor man sein Hauptthema anspricht. [1] [Verb]

2 Man nimmt etwas aus einer anderen Situation. [2] [Adjektiv]

3 Etwas ist in verschiedenen Formen vorhanden. [2] [Substantiv]

4 Einige dürfen etwas machen/haben, was andere nicht machen/haben dürfen. [2] [Substantiv]

5 Man ist mit einem Menschen aus früheren Zeiten verwandt. [3] [Verb]

3 Rassistische Sprache

„Tschusch" ist ein österreichisches Schimpfwort für jemand, der süd(ost)europäischen Ursprungs ist. Es ist also ein rassistischer Ausdruck. Finden Sie vier weitere rassistische Ausdrücke im Text.

4 Rassismus – Nein danke!

Widerlegen Sie folgende rechtsextreme Aussagen. Eine Begründung finden Sie im jeweiligen Absatz des Textes, aber Sie sollten Ihre eigenen Worte benutzen. (Tipp: Die Sätze aus Übung 1 oben helfen Ihnen!)

1 „Österreicher müssen stolz auf ihr Vaterland sein." [1]

2 „Ungarn und ‚Jugos' sind minderwertig." [1]

3 „Einige Rassen sind minderwertig, andere sind überlegen." [2]

4 „Wir sind stolz auf unsere reine arische Herkunft." [3]

B))) Mein Leben in der Naziszene

In seinem Buch „Ganz rechts: Mein Leben in der DVU" berichtet Jörg Fischer über seine Vergangenheit in der süddeutschen Naziszene:

„Ich erzähle meine Geschichte, um an ihrem Beispiel zu zeigen, wie man mit 13 in die Naziszene hineinkommt. Warum man dabeibleibt, sich integriert, sich schließlich mit der Ideologie der Neonazis identifiziert. Und natürlich antworte ich auf die immer wieder gestellte Frage, wie ich aus dem braunen Netz wieder herausgekommen bin."

DVU	=	Deutsche Volksunion: 1971 gegründete rechtsradikale Partei
NPD	=	Nationaldemokratische Partei Deutschlands: 1964 gegründete rechtsradikale Partei
JN	=	Junge Nationaldemokraten: Jugendorganisation der NPD

5 Hörverständnis

Im Hörtext wird über Jörg Fischers Einstieg in die Naziszene berichtet. In den ersten vier Abschnitten hören Sie, wie er in der Szene immer aktiver wird und welche positiven Erfahrungen ihn darin bestärken. Hören Sie zu und füllen Sie die Tabelle aus.

Art der Beteiligung	Positives Erlebnis
1 erster Besuch eines JN-Stammtisches	man zeigt Interesse an ihm
2	
3	
4	

6 Lückentext

Im fünften und letzten Abschnitt des Hörtextes berichtet Jörg, wie ihm schließlich klar wurde, was für eine Organisation die NPD ist.

1 *Bevor* Sie den Hörtext hören: Versuchen Sie, die Lücken mit den Wörtern im Kästchen auszufüllen. Es gibt mehr als eine mögliche Lösung. Welche finden Sie die Beste?

Spätestens seit diesem Tag war für mich deutlich, dass die NPD eine _____(1)_____ Partei war. Dass ihre _____(2)_____ zur Demokratie und ihre verbalen _____(3)_____ von anderen Nazigruppen _____(4)_____ taktischer Natur waren. Ich spürte auch die praktische Konsequenz der _____(5)_____ „Herrenmenschen"-Ideologie, die mir eingetrichtert wurde: die _____(6)_____ aller nicht in das _____(7)_____ Weltbild passende Menschen, eine _____(8)_____ und totalitäre Herrschaftsform. Aber der Verdrängungsmechanismus, nach dem nicht sein kann, was nicht sein darf, funktionierte weiter, ebenso meine _____(9)_____ , an _____(10)_____ grenzende Hingabe an die „Bewegung". Es hat noch Jahre gedauert, bis ich mir überhaupt ein ___(11)___ außerhalb der „Szene" vorstellen konnte.

Abhängigkeit	nazistische
ausschließlich	rassistischen
blinde	rechtsextreme
Distanzierungen	verbrecherische
Leben	Vernichtung
Lippenbekenntnisse	

2 Hören Sie jetzt zu, um Ihre Antworten zu überprüfen.

*E*uropas extreme Rechte

Bilden Sie jeweils einen Satz auf Deutsch, um die folgenden Begriffe zu erklären. Welcher Begriff ist nicht mit der ultrarechten Politik verbunden?

Rechtsradikale

Nationalismus

Europa ohne Grenzen

Ausländerfeindlichkeit

A

Ultrarechte gewinnen europaweit Zulauf

Europa ohne Grenzen oder Nationalismus? Asyl oder Ausländerfeindlichkeit? Die EU erweitert sich und ihren Einfluss, aber politische Affären, Arbeitslosigkeit und der soziale Abstieg begünstigen den Aufstieg von mehr oder weniger extremen „Ultrarechts"-Parteien in den europäischen Ländern.

Am 3. Oktober 1999 avancierte in Österreich die von Jörg Haider geführte Freiheitliche Partei Österreichs (FPÖ) mit 26,91 Prozent der Stimmen zur zweitstärksten Partei des Landes. Die FPÖ und Haider stehen im Verruf, neonazistische Anschauungen zu vertreten. Allerdings stellt sich die FPÖ als demokratische Partei dar. In der Schweiz erreichte am 24. Oktober 1999 die Schweizerische Volkspartei (SVP) unter ihrem Führer Christoph Blocher 22,5 Prozent der Stimmen, wodurch sie mit den Sozialdemokraten gleichzog und

zu einer der führenden Parteien des Landes wurde. Der Einzug der Deutschen Volksunion (DVU) in zwei Landtage der neuen Bundesländer geht in die gleiche Richtung, ebenso die Stimmengewinne der norwegischen Fortschrittspartei bei den Kommunalwahlen.

Auf Erfolgskurs

In Frankreich gibt es Jean-Marie LePen und seine Partei, die Front National (FN). Dass diese Partei dauerhaft auf Erfolgskurs schippert, wird dadurch erklärt, dass LePen es ebenso wie Haider geschafft hat, die gesamten extremen Rechten unter einem Dach zu versammeln, obwohl sie früher sehr zerstritten waren.

Kontinuierliche Triumphe feiert auch der nationalistische Vlaams-Blok (VB) in Belgien. Seit 1995 sitzen 32 gewählte Abgeordnete des Vlaams-Blok im

flämischen Parlament. Auch in der französischsprachigen Wallonie schafften belgische Rechtsextreme den parlamentarischen Durchbruch. Italien liegt voll im Trend: Die Alleanza Nazionale legt kontinuierlich Stimmen zu. Sie ist die am besten organisierte neofaschistische Bewegung in Europa und die erste, die seit 1945 an der Regierungsmacht beteiligt war. 2000 hatte sie immerhin elf Mandate im Europa-Parlament.

Starke Hand

In jenen Ländern allerdings, in denen die rechtsextremen Parteien nicht durch Wahlen zum Zuge kommen, wie in Großbritannien und Schweden, sind die gewaltsamen Aktionen extremer Rechtsgruppen nach wie vor beunruhigend. Einen gewissen Aufschwung bekommt die extreme Rechte auch aus dem Osten. Denn in Osteuropa, teilweise auch in Mitteleuropa, sind fremdenfeindliche und ultranationalistische Parteien unvermindert attraktiv.

1   **Extreme Rechtsparteien in Europa**

Lesen Sie den Text über Europas extreme Rechtsparteien und schreiben Sie zunächst eine Liste von allen erwähnten europäischen Ländern. Verwenden Sie dann die Details im Text, um auf Deutsch Notizen über den Rechtsradikalismus in jedem der Länder auf Deutsch zu schreiben (Namen von Parteien und Politikern, Wahlergebnisse usw.).

PROTESTE WERDEN PER E-MAIL ORGANISIERT

EU stellt Österreich in die Ecke

SPERRFEUER AUF DEN ALPENBUNKER

WIR SIND KEIN NAZI-LAND

VON HAIDER AUS DEM SCHLAF GERISSEN

HAIDERS VORMARSCH

B

EU-Staaten drohen mit Sanktionen

Am Montagabend haben sich vierzehn Staats- und Regierungschefs auf gemeinsame Strafmaßnahmen gegenüber dem fünfzehnten Mitglied geeinigt, für den Fall, dass die Koalition aus Volkspartei und FPÖ <u>zu Stande kommt</u>. Dann soll es keine Regierungskontakte mehr zwischen einem EU-Mitglied und Österreich geben. Österreichs Kandidaten für internationale Spitzenjobs werden von den EU-Regierungen nicht mehr unterstützt.

Derart scharfe Sanktionsandrohungen gegen ein EU-Mitglied hat es noch nie gegeben. Die Erklärung vom EU-Kommissionspräsidenten fiel vorsichtig aus: Die EU-Kommission begreife sich als „<u>Hüterin</u> der EU-Verträge" und werde die neue Regierung Österreichs scharf beobachten, falls Grundsätze wie Minderheitenrechte oder demokratische Grundwerte dort verletzt werden.

Tägliche Anti-Haider Demos

Die Proteste gegen die österreichische Regierungskoalition der konservativen ÖVP und der rechtsextremistischen FPÖ begannen vor einer Woche am 1. Februar. Für viele, die wochenlang die <u>Verhandlungen</u> zwischen SPÖ und ÖVP und dann die rasche Einigung von Wolfgang Schüssel und Jörg Haider beobachtet haben, sind die täglichen Märsche ein willkommenes Ventil. Sozialdemokraten protestieren genauso wie umweltbewegte und katholische Menschenrechtsgruppen. Vertreten sind alle Alters- und sozialen Gruppen: von jugendlichen Punks mit fünf Ringen in der Lippe bis zu Rentnern mit Stock.

März 2000: Tourismus in der Defensive

Österreich präsentiert sich auf der Internationalen Tourismus Börse, als wäre nichts geschehen. Über das angeknackste Image der Alpenrepublik sprechen die Aussteller nicht gern.

Ein Salzburger Hotel wirbt mit Traumhochzeiten und Mozartkugeln. Hinter kleinen roten Ständen stehen nette Damen und rücken ihre Prospekte zurecht. „So tun, als wäre nichts" scheint das Motto zu sein, mit dem sich die österreichischen Aussteller präsentieren. Allerdings ist hier nur <u>mäßiger</u> Betrieb.

Der Regierungsbeteiligung der FPÖ unter dem Rechtspopulisten Jörg Haider folgten Boykotte, Proteste, Sanktionen. Fatal für ein Land, das den größten Teil seines Bruttosozialprodukts mit Fremdenverkehr erwirtschaftet. 500 000 der 8 Millionen Einwohner haben Jobs, die mit dem Tourismus verknüpft sind. Und der nimmt Schaden. Seit der Regierungsbeteiligung der FPÖ sind in Österreich 30 000 Übernachtungen in Hotels <u>storniert</u> worden.

Umfrage: Mehrheit glaubt ans Ende der Sanktionen

Wien – Seit dem Rücktritt von Jörg Haider als Parteiführer der FPÖ glaubt die Mehrheit der Österreicher an eine baldige Aufhebung der Sanktionen gegen Österreich. Das geht aus einer Umfrage des market-Instituts im Auftrag des Nachrichtenmagazins „Profil" hervor. 400 Personen wurden befragt.

---

2 **Zeitungsberichte**

1 Lesen Sie die vier Auszüge aus der deutschsprachigen Presse vom Jahr 2000. In welcher Reihenfolge sind die geschilderten Ereignisse wohl passiert? Nummerieren Sie die Auszüge 1–4.

2 Finden Sie deutsche Synonyme für die fünf unterstrichenen Wörter in den Auszügen. Versuchen Sie, ihre Bedeutungen aus dem Textzusammenhang abzuleiten, bevor Sie nach einem Wörterbuch greifen.

---

3 **Rollenspiel: Wien im Frühling 2000**

Partner(in) A ist Journalist(in). Sie sprechen mit einem Österreicher / einer Österreicherin, der/die die Ereignisse in Wien im Jahr 2000 miterlebt hat. Sie wollen einen Artikel darüber schreiben. Bereiten Sie zuerst Fragen vor.

Partner(in) B ist Österreicher(in). Notieren Sie zuerst Stichpunkte aus den Texten und formulieren Sie Ihre eigenen Meinungen und Erfahrungen dazu. Haben Sie an Demos teilgenommen? Haben die Boykotte Sie persönlich betroffen?

Herrschaft des Terrors

Einstieg

Was wissen Sie bereits über die Rolle Österreichs im Dritten Reich und im zweiten Weltkrieg? Tragen Sie Ihre Kenntnisse in der Gruppe zusammen.

1 Wortschatz

Finden Sie für jedes Wort (1–12) die passende Erklärung (a–l).

1	verbauen	a	aktive Beteiligung
2	Mitgestaltung	b	bekannt machen
3	Betätigungsfreiheit	c	die Möglichkeit zu tun, was man will
4	Massenkundgebung	d	direkte Entscheidung der Bürger über eine politische Frage
5	Volksabstimmung	e	eine Gelegenheit, bei der alle sehr glücklich sind
6	verkünden	f	etwas, das eine Sache attraktiver macht
7	eingliedern in	g	jds. Eigentum wegnehmen
8	Jubelszene	h	jds. Rechte wegnehmen
9	enteignen	i	Macht
10	entrechten	j	unmöglich machen
11	Verlockung	k	Großveranstaltung, bei der man öffentlich eine (politische) Meinung äußert
12	Herrschaft	l	zu einem Teil von etwas machen

A Nationalsozialismus in Österreich 1933–1938

Seit 1933 verließen in Österreich die verantwortlichen Politiker den Boden der Demokratie. Die Option, eine breitere Front gegen den Nationalsozialismus zu errichten, verbaute sich die Regierung 1934. Nach dem Bürgerkrieg im Februar schloss sie die Sozialdemokratische Partei (zuvor Garant gegen die nationalsozialistischen Aktivisten) von jeder politischen Mitgestaltung aus.

Die Folge waren Konzessionen an Hitler-Deutschland. Franz Langoth und andere „gemäßigte" deutschnationale Politiker verhandelten mit Regierungsvertretern, um den National-sozialisten in Österreich eine weitgehende Betätigungsfreiheit zu ermöglichen.

Am 12. Februar 1938 diktierte Adolf Hitler dem österreichischen Bundeskanzler Kurt Schuschnigg weitere Bedingungen. Der Nationalsozialist Arthur Seyß-Inquart wurde neuer Innenminister. Nun waren die österreichischen NS-Parteigänger nicht mehr zu halten. Es kam zu Massenkundgebungen im ganzen Land.

Das Schicksal des unabhängigen Österreich war besiegelt.

Der „Anschluss"

Am 9. März 1938 kündigte der österreichische Bundeskanzler Kurt Schuschnigg eine Volksabstimmung über die Unabhängigkeit Österreichs an.

Adolf Hitler nahm dies zum Anlass, gewaltsam gegen den österreichischen Staat vorzugehen. Nachdem Schuschnigg zum Rücktritt gedrängt worden war, übernahm der Innenminister Seyß-Inquart am 11. März die Kanzlerschaft und bildete eine neue Regierung. Die österreichischen Nationalsozialisten übernahmen die Macht im Land.

Am Morgen des 12. März 1938 überschritten Truppen der Deutschen Wehrmacht und der SS die deutsch-österreichische Grenze. Am 13. März verkündete Hitler in Linz das Gesetz über den

„Anschluss" Österreichs an das Deutsche Reich. Das österreichische Bundesheer wurde in die Deutsche Wehrmacht eingegliedert. Deutsche Gesetze traten sofort in Kraft.

Während sich in ganz Österreich die großen Jubelszenen abspielten, wurden potenzielle Regimegegner verhaftet sowie Juden enteignet und entrechtet. Mit Propaganda, Verlockungen und Terror wurde die nationalsozialistische Herrschaft nun auch in Österreich installiert.

Archiv der Stadt Linz

2 Textverständnis

Entscheiden Sie, ob die folgenden Aussagen laut Text richtig (R) oder falsch (F) sind, oder ob dazu nichts gesagt wird (?).

1 1933 verließen verantwortungsbewusste Politiker Österreich.

2 Die österreichische Regierung versuchte, eine breite Front gegen den Nationalsozialismus zu schaffen.

3 Nach dem Bürgerkrieg hatten die Sozialdemokraten keine politische Macht.

4 Langoth und andere deutschnationale Politiker versuchten, den Nationalsozialisten in Österreich mehr politischen Freiraum zu verschaffen.

5 Hitler nahm die angekündigte Volksabstimmung als Vorwand, in Österreich einzumarschieren.

6 Bundeskanzler Schuschnigg trat freiwillig zurück.

7 Das österreichische Heer wurde von der Deutschen Wehrmacht vernichtet.

8 Die österreichische Bevölkerung begrüßte mehrheitlich den „Anschluss".

3 Plusquamperfekt

1 Vervollständigen Sie die Sätze mit dem Plusquamperfekt des Verbs in Klammern.

a Nachdem die Regierung die Sozialdemokraten … , konnte Österreich den Nationalsozialisten nicht länger widerstehen. (ausschließen)

b Nachdem man Seyß-Inquart zum Innenminister … , waren die Nationalsozialisten nicht mehr zu halten. (ernennen)

c Nachdem Hitler den Anschluss … , wurde das österreichische Heer in die Wehrmacht eingegliedert. (verkünden)

d Nachdem die Regierung weitere Konzessionen an Hitler … , war das Schicksal Österreichs besiegelt. (machen)

2 Ergänzen Sie diese Sätze mit Informationen aus Text **A**. Benutzen Sie wo möglich Ihre eigenen Worte.

a Nachdem … , hatten die Nationalsozialisten in Österreich weitgehende Freiheiten.

b Nachdem … , ging Hitler gewaltsam gegen Österreich vor.

c Nachdem … , traten deutsche Gesetze sofort in Kraft.

d Nachdem … , spielten sich in ganz Österreich große Jubelszenen ab.

e Nachdem … , wurden Juden enteignet und entrechtet.

Grammatik: Das Plusquamperfekt

Formen

Aktiv: Imperfekt von *haben/sein* + Partizip Perfekt:

*Man **hatte** ihn zum Rücktritt **gedrängt**.*
*Er **war** schon im März **zurückgetreten**.*

Passiv: Imperfekt von *sein* + Partizip Perfekt + *worden* (Partizip Perfekt von *werden*):

*Er **war** zum Rücktritt **gedrängt worden**.*

Gebrauch

Das Plusquamperfekt (auf Englisch: 'I had run', 'I had been running' usw.) beschreibt eine Handlung in der „Vorvergangenheit". Das heißt, man erzählt über etwas in der Vergangenheit und will etwas anderes erwähnen, das schon vorher geschehen ist:

Am Dienstagabend fuhren wir in die Stadt.
*Thomas **hatte** am Nachmittag seine Jacke **verloren**, also war ihm kalt.*

Sehr oft wird das Plusquamperfekt durch *nachdem* eingeleitet:

***Nachdem** Schuschnigg **zurückgetreten war**,*
bildete Seyß-Inquart eine neue Regierung.

Weitere Konjunktionen, die häufig (innerhalb einer Erzählung in der Vergangenheit) einen Nebensatz im Plusquamperfekt einleiten, sind *als*, *seit(dem)* und *sobald*.

■ Grammatik zum Nachschlagen, S. 175

B))) Ideologie des Staatsterrors

4 Hörverständnis

Hören Sie die Aufnahme. Schreiben Sie eine Zusammenfassung der Hauptpunkte auf Englisch. Sie sollten dabei Folgendes erwähnen:

- what the National Socialists regarded as threats to the German people
- aims of National Socialist social policy
- National Socialist attitudes towards political opposition
- what the National Socialists wanted everyone to believe

Jüdisches Wien

NIEMALS VERGESSEN

HIER STAND DAS HAUS
DER GESTAPO
ES WAR FÜR DIE BEKENNER
ÖSTERREICHS DIE HÖLLE
ES WAR FÜR VIELE VON IHNEN
DER VORHOF DES TODES
ES IST IN TRÜMMER GESUNKEN
WIE DAS TAUSENDJÄHRIGE
REICH ÖSTERREICH ABER
IST WIEDERAUFERSTANDEN
UND MIT IHM UNSERE TOTEN
DIE UNSTERBLICHEN OPFER

Denkmal für die Opfer des Faschismus, Wien Morzinplatz

A))) Juden in Österreich zwischen 1938 und 1945

1 Hörverständnis A)))

Hören Sie sich den Text aus dem Jahr 1999 an und notieren Sie die entsprechenden Zahlen.

1 Anzahl der nach dem Anschluss aus Österreich vertriebenen Menschen

2 Anzahl der in den europäischen Aufnahmeländern umgekommenen österreichischen Juden

3 Anzahl der nach dem 1.4.1938 in KZs verschleppten Menschen

4 Anzahl der ab Frühjahr 1941 aus Wien deportierten Juden

5 Gesamtzahl der österreichischen Holocaust-Opfer

6 Anzahl der Mitglieder der Israelitischen Kultusgemeinde (IKG) im Jahr 1999

Einstieg

Im Holocaust wurden Millionen von Menschen auf Grund ihrer ethnischen und kulturellen Zugehörigkeit entrechtet, enteignet und ermordet.

• Kennen Sie andere Beispiele von Völkermord (Genozid) seit dem Zweiten Weltkrieg?

• Glauben Sie, dass die Menschheit aus dem Schreckenserlebnis der Juden etwas gelernt hat?

• Glauben Sie, dass Denkmäler, Mahnmale und Gedenkstätten eine wichtige Rolle spielen können, um solche Verbrechen in Zukunft zu verhindern?

2 Synonyme Wörter und Wendungen B

Umschreiben Sie die folgenden Wörter und Wendungen aus dem Text mit einem passenden Satz. Sie können die in Klammern angegebenen Vokabeln oder Wörter aus dem Text benutzen, sollten dabei allerdings keine ganzen Sätze abschreiben.

1 Judenverfolgung (Rasse, Religion, schlecht behandeln, leiden, diskriminieren)

2 Massenmord (viele Menschen, töten)

3 Verwirklichung des antisemitischen Programms (Maßnahmen, umsetzen, gegen die Juden)

4 Reichsbevölkerung (wohnen, Deutsches Reich)

5 Verfemung der jüdischen Künstler, Publizisten und Wissenschaftler (boykottieren, Kultur, Wissenschaft)

6 entzog die Existenzgrundlage (vernichten, Leben)

7 Verpflichtung zur Annahme der Vornamen Sara und Israel (zwingen, tragen)

3 Historische Daten B

Erklären Sie mit Ihren eigenen Worten, welche Bedeutung die folgenden historischen Daten haben. Benutzen Sie *am ..., seit dem ..., ab (dem) ..., nach (dem) ..., mit dem ...*.

1 1.4.1933

2 7.4.1933

3 15.9.1935

4 1.1.1939

5 19.9.1941

Der virtuelle Morzinplatz

Die Schüler einer Klasse des Bundesrealgymnasiums in der Wiener Pichelmayergasse 1 beschäftigten sich 1998 im Rahmen eines Internet-Projektes mit dem Titel „Der virtuelle Morzinplatz" mit dem Leben der jüdischen Bevölkerung in der österreichischen Hauptstadt. Wir haben bei der Gestaltung des Themas „Jüdisches Wien" einige Materialien aus diesem Projekt benutzt.

Judenverfolgung

Unter Judenverfolgung versteht man die seit frühchristlicher Zeit in vielen Ländern vorkommende Verfolgung von Juden aus religiösen, politischen, sozialen oder wirtschaftlichen Motiven. Die Formen reichen von gesetzlicher Diskriminierung bis zum Massenmord.

Die bei weitem größte Judenverfolgung der Geschichte betrieb die nationalsozialistische Führung des Deutschen Reiches 1933–1945 in Verwirklichung des antisemitischen Programms der NSDAP. Diese Judenverfolgung richtete sich zunächst gegen das deutsche Judentum, das 1933 über 500 000 Personen, d. h. 0,8% der Reichsbevölkerung, umfasste, später gegen alle Juden im deutschen Machtbereich. Sie begann mit einem Boykott gegen alle jüdischen Ärzte, Anwälte und Geschäftsinhaber (1.4.1933) und führte über die Ausschaltung der jüdischen Beamten (7.4.1933), die Verfemung der jüdischen Künstler,

Publizisten und Wissenschaftler, die Nürnberger Gesetze (15.9.1935) und andere Verordnungen, Beschränkungen und Sondergesetze zum ersten Pogrom (9.–10. November 1938; Kristallnacht). In den folgenden Jahren entzog die nationalsozialistische Regierung den Juden und Halbjuden systematisch die Existenzgrundlage: Ausschließung aus den meisten Berufen, Verbot des Betretens von kulturellen Einrichtungen und Erholungsstätten, Verpflichtung zur Annahme der Vornamen Sara und Israel (ab 1.1.1939) und zum Tragen des Judensterns (ab 19.9.1941). Ab 1941 leiteten die Nationalsozialisten die »Endlösung« ein und es begann der Abtransport der im deutschen Machtbereich in Europa lebenden Juden in die Vernichtungslager im Osten.

Durch Massenerschießungen, Massenvergasungen und Hungertod verloren zwischen fünf und sechs Millionen europäischer Juden ihr Leben.

Am Morzinplatz steht ein Denkmal für die Opfer des Faschismus mit dieser Aufschrift (siehe Foto links):

> HIER STAND DAS HAUS
> DER GESTAPO
> ES WAR FÜR DIE BEKENNER
> ÖSTERREICHS DIE HÖLLE
> ES WAR FÜR VIELE VON IHNEN
> DER VORHOF DES TODES
> ES IST IN TRÜMMER GESUNKEN
> WIE DAS TAUSENDJÄHRIGE
> REICH ÖSTERREICH ABER
> IST WIEDERAUFERSTANDEN
> UND MIT IHM UNSERE TOTEN
> DIE UNSTERBLICHEN OPFER

4 Übersetzung

Sie arbeiten als Stadtführer in Wien. Ihre britische Reisegruppe hat Sie gebeten, die Aufschrift auf dem Denkmal am Wiener Morzinplatz ins Englische zu übersetzen.

5 Denkmal – Denk mal!

Setzen Sie die Wörter aus dem Kästchen in der richtigen Form und, falls nötig, mit dem richtigen Tempus in den Text ein.

Bei der Auseinandersetzung mit Denkmälern wurde uns bewusst, ___(1)___ Denkmäler und Mahnmale viel über die Zeit ___(2)___, in der sie gesetzt wurden, und nicht nur allein an jene Epoche ___(3)___, über die sie ___(4)___.

Die meisten Mahnmale in Wien sind erst in den 80er und 90er Jahren ___(5)___; erst in den 70er Jahren ___(6)___ sich ___(7)___ Geschichtsbewusstsein in Österreich. Während die Denkmallandschaft der Nachkriegszeit geprägt war vom Bild einer Stadt, die Widerstand gegen den Naziterror geleistet hatte, so besann man sich in den letzten zwei Jahrzehnten der Orte des ___(8)___ und der ___(9)___ der jüdischen Bevölkerung.

aussagen	entstehen	Terror
das	erinnern	verändert
dass	informieren	Vernichtung

Jüdisches Wien

A

Die Israelitische Kultusgemeinde (IKG)

Nach dem Zweiten Weltkrieg dauerte es lange, ehe sich Österreich zu einer klaren Position über den Anteil der Schuld des Landes an den Gräueln des Dritten Reiches durchringen konnte. Es sah lange so aus, als ob die jüdischen Emigranten in ihrer Heimatstadt Wien nicht willkommen wären. Erst in den 80er Jahren setzte ein Umdenken ein, aber die Mehrheit der von den Nazis vertriebenen Juden wollte nicht in ihre alte Heimat zurückkehren.

Österreich hat heute ca. 9 Millionen Einwohner, davon sind 10 000 Juden, von denen wiederum etwa 7 000 bei der Israelitischen Kultusgemeinde Wien als Mitglieder registriert sind. Viele sind erst in den letzten Jahrzehnten als Flüchtlinge nach Wien gekommen und haben hier ein neues Leben begonnen.

Sichtbare Lebenszeichen der kleinen, aber sehr vitalen jüdischen Gemeinde Wiens sind neben dem Wiener Stadttempel, der 1963 nach jahrelangen Renovierungsarbeiten wieder eröffnet werden konnte, das 1972 errichtete „Sanatorium Maimonides-Zentrum" in der Bauernfeldgasse. Im Sanatorium befinden sich ein Elternheim, Pflegewohnheim, eine Tagesstätte und die Krankenanstaltsverwaltung. Im September 1984 wurde die „Zwi-Perez-Chajes-Schule" wieder eröffnet und vor allem im letzten Jahrzehnt konnten weitere Schul- und Bildungseinrichtungen errichtet werden.

Seit einigen Jahren gibt es in der Tempelgasse, wo bis 1938 der Leopoldstädter Tempel gestanden hat, ein neues jüdisches Zentrum. Hier ist unter anderem auch ein psychosoziales Betreuungszentrum untergebracht, das sich um die medizinische, therapeutische und sozialarbeiterische Versorgung von Opfern der Shoah und deren Angehörigen kümmert. Des Weiteren werden Integrationshilfen für jüdische MigrantInnen, vornehmlich aus osteuropäischen Staaten, angeboten.

Alles in allem hat man den Eindruck, als würde das jüdische Leben in Wien langsam wieder aufblühen.

1   Zusammenfassung

Fassen Sie den Text auf Englisch zusammen (maximal 100 Wörter). Gehen Sie dabei auf folgende Punkte ein:

- reasons why Jewish emigrés have not returned to Vienna
- number of practising Jews in present-day Vienna
- buildings and institutions of the IKG
- role(s) of the Jewish Centre

2   Vermutungen

Übersetzen Sie die folgenden Sätze ins Deutsche. Benutzen Sie „als ob" oder „als".

1   The Austrian government is acting as if nothing had happened.

2   It looks as if fewer tourists are visiting Austria now.

3   For a long time it looked as if Jews were not welcome in Austria.

4   It seems as if fewer and fewer people are taking part in the demonstrations.

5   It seems that racist tendencies in Austria have been on the increase.

B))) Der Besuch der Synagoge

46 Schüler und Schülerinnen aus Traun betraten mitten in Wien eine andere Welt

„Toleranz, Vorurteile und wir?" So nennt sich das Projekt, an dem Schüler aus dem Bundesrealgymnasium Traun in Oberösterreich und dem Jüdischen Gymnasium Wien teilnahmen. Einer der Höhepunkte der interkonfessionellen Begegnung, die sich über einen Zeitraum von drei Monaten erstreckte: Traun wurde von Wien zu einem Besuch der Synagoge eingeladen.

Grammatik: als ob + Konjunktiv

Der Konjunktiv wird dazu verwendet, Vermutung und Schein auszudrücken – im Gegensatz zur Wirklichkeit (Indikativ). Deswegen wird mit der Konjunktion *als ob* ('as if') der Konjunktiv verwendet:

> *Du tust, **als ob** nichts geschehen **wäre**.*
> *Es sieht so aus, **als ob** sie hier nicht willkommen **wären**.*
> *Er sieht aus, **als ob** er kein Geld **hätte**.*

Man kann auch *als* alleine verwenden. Das Verb kommt dann direkt nach der Konjunktion:

> *Du tust, **als wäre** nichts geschehen.*
> *Es sieht so aus, **als wären** sie hier nicht willkommen.*
> *Er sieht aus, **als hätte** er kein Geld.*

Ohne Bedeutungsunterschied kann man auch die Formen mit **sei/habe** verwenden, wenn das Verb im Hauptsatz im Präsens steht:

> *Du tust, **als ob** nichts geschehen **sei**.*
> *Es sieht so aus, **als seien** sie hier nicht willkommen.*
> *Er sieht aus, **als ob** er kein Geld **habe**.*

Ebenfalls möglich ist *als (ob)* mit dem Konjunktiv der Modalverben:

> *Du tust, **als ob** uns nichts passieren **könnte**. (seltener: **könne**)*
> *Es sah so aus, **als müssten** die Sozialdemokraten aufgeben.*

Bei allen anderen Verben neigt man dazu, die Konjunktivformen zu vermeiden. Man benutzt stattdessen *würde* + Infinitiv:

> *Man hat den Eindruck, **als ob** das jüdische Leben in Wien wieder **aufblühen würde**.*
> *Man hat den Eindruck, **als würde** das jüdische Leben in Wien wieder **aufblühen**.*

In der Umgangssprache wird der Konjunktiv mit *als ob* immer weniger verwendet. Stattdessen wird der Indikativ verwendet. Vor allem dann, wenn (a) das Verb im Hauptsatz im Präsens steht und (b) die Wahrscheinlichkeit betont werden soll:

> *Er sieht aus, **als ob** er kein Geld **hat**.*
> *Es sieht so aus, **als ob** wir hier nicht willkommen **sind**.*

Bei *als* alleine ist der Indikativ nicht möglich.

■ Grammatik zum Nachschlagen, S. 179

3 Fragen

Was würden Sie von den Schülern des Jüdischen Gymnasiums erfahren wollen, wenn Sie an dem Besuch der Synagoge in Wien teilnehmen könnten? Formulieren Sie fünf Fragen. Sehen Sie sich dann Übung 4 an und formulieren Sie die Fragen, die die Schüler aus Traun gestellt haben könnten.

4 Antworten

Hören Sie zu und kreuzen Sie an, zu welchen Themen die Schüler aus Traun Antworten auf ihre Fragen bekommen haben.

1 Aussehen der Thora
2 Baustil der Synagoge
3 Kopfbedeckung
4 Bräuche der Juden
5 jüdisches Begräbnis
6 Mahlzeiten
7 Gebete
8 Gottesdienst
9 Rolle des Rabbiners
10 Sitzordnung
11 Verbote

5 Ergänzung

Hören Sie sich die Dialoge noch einmal an und ergänzen Sie dann die folgenden Sätze auf Deutsch. Sie können das Vokabular und die Formulierungen aus dem Text benutzen, aber achten Sie auf die Grammatik.

1 Eigentlich kann man eine Synagoge nicht „Tempel" nennen, weil …
2 Juden tragen auch in der Synagoge einen Hut oder eine Kippa, aber Katholiken …
3 Ein Brand in der Synagoge hätte …
4 Der erste Teil eines jüdischen Gottesdienstes besteht aus …
5 Die Vorhänge an den Balkonen sollten …
6 Es steht geschrieben, dass …
7 Ein Jude hat …

6 Aufsatz

Verwenden Sie die Informationen von den letzten vier Seiten, um einen Aufsatz zum Thema „Das jüdische Leben in Wien gestern und heute" zu schreiben (200–300 Wörter).

Kultur SPOT

Wiener Kaffeehäuser und Jugendstil

Kaffee und Kultur

Schon Ende des 18. Jahrhunderts wurde das Wiener Kaffeehaus zur Tradition. In luxuriös ausgestatteter Umgebung las die intellektuelle und gesellschaftliche Élite Zeitung, spielte Billard oder Karten, flirtete oder ging auf Brautschau. Es entstanden Konzertcafés, in denen selbst Musiker wie Schubert, Mozart und Beethoven verkehrten. 1839 gab es bereits 88 Kaffeehäuser in Wien.

Doch die intellektuelle und schöpferische Hochblüte der Kaffeehaus-Kultur kam Ende des 19. Jahrhunderts, als Literatencafés wie das *Griensteidl* und das *Central* es zu Weltruhm schafften. Während Stalin und Trotzki (damals noch Iossif Dschugaschwili und Leib Bronstein) im *Café Central* Schach spielten, verkehrten im *Café Landtmann* Sigmund Freud und der Komponist Gustav Mahler. Über den Untergang dieser eleganten Welt hat u.a. Joseph Roth in seinem Roman **Die Kapuzinergruft** geschrieben (siehe unten links).

… Ich war nämlich in Kovacs' Schwester verliebt; Elisabeth hieß sie; neunzehn Jahre war sie alt.

Ich kämpfte lange Zeit vergebens gegen diese Liebe, nicht so sehr deshalb, weil ich mich gefährdet glaubte, sondern weil ich den stillen Spott meiner skeptischen Freunde fürchtete. Es war damals, kurz vor dem großen Kriege, ein höhnischer Hochmut in Schwung, ein eitles Bekenntnis zur so genannten »Dekadenz«, zu einer halb gespielten und outrierten Müdigkeit und einer Gelangweiltheit ohne Grund. In dieser Atmosphäre verlebte ich meine besten Jahre. In dieser Atmosphäre hatten Gefühle kaum einen Platz, Leidenschaften gar waren verpönt. Meine Freunde hatten kleine, ja, unbedeutende »Liaisons«, Frauen, die man ablegte, manchmal sogar herlieh wie Überzieher; Frauen, die man vergaß, wie Regenschirme, oder absichtlich liegen ließ, wie lästige Pakete, nach denen man sich nicht umsieht, aus Angst, sie könnten einem nachgetragen werden. In dem Kreis, in dem ich verkehrte, galt die Liebe als eine Verirrung, ein Verlöbnis war so etwas wie eine Apoplexie und eine Ehe ein Siechtum.

Joseph Roth, *Die Kapuzinergruft*, Kap. 5.

Der Jugendstil

Kennzeichnend für die Epoche 1890–1914 in Wien war der Jugendstil – die mitteleuropäische Variante des Art Nouveau.

Leitmotive des Jugendstils waren in die Länge gezogene organische Formen, geschwungene Linien und reiches Ornament – wie in der Malerei Gustav Klimts oder der Architektur Joseph Maria Olbrichs.

Zahlreiche Wiener Kaffeehäuser sind in ihrer Architektur oder ihrer Innenausstattung vom Jugendstil geprägt (u.a. Café Rüdigerhof, Café Florianihof, Café Schwarzenberg).

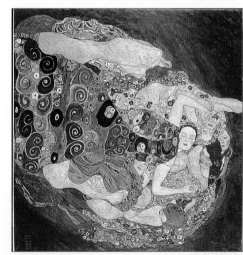

Wiener Sezession

DER·ZEIT·IHRE·KVNST·
DER·KVNST·IHRE·FREIHEIT·

Wer in Wien einen Kaffee bestellen möchte, hat die Qual der Wahl:

CAFÉ A LA VIENNOISE

BIEDERMEIER
ein großer Brauner mit einem Schuss
Biedermeier (Likör)

BRAUNER
Kaffee mit Obers (Sahne)

CAPPUCCINO
Kaffee mit Sahnehaube
(d.h. nicht auf italienische
Art)

EINSPÄNNER
Mokka im Glas serviert
mit Obers (Sahne)

FIAKER
Mokka im Glas
serviert mit Rum

FRANZISKANER
Kaffee mit heißer Milch und
Sahnehaube

KAFFEE VERKEHRT
mehr Milch als Kaffee

KAISERMELANGE
ein Melange mit Eidotter und Kognak

KAPUZINER
Mokka mit einem Schuss Milch

KURZER/ESPRESSO
Wiener Espresso

MARIA THERESIA
Kaffee mit einem Schuss Orangenlikör

MAZAGRAN
Mokka mit Eiswürfeln gekühlt
und einem Schuss Maraschino

MELANGE
mit viel Milch und
mit Milch-Schaumhaube
(wie ein italienischer
Cappuccino)

MILCHKAFFEE
milchiger als ein
Melange

**MOKKA/
SCHWARZER**
schwarzer Kaffee

PHARISÄER
starker Mokka mit Sahnehaube,
mit einem Glas Rum serviert

TÜRKISCHER
Kaffee auf türkische Art, d.h. mit
Satz und Zucker gekocht

VERLÄNGERTER BRAUNER
weniger stark als ein normaler Brauner

VERLÄNGERTER SCHWARZER
weniger stark als ein normaler Mokka

Katholisches Österreich

Einstieg

Sehen Sie sich die Bilder der größten in Österreich aktiven Glaubensrichtungen an. In welchem Gebäude wird welcher Glauben praktiziert? Finden Sie für die im Kasten angegebenen Wörter die entsprechenden Adjektive und Substantive zur Benennung der Gläubigen. Welche Konfessionen sind in Ihrer Umgebung vertreten? Tragen Sie Informationen zusammen und füllen Sie die Tabelle aus.

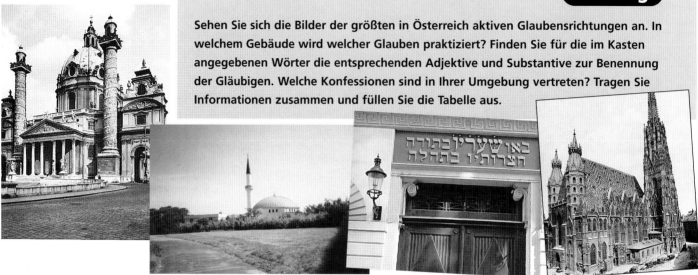

Konfession	Adjektiv: Glauben	Substantiv: Gläubige	Gebäude
Judentum	*jüdisch*		
Christentum			
Katholizismus			
Protestantismus			
Islam			

(A)))) Kirchenaustritte

Österreich war stets ein Bollwerk des Katholizismus. Heute zählt die katholische Kirche hier etwa 6 Mio. Gläubige, wobei es jedes Jahr zahlreiche Kirchenaustritte gibt.

1 Richtig oder falsch? (A)))

Hören Sie den Bericht aus dem Jahre 1998 an und kreuzen Sie die falschen Aussagen an.

1 Derzeit gibt es die meisten Kirchenaustritte seit Jahren.

2 1997 traten 32 195 Österreicher aus der Kirche aus.

3 Die Zahl der Wiedereintritte in die katholische Kirche stieg im letzten Jahr.

4 Die Gesamtzahl der Katholiken in Österreich steigt kontinuierlich.

5 1981 waren 48,3% der Gesamtbevölkerung Österreichs katholisch.

6 Die Hauptursache der rückläufigen Mitgliederzahl der katholischen Kirche waren nicht die Austritte.

7 Die Kinderzahl bei den Katholiken veränderte sich nicht.

8 Es wanderten weniger Gläubige aus dem Ausland ein.

9 Moslems und Orthodoxe haben mehr Kinder.

2 | Gründe

1 Warum, glauben Sie, treten die Leute aus der Kirche aus? Tragen Sie, bevor Sie Text **B** lesen, in der Klasse Gründe zusammen.

2 Lesen Sie den Text über die Situation in Österreich und ergänzen Sie die Satzanfänge mit Informationen aus dem Text. Achten Sie auf die richtigen Satzstrukturen.

   a Bezüglich der Sexualmoral …

   b Ein oft genanntes Argument für einen Austritt sind …

   c Der Kirchenbeitrag dient …

   d Die Betreffenden sagen, …

   e Trotzdem helfen …

   f Zur Erhaltung und Erneuerung von Kirchengebäuden wird …

B Erstarrt und unmodern?

Warum die katholische Kirche Mitglieder verliert

In Österreich gibt es für die Austritte aus der katholischen Kirchengemeinschaft zahlreiche Motive: Manche werfen der Kirche große Enge im Bereich der Sexualmoral vor, andere halten sie für heuchlerisch, weil sie sich selbst nicht an die von ihr verkündeten Grundsätze halte. Manche wiederum meinen, die Kirche sei erstarrt und unmodern, so mancher hatte unangenehme Erfahrungen mit einzelnen Vertretern der Kirche. Als letzter Anstoß zum Austritt wird aber zumeist der Kirchenbeitrag und die manchmal leider notwendige gerichtliche Klage durch die Kirche als Grund genannt, weil sich das am einfachsten begründen lässt. „Glauben kann ich auch ohne Kirche" oder „Ich trete ja nur aus der Kirchenbeitragsgemeinschaft und nicht aus der Religionsgemeinschaft aus", hört man oft von den Betreffenden.

Unabhängig von solchen Überlegungen ist weithin eine große Opferbereitschaft für Hilfen gegen die Not in den Missionsländern, den Ländern der „Dritten Welt" und derzeit auch denen des Balkans zu vermerken, die von der Kirche (mit)organisiert werden. Auch zur Erhaltung und Erneuerung von Kirchengebäuden tragen viele gern bei.

3 | Taufe und Trauung

Die Taufe, oder Namensgebung, und die Eheschließung gehören in vielen Kulturen zu den beliebtesten Familienfesten. Ihr Freund / Ihre Freundin aus Österreich interessiert sich für die Traditionen in Ihrer Familie und hat Sie gebeten, ihm/ihr eins dieser Feste zu beschreiben. Vielleicht finden Sie ein Video oder Fotos von einer solchen Familienfeier, mit denen Sie Ihren Vortrag illustrieren könnten.

4 | Hochzeitstage

Was sind die englischen Entsprechungen für die verschiedenen Hochzeitstage?

Hochzeitstage, die gefeiert werden sollten	
Grüne Hochzeit:	der eigentliche Hochzeitstag
Windbeutel-Hochzeit:	nach 5 Jahren
Zinnerne Hochzeit:	nach 6 1/2 Jahren
Blecherne Hochzeit:	nach 8 Jahren
Hölzerne Hochzeit:	nach 10 Jahren
Petersilien-Hochzeit:	nach 12 1/2 Jahren
Gläserne Hochzeit:	nach 15 Jahren
Porzellan-Hochzeit:	nach 20 Jahren
Silberne Hochzeit:	nach 25 Jahren
Perlen-Hochzeit:	nach 30 Jahren
Aluminium-Hochzeit:	nach 37 1/2 Jahren
Rubinene Hochzeit:	nach 40 Jahren
Goldene Hochzeit:	nach 50 Jahren
Diamantene Hochzeit:	nach 60 Jahren
Gnadenhochzeit:	nach 70 Jahren
Steinerne Hochzeit:	nach 75 Jahren

Berührungsängste: Moslems in Österreich

Einstieg

Ordnen Sie den Wörtern die richtige Definition zu.

Allah: a Heilige Schrift des Islam von Gott Mohammed diktiert

Kadi: b Versammlungshaus der Muslime für Gebet, Predigt und Koranlesen

Koran: c Islamischer Richter

Mekka: d Fastenmonat

Muslim: e Name des Propheten

Mohammed: f Gläubiger des Islams

Moschee: g Arabischer Name für Gott

Ramadan: h Geburtsstadt Mohammeds. Ort für Pilger

A Zwischen den Welten

1 Rund 350 000 Menschen mit islamisch____(1)____ Glauben leben bereits in Österreich, davon etwa 120 000 in Wien und Umgebung. Nach der katholisch ____(2)____ Kirche ist der Islam damit die zweitgrößt ____(3)____ Glaubensgemeinschaft im Land. Die Moslems in Österreich sind friedlich ____(4)____ Beter, den politisch____(5)____ Fundamentalismus mancher ihrer Glaubensbrüder lehnen sie ab. Aber gerade der wird in den Medien immer wieder präsentiert und sorgt für das negativ ____(6)____ Image des Islam. Dazu kommt, dass das Verhältnis zwischen Christentum und Islam wegen der Türkenbelagerungen geschichtlich sehr belastet ist.

Doch wie sind Moslems wirklich?

2 Alaiddin Akyldiz (37) lebt seit siebzehn Jahren in Wien. Zusammen mit seiner Frau Fatma (29) und den drei Söhnen Muhammed Nur (8), Talha Said (7) und Nurullah (1) wohnt er in einer kleinen Wohnung im zehnten Bezirk. Der gebürtige Türke arbeitet als islamischer Religionslehrer. Kontakte zu Österreichern hat er kaum. „Irgendwie bin ich noch immer fremd hier", sagt er. Oft ist es für Moslems wie ihn schwer, ihren religiösen Pflichten nachzugehen. Fünfmal am Tag soll ein Moslem beten, doch in vielen Firmen herrscht dafür kein Verständnis. „Das finde ich nicht in Ordnung", sagt Alaiddin Akyldiz. „Ob ich jetzt fünf Minuten bete, aufs Klo gehe oder eine Zigarettenpause einlege, bleibt sich doch von der Zeit her gleich." Jeden Freitag fährt er zum Mittagsgebet in die Moschee am Hubertusdamm in Wien.

3 Der islamische Religionslehrer hat keine Probleme, wenn er in Wien unterwegs ist; seine Frau schon, denn sie trägt ein Kopftuch. Ein Zeichen der Unterdrückung islamischer Frauen? Doch Fatma Akyldiz wehrt ab: „Ich fühle mich nicht unterdrückt, ganz im Gegenteil: So werde ich wenigstens nicht nur nach meinem Äußeren beurteilt." Verständnislose Blicke in der Straßenbahn und so manches böse Wort sind keine Seltenheit. „Vor allem ältere Menschen können einfach nicht verstehen, dass wir eine andere Kultur haben", sagt Fatma. So lebt die Familie Akyldiz weiter zwischen zwei Welten, ohne wirkliche Heimat.

| Netsite | http://www.dialog.at/archiv/d0499 |

---

1 Überschrift

Lesen Sie den Text ohne Wörterbuch und versuchen Sie, die Überschrift kurz auf Deutsch zu erklären.

2 Adjektivendungen

Ergänzen Sie in Absatz 1 des Textes die fehlenden Endungen.

3 Synonyme

Finden Sie in Absatz 2 des Textes Synonyme für die folgenden Wörter:

1 gemeinsam
2 Stadtteil
3 Verbindung
4 wenig
5 einhalten
6 Unternehmen
7 dasselbe

4 Textverständnis

Vollenden Sie mit Hilfe der Informationen in Absatz 3 die folgenden Sätze auf Englisch.

1 Alaiddin has no problems when walking around Vienna but Fatma ...
2 The headscarf worn by Muslim women seems to be a sign of ...
3 Fatma does not feel ...
4 Often people ...
5 In particular the older generation does not ...
6 The Akyldiz family lives ...

B

Integrieren und differenzieren – muslimische Frauen

Lise J. Abid   Februar 2000

Wenn man das Bild der verhüllten muslimischen Frau vor Augen hat, scheint es, als ob der Islam frauenfeindlich sei. Das Kopftuch jedoch ist kein Zeichen der Unterwürfigkeit der Frau. Der Zweck der islamischen Kleidung ist, dass die Schönheit der Frau niemand anderem als ihrem Ehemann und nahen Verwandten gefallen soll. In anderen Bereichen, wie Eigentum, Bildung, gesellschaftlichen Aktivitäten und Berufstätigkeit, schränkt der Islam die Frau viel weniger ein, als häufig angenommen wird.

Allerdings gibt es Frauen, die seit 15 Jahren in Österreich leben und nur wenig Deutsch sprechen. Gerade diese werden von Kritikern oft als „Opfer islamischer Unterdrückung" bezeichnet. Doch meist spielt dabei der soziale Hintergrund des ländlichen Milieus und vor allem fehlende Bildung eine größere Rolle als die Religion.

Andererseits gibt es Gastarbeiter-Familien, die streng „islamisch" leben, aber ihren Töchtern ein Studium ermöglichen. In diesen Fällen fördert das Elternhaus sowohl die religiöse wie auch die fachliche Bildung der Mädchen, die meist Religions-Lehrerinnen oder Ärztinnen werden wollen. Diese meist sehr selbstbewussten Musliminnen wollen – wie eine Studentin sagte – „nicht nur danach beurteilt werden, ob sie ein Kopftuch tragen oder nicht, sondern nach dem, was sie im Kopf haben".

Wiener Journal

5 Argumente

Widerlegen Sie die folgenden Aussagen mit Informationen aus dem Text. Gehen Sie auf die Argumente ein und differenzieren Sie Ihre Aussagen. Die Satzanfänge rechts helfen Ihnen dabei.

1 Der Islam ist frauenfeindlich.
2 Wegen ihrer Religion können manche moslemische Frauen auch nach 15 Jahren in Österreich noch kein Deutsch.
3 In islamischen Gastarbeiter-Familien haben Mädchen keine Möglichkeit, frei über ihre berufliche Entwicklung zu entscheiden.

> Da muss ich dir widersprechen. Es scheint vielleicht so, als ob ...
>
> Es stimmt zwar, dass ..., jedoch muss man dabei bedenken ...
>
> Man sollte dieses Problem differenziert betrachten: einerseits ..., andererseits ...

§ekten – Wissen schützt

In Österreich gibt es unter anderem folgende Alternativreligionen: Zeugen Jehovas, Scientology-Kirche, Positives Denken, Universelles Leben, New Age, Esoterik, Okkultismus. Welcher der folgenden Aussagen würden Sie zustimmen und warum?

> *Ich würde gern mehr über die eine oder andere Gruppierung erfahren.*

> *Diese Gruppierungen sind mir egal. Hauptsache, sie lassen mich in Ruhe.*

> *Ich würde diese Gruppierungen verbieten.*

A

| Netsite | http://bmsg.gv.at |

Was ist eine „Sekte"?

Viele religiöse und pseudo-religiöse Gruppen, Psychokulte oder Guru-Bewegungen werden heute umgangssprachlich als „Sekte" bezeichnet. Dass sich derartige Gruppen über die Kennzeichnung mit diesem Begriff nicht gerade freuen, ist klar. Dies widerspricht ja dem positiven Selbstbild, das sie über sich verbreiten wollen.

Wodurch lassen sich diese Gruppen und Organisationen charakterisieren?

- **Da ist einmal die Geschlossenheit der Gemeinschaft, die eine klare Grenze zwischen Anhängern und Außenstehenden zieht.**

- **Zweitens gehören kulturell fremde Ideen dazu, die oftmals fanatisch vertreten werden.**

- **Aus diesem Grunde geraten Mitglieder dieser Gruppierungen in Konflikt mit ihrer Umwelt, oft mit ihrer Familie, manchmal mit den Behörden.**

- **Im Mittelpunkt der Gruppe steht eine charismatische, autoritäre Führungsfigur, von der die Sektenmitglieder abhängig sind.**

Heute spricht man in Deutschland von „so genannten Sekten und Psychogruppen", in Österreich ist immer häufiger von „Weltanschauungsgruppen" die Rede.

1 Textverständnis

Welche Aussage ist richtig?

1 „Sekte" ist …
  a das Wort für „Umgangssprache".
  b das Alltagswort für alternative religiöse Gruppierungen.
  c die offizielle Bezeichnung für Psychokulte und Guru-Bewegungen.

2 Das Selbstbild von „Sekten" ist …
  a positiv.
  b negativ.
  c überraschend.

3 Die Mitglieder der Sektengemeinschaft grenzen sich ab von …
  a Ausländern.
  b Außenseitern.
  c Sympathisanten.

4 Häufig haben „Sekten" Probleme mit …
  a anderen Kulturen.
  b Greenpeace.
  c dem Staat.

5 Die Mitglieder einer „Sekte" …
  a akzeptieren keine Autorität.
  b stehen im Mittelpunkt der Gruppe.
  c geraten in Abhängigkeit von der Person des Führers.

6 In Österreich heißen die so genannten Sekten …
  a schon immer „Weltanschauungsgruppen".
  b immer öfter „Weltanschauungsgruppen".
  c manchmal „Weltanschauungsgruppen".

2 Definitionen

Ordnen Sie den Begriffen die entsprechende Erklärung zu.

1 Kennzeichnung
2 Gemeinschaft
3 Anhänger
4 vertreten
5 Behörde
6 Weltanschauung

a jemand, der von einer Person oder Sache so überzeugt ist, dass er sich sehr dafür interessiert und sich auch aktiv dafür engagiert

b eine Gruppe von Menschen, die ähnliche oder gleiche Interessen haben, durch die sie sich verbunden fühlen

c eine bestimmte Ansicht über den Sinn des Lebens und die Stellung des Menschen in der Welt

d eine Institution, die von Staat, Kommune oder Kirche damit beauftragt wird, bestimmte administrative oder gerichtliche Aufgaben durchzuführen

e Charakterisierung oder Beschreibung, in der typische Eigenschaften einer Person oder Sache genannt werden

f eine Meinung, Entscheidung, Tat oder Ähnliches für richtig halten und sie (anderen gegenüber) verteidigen

B))) Die ewige Rettung

3 Hörverständnis

Hören Sie sich das Interview mit einem ehemaligen Sektenmitglied an und ergänzen Sie die Sätze. Sie können Vokabular aus dem Text verwenden, aber achten Sie auf die richtige Satzstruktur.

1 Karin Z. möchte nicht ihren ganzen Namen nennen, das heißt sie will …

2 Sie hat vor, ihre Erlebnisse und Erfahrungen …

3 Während der Sekten-Aktivitäten fühlte sie Erleichterung, weil …

4 Die Sekten-Gemeinschaft gab ihr … (2 Fakten)

5 Sie fand die „ewige Rettung" nur …

6 Sie ist ausgestiegen, weil …

7 Ihre Familie wunderte sich, dass …

8 Sie wurde immer kälter zu ihren Verwandten, weil …

9 Als sie kein Sekten-Mitglied mehr war, schickte die Gruppe …

10 Nach dem Ausstieg … (2 Fakten)

4 Orientierungshilfen

Schreiben Sie eine Einleitung von 100–150 Wörtern für eine Informationsbroschüre über Sekten. Erwähnen Sie
- warum die Broschüre notwendig wurde
- was mit ihr erreicht werden soll
- Ihre persönliche Einstellung zum Thema Sekten.

Die Verben im Kästchen helfen Ihnen beim Schreiben.

sich kritisch auseinander setzen mit

aufklären über

informieren über

wem? helfen

wen? beraten

nicht diskriminieren

sich frei entscheiden für/gegen

aussteigen aus

Die vereinigten Staaten von Europa

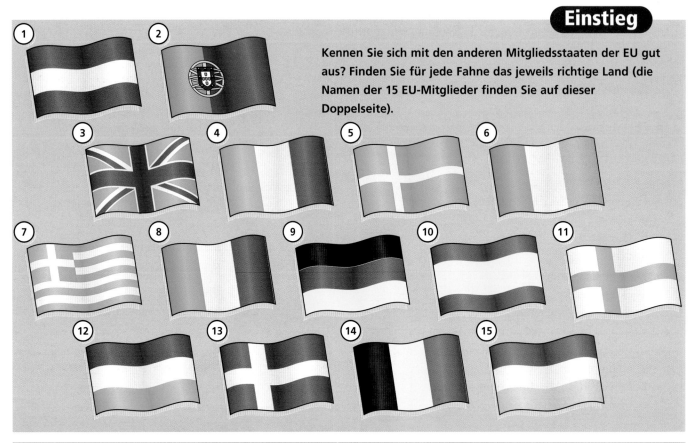

Kennen Sie sich mit den anderen Mitgliedsstaaten der EU gut aus? Finden Sie für jede Fahne das jeweils richtige Land (die Namen der 15 EU-Mitglieder finden Sie auf dieser Doppelseite).

A))) Was hat Österreich von der Europäischen Union?

1   Was hat Österreich von der EU?

Österreich ist erst seit 1995 Mitglied der EU. Drei junge Österreicherinnen sprechen über die EU und den Euro. Was sagen sie? Hören Sie zu und füllen Sie die Tabelle aus.

	Vorteile der EU-Mitgliedschaft	Vorteile des Euro
Birgit		
Eva		
Natalie		

2   Eurofanatiker oder Euroskeptiker?

Bearbeiten Sie mit einem Partner / einer Partnerin das Quiz zum Thema EU. Besprechen Sie dabei Ihre Antworten und addieren Sie am Ende Ihre Punkte. Sind Sie ein Eurofanatiker oder -skeptiker?

B

Euroquiz
Sind Sie Eurofanatiker oder Euroskeptiker?

1 Wie viele Institutionen der EU können Sie nennen?
a) mehr als 3
b) 1–3
c) gar keine

2 Wie oft besprechen Sie europäische Fragen mit Ihren Freunden oder Ihrer Familie?
a) selten
b) nie
c) ziemlich oft

3 Wie finden Sie die Idee von einem Europa ohne Grenzen?
a) Ich will unsere nationale Identität nicht verlieren.
b) In der modernen Welt ist es sehr praktisch.
c) Gut, aber wir müssen die kulturellen Unterschiede erhalten.

4 Kennen Sie den Namen Ihres / Ihrer Europaabgeordneten?
a) ich glaube schon
b) nein
c) ja, sicher

5 Werden Sie mal in einem anderen europäischen Land wohnen?
a) bestimmt nicht
b) möglicherweise
c) bestimmt

6 Betrachten Sie die EU-Mitgliedschaft als positiv für Ihre zukünftigen Berufschancen?
a) ja, sicher
b) wahrscheinlich
c) nicht besonders

7 Wie stehen Sie zum Euro?
a) Er macht das Reisen einfacher, aber sonst weiß ich nicht.
b) Eine gemeinsame Währung für Europa ist praktisch und vernünftig.
c) Wir sollten unsere eigene Währung behalten.

8 Wie reagieren Sie, wenn Sie die europäische Fahne sehen?
a) Ich bin stolz darauf, Europäer(in) zu sein.
b) Unsere nationale Fahne ist für mich wichtiger.
c) Ich finde Fahnen sowieso nicht wichtig.

Punkte:

1 a) 3	b) 2	c) 1
2 a) 2	b) 3	c) 1
3 a) 1	b) 3	c) 2
4 a) 2	b) 1	c) 3
5 a) 1	b) 2	c) 3
6 a) 3	b) 2	c) 1
7 a) 2	b) 3	c) 1
8 a) 3	b) 1	c) 2

18–24 Punkte
Europa ohne Grenzen ist der Weg in die Zukunft und Sie sind sehr dafür. Sie haben Ihre eigenen Pläne und Sie wissen, wie die EU für Sie persönlich vorteilhaft sein wird. Das Denken im nationalen Rahmen gehört der Vergangenheit an. Wir sind jetzt Teil einer internationalen Gemeinschaft.

10–17 Punkte
Sie verhalten sich neutral, was Europa betrifft. Für Ihr eigenes Leben scheint Ihnen das alles nicht besonders wichtig zu sein. Aber vielleicht gibt es doch Vorteile für Sie und Ihre Zukunft – Sie sollten sich informieren!

3–9 Punkte
Sie sind überzeugter Euroskeptiker. Europa hat nichts mit Ihnen zu tun. Sie sind stolz auf Ihre nationale Identität und wollen nichts von den Eurobürokraten in Brüssel wissen.

C

Das Europäische Parlament

Seit 1957 wurden die Befugnisse des Europäischen ___(1)___ verstärkt und erweitert. Das EP wirkt nun aktiv an der ___(2)___ der gemeinschaftlichen Rechtsvorschriften mit und spielt neben dem Europarat und der Europäischen ___(3)___ eine ___(4)___ in der ___(5)___ der Europäischen ___(6)___ .
Seit 1979 wird das EP in allgemeiner Direktwahl gewählt.

Land	Abgeordnete
Belgien	25
Dänemark	16
Deutschland	99
Finnland	16
Frankreich	87
Griechenland	25
Großbritannien	87
Irland	15
Italien	87
Luxemburg	6
Niederlande	31
Österreich	21
Portugal	25
Schweden	22
Spanien	64

3 **Das Europäische Parlament**

1 Ergänzen Sie die Lücken in Text **C** mit jeweils einem der folgenden Substantive:

   a Parlaments
   b Hauptrolle
   c Kommission
   d Führung
   e Union
   f Ausarbeitung

2 Erklären Sie kurz auf Deutsch, warum sich die Anzahl an Abgeordneten für die verschiedenen Mitgliedsstaaten im Parlament wohl unterscheidet.

Die vereinigten Staaten von Europa

A

EU-Institutionen

Rat der EU

Europäisches Parlament

Ausschuss der Regionen

Europäische Kommission

Europäischer Gerichtshof

Europäischer Rechnungshof

Europäische Zentralbank

a) Diese Ausschüsse beraten Rat und Parlament.

b) Die Mitgliedsstaaten sind durch die Anzahl der nationalen Abgeordneten ihrer Größe nach repräsentiert.

c) Er kontrolliert die korrekte Haushaltsführung der Europäischen Kommission. Der Gerichtshof und der Rechnungshof haben ihren Sitz in Luxemburg.

d) Sie hat die Möglichkeit, Rechtsakte für die EU vorzuschlagen. Es gibt zwanzig Kommissare aus allen EU-Mitgliedsstaaten.

e) Er ist die Versammlung der Staats- und Regierungschefs aller Mitgliedsstaaten und ihrer Fachminister.

f) Sie ist seit dem 01.06.1998 die Hüterin der neuen Währung und hat ihren Sitz in Frankfurt am Main. Neben ihrer Aufgabe, Banknoten drucken zu lassen und in Umlauf zu bringen, muss sie die Preisstabilität in der Union sichern.

g) Er legt das Europarecht aus und kann in letzter Instanz auch über Bürgeranliegen entscheiden.

| 1 | Organe der Europäischen Union | A |

Finden Sie für jede der EU-Institutionen die richtige Definition. Wie nennen wir diese Organe auf Englisch?

B

Der Zeitplan zur Europäischen Währungsunion

2002 1. Januar, Beginn der Doppelwährungsphase mit Euro-Banknoten und -Münzen. 1. Juli, der Schilling wird durch Euro-Geld ersetzt

1999 Beginn der Währungsunion, Einführung des Euro als >>Buchgeld<<

1998 Entscheidung über die 11 teilnehmenden Länder: Belgien, Deutschland, Finnland, Frankreich, Irland, Italien, Luxemburg, Niederlande, Österreich, Portugal, Spanien

1993 Europäischer Binnenmarkt: freier Personen-, Dienstleistungs- und Warenverkehr

1992 Maastricht-Vertrag, Währungsunion bis 1999

Grammatik: Futur II

Formen

Aktiv: Präsens von **werden** + Partizip Perfekt + **haben / sein** (Infinitiv)

*Bald **werden** wir die Herstellung der neuen Münzen **organisiert haben**.*

Passiv: Präsens von **werden** + Partizip Perfekt **worden** (Partizip Perfekt von **werden**) + **sein** (Infinitiv)

*Bald **wird** die Herstellung der neuen Münzen **organisiert worden sein**.*

N.B. Die Passiv-Form kommt selten vor. Sie müssen sie nur erkennen können.

Gebrauch

Das Futur II (future perfect; auf Englisch „I will have written" usw.) drückt eine Handlung aus, die in der Zukunft vollendet sein wird. Sehr oft wird es durch ein Zeitadverb eingeleitet, das auf das *Ende* einer Zeitspanne hinweist:

*In fünf Jahren **wird** man sich an die neue Währung **gewöhnt haben**.*

*Bis 2010 **werden** wir hoffentlich die mit dem Euro verbundenen Probleme **gelöst haben**.*

In der gesprochenen Sprache vermeidet man gewöhnlich dieses Tempus, wenn der Zukunftsbezug deutlich ist. Man verwendet stattdessen das Perfekt:

*In fünf Jahren **hat** man sich an die neue Währung **gewöhnt**.*

---

2   Euro-Meilensteine

Ergänzen Sie die Lücken in diesen Sätzen, mit dem angegebenen Verb im Futur II.

1 Nach der Doppelwährungsphase ____ man sich an die neuen Banknoten und Münzen ____ ____. (gewöhnen)

2 Bis Juli 2002 ____ Deutschland und Österreich ihr nationales Bargeld durch Euro-Bargeld ____ ____. (ersetzen)

3 Bald danach ____ die teilnehmenden Länder den Euro völlig ____ ____. (einführen)

4 Schon einige Jahre später ____ jüngere Leute das alte Geld schon ____ ____. (vergessen)

5 Bis 2005 ____ fast jeder als Tourist die Vorteile der Währungsunion ____ ____. (erleben)

6 In fünf Jahren ____ die Mehrheit der Österreicher ohne Geld wechseln zu müssen ins Ausland ____ ____. (reisen)

3   Meine ideale Zukunft

Was werden Sie wohl in fünf, zehn und 15 Jahren gemacht haben? Lassen Sie Ihrer Fantasie freien Lauf und schreiben Sie Sätze.

> *In fünf Jahren werde ich an der Uni in London Deutsch studiert haben …*
>
> In zehn Jahren werde ich …
>
> In 15 Jahren…

C Peinliche Druckfehler

4   Hörverständnis   **C**)))

Hören Sie den Bericht über Probleme beim Drucken von Euro-Banknoten und beantworten Sie die folgenden Fragen.

1 Wo ist das Problem vorgekommen (Stadt und Land)?

2 Beim Drucken von welcher Banknote ist das Problem aufgetaucht?

3 Was war die Ursache des Problems?

4 Wann wurde das Problem entdeckt?

5 Warum wollte die Deutsche Bundesbank nicht viel darüber sagen?

6 Was sagte der österreichische Sprecher dazu?

5   Übersetzung

Übersetzen Sie den kurzen Bericht ins Deutsche.

The member states of the European Union share the aim of greater integration. Many people in Austria, which became a member in 1995, think that it is an advantage for a small country to be part of a bigger community. Austrians are enjoying a greater choice of food products and lower prices in the shops. With the introduction of European Monetary Union, travel in the participating countries will become much simpler. Price stability is assured by the European Central Bank in Frankfurt, which also has the task of arranging the printing of the Euro bank notes.

*D*ie vereinigten Staaten von Europa

DER EURO KOMMT!

Der Auslandsurlaub wird billiger

Mit dem Euro in Urlaub — sogar Gegner der europäischen Währungsunion werden spätestens dann Euro-Fans!

Experten rechnen allein für deutsche Urlauber mit Milliarden-Ersparnissen pro Jahr, wenn wir ab 2002 im Ausland wie zu Hause mit „unserem" Euro zahlen und nichts für Umtauschgebühren ausgeben müssen.

Am Bankautomaten in Spanien kriegt der Urlauber „sein" Geld — Euro. In jedem Restaurant in Frankreich, in jeder Pizzeria in Italien, an jeder Tankstelle in Österreich kann er mit Euro bezahlen.

Das gilt auch für Münzen! Zwar tragen Euro und Cent nationale Symbole (in Deutschland z. B. 10-, 20- und 50-Cent-Stücke das Brandenburger Tor) — aber bezahlen können wir überall damit.

Shopping im Ausland — mit dem Euro ein echtes Vergnügen. Wir können alle Preise mit denen zu Hause vergleichen — wie beim Einkaufsbummel in Düsseldorf oder München. Da merkt man schnell, ob der Ledergürtel in Spanien für 20 Euro ein Schnäppchen ist und ob die Seidenkrawatte für 30 Euro in Italien zu Hause nicht billiger ist.

Für USA-Urlauber oder Ferntouristen ändert sich mit Einführung des Euros (vorerst) nichts. Man tauscht Euro in Dollar oder die jeweilige Landeswährung, zahlt darauf seine Gebühren. Gilt auch für EU-Länder, die den Euro noch nicht einführen (Dänemark, Schweden, Großbritannien, Griechenland). Möglich aber, dass man dort dennoch mit Euro bezahlen kann wie heute teilweise schon mit D-Mark.

Möglich auch, dass US-Hotels in New York oder Miami den Euro nehmen (plus Wechselgebühr). Warum sollten sie die neben dem Dollar zweite große Weltwährung ablehnen? Und warum sollte man in Hongkong, Thailand oder Südafrika nicht irgendwann ebenso mit Euro bezahlen können wie heute schon mit Dollar?

Ändert sich mit dem Euro etwas bei Reisemitbringseln? Nein. Für EU-Länder (außer Kanarische Inseln und britische Kanalinseln) gelten weiterhin kaum Begrenzungen bei Menge und Preis, sofern die Waren für den eigenen Bedarf gekauft wurden. Die Espressomaschine aus Italien ist ebenso zollfrei wie Schuhe aus Spanien. Mehr als 800 Zigaretten, 400 Zigarillos, 200 Zigarren, 1 kg Tabak, 10 Liter Spirituosen, 20 Liter Likörweine, 90 Liter Wein, 60 Liter Schampus dürfen es aber nicht sein.

---

1   Der Euro im Urlaub ▲

Überfliegen Sie den Zeitungsartikel zum Thema Euro im Urlaub. Was für eine Zeitung ist das wohl? Eine seriöse oder eine Boulevardzeitung? Begründen Sie Ihre Antwort. Aus welchem der deutschsprachigen Länder kommt diese Zeitung? Worum geht es im Artikel? Fassen Sie den Inhalt mit einem einzigen deutschen Satz zusammen.

2   Textverständnis ▲

Lesen Sie jetzt den Artikel ganz durch. Was wird zu den folgenden Punkten behauptet? Antworten Sie mit jeweils einem einzigen Satz in Ihren eigenen Worten.

1 Meinungsveränderung unter Euro-Gegnern
2 Umtauschgebühren
3 Restaurants in Ländern mit dem Euro
4 Münzen in Ländern mit dem Euro
5 Preisvergleiche
6 Ferntouristen
7 der Euro neben dem Dollar
8 zollfreie Waren

3   Satzordnung ▲

In Text ▲ sind sechs Sätze unterstrichen. Schreiben Sie jeden Satz so um, dass das Subjekt an erster Stelle steht. Wenn der Satz zwei *Hauptsätze* enthält, schreiben Sie beide um. *Nebensätze* bleiben unverändert.

Beispiel

Am Bankautomaten in Spanien kriegt der Urlauber „sein" Geld — Euro.

Der Urlauber kriegt „sein" Geld — Euro — am Bankautomaten in Spanien.

Sehen Sie sich die Sätze in Text ▲ noch einmal an. Warum steht das Subjekt nicht an erster Stelle? Was will der Verfasser mit dieser Satzordnung wohl betonen?

Denken Sie dran!

SATZORDNUNG

Die Satzordnung in einem Hauptsatz ist im Deutschen sehr flexibel. Die „Grundregel" lautet: das Subjekt steht an erster Stelle [1]; das finite Verb steht an zweiter Stelle [2]; der Rest des Satzes steht nach dem Verb [3]; eventuelle Infinitive oder Partizipien Perfekt stehen am Ende [4].

[1]	[2]		[3]	[4]

Wir können   alle Preise mit denen zu Hause vergleichen.

Doch zur besonderen Betonung darf man die Satzordnung ändern. Die größte Betonung hat gewöhnlich der Satzteil, der an erster Stelle steht:

Alle Preise können wir mit denen zu Hause vergleichen!

oder:

Mit denen zu Hause können wir alle Preise vergleichen!

oder sogar:

Vergleichen können wir alle Preise mit denen zu Hause!

Je komplizierter der Satz, desto vielfältiger die Möglichkeiten. Eines darf man jedoch *nie* ändern: Das finite Verb muss immer an zweiter Stelle stehen!

■ Grammatik zum Nachschlagen, S. 180

B

Netsite	http://www.business-channel.de

Umfrage – Euro-Akzeptanz der Briten wächst

● ●

London (Reuters) – Die Akzeptanz der Briten für die Europäische Währungsunion (EWU) wächst nach einer Umfrage kontinuierlich. Nach einer gemeinsamen Umfrage des britischen Meinungsforschungsinstituts Mori und des Investmenthauses Salomon Smith Barnie, die am Montag in London veröffentlicht wurde, befürwortete im Juli bereits jeder dritte Brite die gemeinsame europäische Währung. Die Akzeptanz habe von 30 Prozent im März kontinuierlich zugenommen. Nur noch 50 Prozent der Briten lehnten einen Eintritt in die EWU ab.

---

4 **Euroskeptiker** **B**

Lesen Sie den kurzen Bericht über die Einstellung der Briten zum Euro.

1 Verständnisfragen:

  a Wie viel Prozent der Briten akzeptieren laut dieser Umfrage die EWU?

  b Wer hat die Umfrage durchgeführt?

  c Wie ist der Trend in Bezug auf die britische Akzeptanz der EWU?

2 Ergänzen Sie die folgenden Sätze mit jeweils einem passenden Adjektiv (+ Endung wo nötig). Verwenden Sie dabei Ihre eigenen Ideen und Vorstellungen. Besprechen Sie nachher Ihre Sätze mit der Klasse.

  a _____ Briten sind gegen den Euro, weil er _____ ist.

  b _____ Briten sind dem Euro gegenüber _____ eingestellt.

  c Für _____ Unternehmen könnte der Euro _____ sein.

  d _____ Briten denken, dass die _____ „Eurokraten" in Brüssel _____ sind.

  e Meine Familie findet die Mitgliedschaft in der EU _____.

---

5 **Partnerarbeit**

Partner(in) A ist EU-Gegner. Sie müssen zuerst mindestens fünf Argumente gegen den Euro oder die EU-Mitgliedschaft für Ihr Land notieren (diese Argumente können auch extrem und lustig sein!). Sie werden Ihrem Partner / Ihrer Partnerin jedes Argument vorbringen und er/sie wird versuchen, ein besseres Gegenargument zu finden. Entscheiden Sie am Ende zusammen, wer am überzeugendsten war.

Partner(in) B ist EU-Fan. Überlegen Sie sich während der Vorbereitungszeit die wichtigsten Vorteile des Euro und der EU-Mitgliedschaft für Ihr Land. Benutzen Sie die Informationen von den letzten sechs Seiten zum Thema „Die vereinigten Staaten von Europa", um möglichst stichfeste Argumente für Ihre Diskussion mit Partner(in) A vorzubereiten.

Mögliche Themen für beide Partner:

Reisen   Berufschancen   finanzielle Hilfe   Frieden
Tradition   Nationalhymnen/Fahnen   Nationalismus
Eurobürokraten in Brüssel   der europäische Gerichtshof
Unabhängigkeit   Zollkontrollen

*Q*uiz – Fremdenhass und Integration

1 Welche von diesen Kaffeespezialitäten wird kalt serviert?

a Mazagran
b Fiaker
c Einspänner
d Kaisermelange
e Pharisäer

2 Wie viele Jahre nach dem Hochzeitstag feiert man die „Perlen-Hochzeit"?

a 30
b 18
c 17½
d 8
e 2

3 Wann geschah der Anschluss Österreichs ans Deutsche Reich?

a 1918
b 1927
c 1933
d 1934
e 1938

4 Wann trat Österreich der Europäischen Union bei?

a 1957
b 1977
c 1981
d 1995
e 2000

5 Was wurde im Maastricht-Vertrag von 1992 festgelegt?

a der Zeitplan zur Einführung des Euro
b die Gründung der Europäischen Union
c der Beitritt Österreichs zur EU
d das Verbot von neonazistischen Parteien
e die Gründung des Europäischen Parlaments

6 Wer hat dieses Bild gemalt?

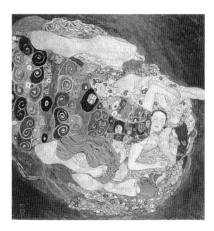

7 Nennen Sie vier rechtsextreme Parteien in Europa.

8 Wie viele jüdische Einwohner hat Österreich heutzutage?

a ca. 1 000
b ca. 10 000
c ca. 120 000
d ca. 1 Million
e ca. 9 Millionen

9 Wie heißt die rechte österreichische Partei, deren Wahlerfolg 1999 eine große Protestwelle auslöste?

a Österreichische Volkspartei
b Nationalsozialistische Partei Österreichs
c Freiheitliche Partei Österreichs
d Österreichische Volksunion
e Neonazistische Partei Österreichs

10 Was ist die zweitgrößte Glaubensgemeinschaft in Österreich?

a der Islam
b der Judaismus
c der Protestantismus
d der Hinduismus
e die Scientology-Kirche

Tipp: Auf diesen Seiten können Sie die Antworten finden:
1 S. 75, 2 S. 77, 3 S. 68, 4 S. 82, 5 S. 84, 6 S. 75, 7 S. 66, 8 S. 72, 9 S. 66, 10 S. 78

4 Technologie und Zukunft:

Bremen

Informationstechnik

Raumfahrt und Weltall

Energien

Medizin

*h*ightech.de

Einstieg

Entwerfen Sie einen Fragebogen zur Mediennutzung in Ihrer Klasse. Die Notizen im Kästchen können mit Ihren eigenen Ideen ergänzt werden. Befragen Sie dann anhand des Fragebogens die anderen in Ihrer Klasse und Ihren Lehrer / Ihre Lehrerin.

Medien: Buch, Fernsehen, Handy, Internet, Musik-CD, Online-Magazin, PC, Radio, Telefon, Video, Zeitung/Zeitschrift

Nutzung: Vorhandensein, Dauer, Zweck

A))) Technologiefeindlichkeit der Deutschen

1 Hörverständnis

Hören Sie den Text und ergänzen Sie die Sätze. Sie können Wörter und Formulierungen aus dem Text benutzen, aber achten Sie dabei auf die Grammatik.

1 Die Deutschen sind heute …

2 Acht von zehn Deutschen meinen, das Internet …

3 18% der Deutschen finden, …

4 Die Gentechnologie wird von den Deutschen …

5 Vor allem jüngere Leute …

6 Mobilfunk im Alltag sehen die meisten als …

7 Die Technik-Euphorie der älteren Menschen …

2 Ausdrucksweisen

1 Hören Sie den Text noch einmal und finden Sie die deutschen Ausdrücke für "to balance each other out, to complement each other" und "to be enthusiastic about".

2 Welche „Erklärung" (a–e) passt zu welchem der folgenden Ausdrücke (1–5) ? Finden Sie eine englische Entsprechung.

1 „Eulen nach Athen tragen" oder „Wasser in den Rhein bringen"

2 „die Daumen halten/drücken"

3 „sich die Nacht um die Ohren schlagen"

4 „seinen Senf dazugeben"

5 „eine Eselsbrücke bauen"

a jemandem Glück wünschen

b sich für ein schwer zu merkendes Problem (Wort, Zahl, Ausdruck etc.) eine Hilfskonstruktion ausdenken, um es im Gedächtnis zu behalten (z.B. mit Reimen, Melodien o.Ä.)

c etwas (nicht immer ohne Schwierigkeiten) an einen Ort bringen, wo es das schon im Überfluss gibt; die ganze Aktion war also sinnlos

d immer und überall (meist in unpassenden Momenten) seine Meinung äußern

e hat drei Bedeutungen: feiern, nachts studieren, nicht auf seine Gesundheit achten

Ins Netz gestolpert

Von Eric Breitinger

① Ohne die Fortbildung hätte sich Ute Strubel nicht auf so ein Abenteuer eingelassen: Mit der achten Klasse auf die Datenautobahn, da kann eine ganze Menge schief gehen – und die Lehrerin kommt ins Schwitzen. Heute also wagt sich die 44-jährige Biolehrerin mit ihrer Achten ins Netz der Netze.

② Der Suchbegriff lautet »Ökosysteme«. Im Computerraum sitzen die Jugendlichen allein oder zu zweit an dem guten Dutzend neuer iMac-Computer: Ein Schülerduo schaut fasziniert einem Hai ins Maul. Ein Mädchen wandert durch den virtuellen Bayerischen Wald. »Geile Seite«, lobt einer, während aus der anderen Ecke ein Notruf kommt: »Mein Computer reagiert nicht mehr«. Doch größere Katastrophen bleiben aus. Am Ende ist die Lehrerin zufrieden: »Toll, dass die Schüler die Bandbreite des Themas spüren konnten.«

③ Deutschlands Lehrer stolpern ins Netz. Nach wie vor sei ihre Ausbildung in Medienpädagogik an den Hochschulen und im Referendariat eine »Katastrophe«, sagt Stefan Aufenhanger, Pädagogikprofessor an der Universität Hamburg.

④ Der Grund für die Misere: Politiker und Sponsoren haben bislang vor allem in die Technik investiert, weniger in Menschen. In Baden-Württemberg und Hamburg hat demnächst selbst die kleinste Grundschule einen Zugang zum Cyberspace. In Nordrhein-Westfalen soll es 2004 so weit sein. Doch die Lehrer haben kaum Ahnung von Bookmarks und Browsern. Nur jeder fünfte hat einer Studie der Bertelsmann Stiftung zufolge schon einmal im Internet gesurft. Und nur jeder 14. begleitet seine Schüler regelmäßig ins Netz. »Die Lehrer sind die Schwachstelle«, resümiert Walter Thomann vom Institut für Schulforschung und Lehrerbildung der Universität Wuppertal. Im Rahmen der Lehrerfortbildung sollen alle 160 000 Lehrer des Landes Nordrhein-Westfalen bis 2004 einen »Internet-Führerschein« machen. In Baden-Württemberg wurden 3 500 Pädagogen als Multiplikatoren zu Netzwerkexperten fortgebildet – für jede Schule mindestens einer. Auch Firmen und Stiftungen haben sich im Kampf gegen das EDV-Analphabetentum Verdienste erworben: So rief der Verein »Schulen ans Netz«, ein gemeinsames Projekt von Bund und Telekom, die Aktion »Teach your teachers« ins Leben: An 200 Schulen haben Abiturienten ihren Lehrern Nachhilfestunden in Word, Excel und Corel Draw erteilt.

⑤ Problematisch bleibt jedoch, dass das eigentliche Potenzial der neuen Medien – ihre Einsatzmöglichkeiten im Projektunterricht, die Chance, mit ihrer Hilfe Kommunikationsfähigkeit, Kreativität und eigenständiges Lernen zu trainieren –, dass all dies ungenutzt bleibt.

Die Zeit

---

3   **Textverständnis**

Beantworten Sie die Fragen auf Deutsch in ganzen Sätzen. Die Zahl in eckigen Klammern verweist auf den Textabschnitt, in dem Sie die Informationen für Ihre Antwort finden.

1 Was macht Ute Strubel an diesem Tag mit ihrer Klasse? [1]

2 Wie finden die Schüler und die Lehrerin die Biologiestunde? [2]

3 Wie sind die Lehrer auf die neuen Medien vorbereitet? [3]

4 Was ist die Hauptursache des in Abschnitt 3 genannten Problems? [4]

5 Wie soll dieses Problem gelöst werden? [4]

6 Welche Rolle spielen dabei die Schüler? [4]

7 Was könnte bei richtiger Nutzung mit den neuen Medien erreicht werden? [5]

4   **Zusammenfassung**

Fassen Sie jetzt den Text auf Englisch in etwa 80 Wörtern zusammen. Die Zusammenfassung sollte folgende Punkte enthalten:

- problems of internet use in German schools
- reasons for problems
- solutions

 **h**ightech.de

1 Zukunftsmedien

Welche der heute existenten Medien (z.B. Radio, CD, Kassette, Buch, Fernsehen, Internet, Zeitung) werden wir wohl in 20 Jahren noch nutzen? Welche werden veraltet sein? Machen Sie Notizen und diskutieren Sie das Thema anschließend in der Gruppe.

Sie können für Ihre Formulierungen die Ausdrücke im „Denken Sie dran"-Kästchen benutzen.

2 Interviewfragen

Welche Frage (a–g) in Text passt zu welcher Antwort (1–7)?

Denken Sie dran!

EINE MEINUNG ÄUSSERN

Ich denke/glaube/vermute, dass …

Ich bin der Meinung, dass …

Mir scheint, dass …

Ich bin (mir) sicher, dass …   *wir keine Bücher mehr lesen werden.*

Ich könnte mir vorstellen, dass …

Ich würde vermuten, dass …

Es ist (un)wahrscheinlich, dass …

Was mich angeht, so …   *werde ich keine Bücher mehr lesen.*

Wahrscheinlich …   *werden wir keine Bücher mehr lesen.*

Ich frage mich, ob …   *wir noch Bücher lesen werden.*

Ich habe wirklich Zweifel, ob …

---

3 Interaktivität

Interaktivität ist eins der Zentralthemen von Text . Ergänzen Sie die Sätze mit dem entsprechenden Wort aus dem Kästchen (mit passender Endung). Achtung: Es gibt mehr Wörter als Sätze.

1 Obwohl sich schon heute jeder sein eigenes Fernsehprogramm _____ kann, wird es in 20 Jahren noch mehr Interaktionsmöglichkeiten geben.

2 Nicht nur die Möglichkeit, mit dem Autor über _____ zu kommunizieren, sondern auch die Einrichtung eines _____, unterstützt die Interaktivität von Webseiten.

3 Innerhalb von wenigen Tagen und ohne großen technischen Aufwand kann durch eine _____ die Meinung Tausender von Internetnutzern gehört werden.

4 Mit dem Einsatz von _____ wird die Kreativität und Eigenständigkeit der Schüler gefördert.

5 Sinkende Online-Kosten und schnellere technologische Lösungen lassen das Studium an einer _____ zur Alternative der Zukunft werden.

---

erhalten   sehen   zusammenstellen   virtuelle Hochschule   E-Mail
Online-Computerspiel   Lernsoftware   Abstimmung per Internet
Gästebuch   Newsgroup   Chat-Room

---

4 Aufsatz

Schreiben Sie einen Aufsatz von ca. 250 Wörtern zum Thema „Welche Rolle werden die Medien künftig im Alltag spielen?" Gehen Sie auf Vor- und Nachteile ein und benutzen Sie Beispiele und Zahlenmaterial von den letzten vier Seiten.

Die Medienlandschaft im Jahre 2020

Der Interviewer:

a Welches Medium wird denn dann im Mittelpunkt stehen?

b Wird es denn noch Tageszeitungen geben?

c Dann wird es wohl das Radio als Medium nicht mehr geben?

d Können Sie bitte etwas zu den TV-Programmen sagen?

e Wie sieht die Zukunft der Druckmedien aus?

f Frau Professor Schnabel, vielen Dank, dass Sie sich zu diesem Interview über die Medienlandschaft im Jahre 2020 bereit erklärt haben. Wird es in der Zukunft ein größeres Medienangebot geben?

g Verstehe ich Sie richtig, dass es im Jahre 2020 überall das interaktive Fernsehen geben wird?

Frau Prof. Schnabel:

1 Auf jeden Fall, bis zum Jahre 2020 wird das Medienangebot an Quantität zunehmen. Und die Menschen werden mehr Zeit mit den Medien verbringen. Medienangebote werden intensiver und länger genutzt und es werden vor allem interaktionsfähige Unterhaltungsangebote sein.

2 Auch dann wird der PC das zentrale Medium sein. Sein Bildschirm wird zum „Schaufenster zur Welt" und zu einem „elektronischen Regalplatz". In der interaktiven Ära wird der Personalcomputer zur Nr. 1, weil er dem Fernseher in allen interaktiven Qualitäten überlegen ist.

3 Die Existenz der Druckmedien ist auf absehbare Zeit nicht gefährdet, darin sind sich die Experten weitgehend einig. Allerdings wird sich das Angebot neu orientieren müssen. Die Entwicklung wird zu Gruppen mit speziellen Interessen hinführen, während die Nachfrage nach Printmedien mit breitem Themenangebot nachlassen wird, denn das Fernsehen wird künftig dieses Unterhaltungs- und Informationsbedürfnis abdecken.

4 Ja natürlich, deren Existenz ist auf lange Sicht hin ungefährdet. Was vor allem an den mobilen Einsatzmöglichkeiten dieses klassischen Mediums liegt. Auch an der hohen Aktualität der Tageszeitung und der Möglichkeit schneller Informationsverarbeitung. Zu den weiteren Pluspunkten der Tageszeitung zählen auch ihr geringer Preis. Nicht zuletzt sind Tageszeitungen für die Mehrheit auch eine lieb gewordene Gewohnheit. Man liest beim Frühstück, auf dem Weg zur Arbeit, abends zur Entspannung. Übrigens, die Nachrichtenmagazine und Tageszeitungen werden durch Online-Dienste ergänzt werden.

5 Für die Experten steht fest, dass auch das Angebot an Fernsehprogrammen im Jahre 2020 wesentlich umfangreicher sein wird als heute. Neben den konventionellen Programmen werden Interaktionsmöglichkeiten den Charakter des heutigen Fernsehens verändern. Eine wichtige Voraussetzung für diese Fernsehzukunft bildet jedoch die Weiterentwicklung der Bildschirmtechnik, um eine höhere Bildqualität zu erzielen.

6 Ja, die Interaktivität wird das Fernsehen revolutionieren. Unter den wahrscheinlich mehr als tausend Programmen des Jahres 2020 werden zahlreiche interaktive sein. Doch ich muss dazu sagen: Die interaktive Zukunft wird nur dann Wirklichkeit, wenn die „neuen" Medienangebote den „alten" funktional deutlich überlegen sind. Nur wenn wirklich jeder die interaktiven Techniken bedienen kann, wenn dieses Beherrschen der neuen Techniken zu einem Bedürfnis nach interaktiver Fernsehunterhaltung führt, besteht die Chance, das Fernsehen herkömmlicher Art zu verdrängen. Würde jedoch weiterhin das Bedürfnis nach passivem TV-Konsum überwiegen, wären auch die spannendsten interaktiven Angebote ohne Chance.

7 Doch, aber das Radio des Jahres 2020 wird sich zu einem „reinen" Unterhaltungsmedium gewandelt haben.

nonymität ade

Was gehört Ihrer Meinung nach zum Privatleben eines Menschen und was kann im Interesse der Öffentlichkeit publik gemacht werden? In welchen Situationen könnten die folgenden Angaben für die Öffentlichkeit wichtig werden?

die Geburtsdaten der Geschwister

Zugehörigkeit zu einer Partei oder Organisation

Angaben über das Sparkonto

Telefonate ins Ausland

die eigene Blutgruppe

Strafpunkte im Führerschein

A **Das Web weiß (fast) alles über Sie**

1 Hörverständnis

Hören Sie jetzt den ersten Teil des Berichts. Entscheiden Sie, ob die folgenden Aussagen laut dem Bericht richtig (R) oder falsch (F) sind oder ob dazu nichts gesagt wird (?).

1 Herbie ist süchtig nach Online-Spielen.

2 Er hat schon eine Spielburg im Garten.

3 Unbekannte Unternehmen bieten ihm eine Spielburg an.

4 Er ärgert sich über die E-Mails.

5 Herbie weiß nicht, woher man seine Adresse kennt.

6 Manchmal will man wissen, was er verdient.

7 Herbie hat keine Kinder.

2 Textverständnis

Ergänzen Sie die Sätze mit Informationen aus dem zweiten Teil des Berichts.

1 Mit Hilfe _____ _____ _____ kann Herbie alles nach seinen Vorlieben filtern.

2 Informationen über ihn werden _____ .

3 Möglicherweise _____ jemand die Daten in Informationen um.

4 Ist ein Leben in Cyber-Anonymität _____ ?

5 Neue Internet-Technologien und -Strategien _____ seine Privatsphäre.

6 Aber vielleicht hat er auch viel _____ _____ als jemals zuvor?

3 Metaphern

Eine Metapher ist ein bildhafter Ausdruck – ein Wort, das eine übertragene Bedeutung hat. Was könnte z.B. die Metapher „der nackte Untertan" im Zusammenhang mit dem Thema Datenschutz zum Ausdruck bringen? Eine andere Metapher mit der gleichen Bedeutung ist „der gläserne Bürger". Notieren Sie Ihre Überlegungen in vier bis fünf Sätzen. Die Wörter im Kästchen helfen Ihnen.

| bedeuten | überwachen | transparent |
| kriminell | Konsument | Gesellschaft |

4 Textverständnis

Lesen Sie jetzt Text **B** und beantworten Sie die Fragen auf Deutsch.

1 Worin bestand Orwells Irrtum?

2 Seit wann kann man im Internet militärische Überwachungstechnik bestellen?

3 In welchen Bereichen wird diese Überwachungstechnik heute eingesetzt? (Nennen Sie mindestens drei.)

4 Wovor wurde in den vergangenen Jahrzehnten immer wieder gewarnt?

5 Was ist der Unterschied zwischen „1984" und der Realität von heute?

6 Was ist mit „große Augen" und „große Ohren" gemeint?

Der nackte Untertan

Von Uwe Buse und Cordt Schnibben

Satelliten schauen in Vorgärten, Mikrokameras beäugen Kassiererinnen, Computer belauschen Telefonate, Marktforscher durchleuchten Wohnhäuser, Voyeure schnüffeln im Internet – Little Brother is watching you. Wie harmlos ist die digitale Gesellschaft?

In seinem Zukunftsroman „1984" hat George Orwell eine Gesellschaft vorhergesehen, in der „Big Brother" die Untertanen Tag und Nacht nicht aus den Augen lässt. Der Mann hat sich geirrt: Nicht ein großer Bruder wacht über die Menschheit, sondern viele kleine Brüder wachen; nicht zu Überwachungsstaaten entwickeln sich die modernen Gesellschaften, sondern zu Überwachungsgesellschaften: Der Ladenbesitzer filmt seine Kassiererinnen, der Fabrikbesitzer überwacht die Umkleidekabinen seiner Arbeiter, Adressenhändler filmen jedes Haus in Großstädten.

Was von Militärforschern in die Welt gesetzt wurde, um potenzielle Kriegsgegner auszuschalten, ist nach dem Ende des Kalten Krieges im Elektroladen und per Internet zu bestellen. Mikrokameras in Teddybären beäugen jetzt lieblose Babysitter; mit Laserabhörsystemen lassen vermögende und misstrauische Ehemänner ihre Frauen bespitzeln; um Kreditkartendiebe zu fangen, nutzen Banken die gleiche Computertechnik, die in Waffensystemen eingesetzt wird.

Orwells Schreckensvision musste in den vergangenen Jahrzehnten immer herhalten, wenn es darum ging, vor Volkszählungen und Überwachungskameras an Straßenkreuzungen, vor Kreditkarten und Scannerkassen in Supermärkten zu warnen. In der erfundenen Welt von „1984" gab es keine Intimsphäre mehr, und es interessierte „nicht Reichtum oder Luxus oder langes Leben oder Glück: nur Macht, reine Macht". Irrtum: In der Welt von heute geht es um Reichtum und Luxus und langes Leben und Glück; der Mensch wird von Kameras bewacht, damit er länger leben soll; die Konsumforscher spionieren ihn aus, damit er den Luxus bekommt, den er will; und nicht Machtstreben, sondern Gewinnstreben macht aus der Privatsphäre ein Objekt der Begierde für große Augen und große Ohren.

Der Spiegel

---

5   Überwachung

1   Im ersten Abschnitt des Textes wird der Begriff „Überwachung" beschrieben. Stellen Sie aus dem Text eine Liste von deutschen Verben zusammen, die die Bedeutung von „watching" haben können.

2   Welches deutsche Verb passt zu den folgenden Beschreibungen?

   a   Das passiert normalerweise mit dem Gepäck am Flughafen.

   b   Das macht ein Hund, wenn er jemandem folgt.

   c   Das geschieht, wenn man mit den Augen sehr intensiv hinsieht.

   d   Dazu braucht man ein Mikrofon und eine Wanze.

   e   Das bezeichnet die Beobachtung, wenn jemand irgendwo zusieht oder sich etwas genau ansieht.

6   Aufsatz

Schreiben Sie einen Aufsatz von etwa 300 Wörtern zum Thema „Der gläserne Bürger. Erwartet uns die totale Überwachungsgesellschaft?"

Sciencefiction: Kurzgeschichte

1 **Lesart** ◆A

Lesen Sie sich Text ◆A zuerst ohne Wörterbuch durch. Sehen Sie sich dann die Arbeitsanweisungen für die Übungen 2–4 an, damit Sie wissen, worauf Sie beim zweiten Lesen achten sollen.

Lesen Sie nun die Geschichte noch einmal, diesmal mit Wörterbuch. Schlagen Sie jedoch nur die Schlüsselwörter nach, die unbedingt zum Verständnis der Geschichte notwendig sind.

Das Planspiel
von Andreas Gruber

Karl warf die Autotür ins Schloss und blickte sich auf der weiten Straße um, als müsste er von hier aus zu Fuß weiterlaufen. Er blinzelte kurz in die Morgensonne und ging auf den Imbissstand zu. Von weitem bemerkte Karl den an der Theke stehenden Penner, der ihm den Rücken zukehrte. Die Sonne war kaum über den Horizont gestiegen, und der Mann lehnte bereits wie ein Betrunkener an der Theke.

Karl vermied jeden Blickkontakt und stellte sich an das andere Ende der Theke. Dann betrachtete er die schmalen Augen des dicken Mannes, der hinter dem Tresen den Mikrowellenherd bediente. Der Besitzer der Imbissbude wäre schon alleine wegen seiner Körperfülle bei jedem Wrestlingwettbewerb der Publikumsliebling gewesen.

„Guten Morgen, könnten Sie mir vielleicht sagen, wie ich …?", fragte Karl.

„Immer die Straße entlang, bis zur Ampel, und dann rechts rein", murmelte der Penner ohne aufzublicken.

„Aha", bemerkte Karl sarkastisch und wandte sich wieder dem Mann hinter dem Tresen zu. „Ich suche das …"

„Anschließend gleich die erste Gasse links rein und dann so lange den Bahndamm entlang, bis Sie direkt vor dem Konferenzzentrum zum Stehen kommen", murmelte der Penner. „Sie sollten sich aber beeilen. Ihr Vortrag wurde um zwei Stunden vorverlegt."

Der Mikrowellenherd klingelte, und der Wrestler warf ein knisterndes Butterkipferl auf einen Teller, den er dem Penner vor die Nase schob. Karl stützte sich mit dem Ellenbogen am Tresen ab, betrachtete das Butterkipferl und blickte dann an dem Penner hoch. Er hatte bereits angesetzt, um irgendetwas in der Art zu sagen, wie „Woher wissen Sie wohin ich möchte?" oder „Woher wissen Sie von meinem Vortrag?", doch ihm blieb die Luft im Hals stecken, als er den Landstreicher das Kipferl in eine Tasse Tee tauchen und davon abbeißen sah. Dann beugte sich der Mann wieder über den Tresen, so dass ihm das ergraute, strähnige Haar in die Augen fiel und tippte anschließend auf der Tastatur des Laptops, der summend vor ihm stand.

„Die Benzinleitung Ihres Wagens leckt übrigens, und außerdem sollten Sie keine Spiegeleier mehr zum Frühstück essen", sagte der Penner. „Sie haben überhöhte Cholesterinwerte, wissen Sie? Was soll's, Sie haben sowieso nur noch einen Tag Zeit", fügte er hinzu.

Der Penner hatte nicht einmal für einen Moment den Blick gehoben, sondern ständig in den Bildschirm des Laptops gestarrt. Seine Finger klapperten über die Tastatur. Dann brummte er: „Oh, verflucht" und kratzte sich am Hinterkopf.

Karl starrte ihn wortlos an. Dann blickte er zu dem Besitzer der Imbissbude, hob die Augenbrauen und deutete mit dem Zeigefinger an das andere Ende des Tresens. Der Dicke zuckte nur mit den Schultern und schüttelte den Kopf. Dann sagte er mit einer gurgelnden Stimme, die Karl an den Sportkommentator einer Wrestlingmeisterschaft erinnerte: „Was kann ich für Sie tun?"

„Eigentlich wollte ich mich nur nach dem Weg erkundigen, aber könnten Sie mir eine Tasse starken Kaffee machen?"

„Sicher!"

Dann rückte Karl näher an den Penner heran.

„Woher wissen Sie von der Konferenz?", flüsterte er. „Das sind streng geheime Informationen!"

„Streng geheim?", murmelte der Penner, blickte zum ersten Mal auf und fixierte Karls Augen. Die Sonne war in der Zwischenzeit vollends über den Horizont geklettert und spiegelte sich in dem silbergrauen Haar des Mannes. Seine klaren Augen übten auf Karl die überlegene Weisheit eines Schulmeisters aus, dessen Blick er nur wenige Sekunden standhalten konnte. Dann hörte er den Verschluss des Laptops klicken. Als er wieder aufsah, trommelte der Penner mit seinen gelben Fingernägeln auf der Plastikhülle des Geräts und lächelte Karl herausfordernd an. Karl blickte blinzelnd die leere Straße rauf und runter.

„Sie sind keineswegs bei ‚Versteckter Kamera'", murmelte der Alte und grinste. Karls Herzschlag beschleunigte sich.

„Es steht alles hier drinnen", murmelte der Alte und trommelte noch immer auf dem Gehäuse des Computers. Der Imbissbesitzer stellte eine Schale dampfenden Kaffee zwischen Karl und den Penner.

„Da drin?", murmelte Karl, während er gedankenverloren mit dem Löffel in der Tasse rührte.

„18 000 Gigabyte, 64 Cycrome Chips mit jeweils fünf Gigabyte Arbeitsspeicher und …"

„Sie meinen 1,8 Gigabyte!?", unterbrach Karl.

Der Penner schmunzelte. „18 000, mein Freund! Und außerdem hat mein kleiner Kamerad hier eine Taktfrequenz, die jede Großrechneranlage Ihrer IBM wie ein Spielzeugmodell aussehen lässt."

Ihrer IBM, dachte Karl. Er nippte an dem Gebräu und betrachtete die Plastikhülle des Computers. Mit Ausnahme einiger merkwürdiger Symbole, bei denen selbst ein Japaner verwundert den Kopf geschüttelt hätte, konnte Karl keinen Herstellernamen auf dem Laptop erkennen.

„Um noch einmal auf die Konferenz zurückzukommen …"

„Ja, genau. Um noch einmal auf die Konferenz zurückzukommen", wiederholte der Alte. „Es gibt keine Geheimnisse auf dieser Welt. Zumindest nicht für uns!"

„Aha", murmelte Karl.

„Uns ist natürlich bekannt, dass sich Ihre Konferenz mit der Frage auseinander setzt, weshalb sich die horizontale magnetische Feldstärke am geomagnetischen Äquator in den letzten drei Monaten um 3×10^{-8} Tesla verschoben hat und sich die Deklination der elektrischen Ströme der Feldlinien … aber warum erzähle ich Ihnen das überhaupt? Das haben Sie ja bereits selbst alles herausgefunden. Übrigens können Sie dieses einmalige Phänomen in jeder der großen Prophezeiungen der Weltgeschichte nachlesen."

Sciencefiction: Kurzgeschichte

„Natürlich!", wiederholte Karl. Er blickte sich um und schnappte nach Luft. Der Penner machte auf Karl alles andere als den Eindruck eines Astrophysikers. Außerdem kannte Karl alle Mitglieder des Teams, und dieser Mann war nicht dabei … konnte gar nicht dabei sein. Die Sicherheitsvorkehrungen waren zu perfekt.

„Glauben Sie eigentlich an den Zufall, Doktor Benesch?"

„Woher kennen Sie meinen Namen?", krächzte Karl. Der Penner schmunzelte wieder, als wollte er sich über Karl lustig machen. Dann öffnete er wieder den Bildschirm seines Laptops und klickte, piepte und zippte sich in Windeseile durch mehrere Datenbanken. Sekunden später schob er den Laptop auf dem Holztresen herum. Karl starrte auf die perfekte Qualität des dreidimensionalen Bildschirms. Als er die ersten Zeilen las, beschleunigte sein Puls auf Zweihundertachtzig.

„Das sind ja meine persönlichen Lebensdaten."

„Ihre und die von sechs Milliarden anderen aktiven Menschen."

„Aktiven?"

„Natürlich aktiven! Die Daten der Verstorbenen sind natürlich in einem Archiv abgelegt. Die beeinflussen schließlich den Lauf der Geschichte nicht mehr."

„Den Lauf der Geschichte?"

„Sie wiederholen sich schon wieder", seufzte der Alte. „Aber trotz aller Mängel muss ich gestehen, dass mir die Menschen während meiner Zeit hier richtig ans Herz gewachsen sind. Auch Sie sind mir übrigens auf Anhieb sympathisch gewesen, Herr Doktor. Ich glaube, mich sogar daran erinnern zu können, dass ich an Ihrer Gehirnmatrix mitgearbeitet habe."

„Gehirnmatrix", stammelte Karl.

„Ja, ja, Gehirnmatrix", rief der Penner mit vollem Mund. „Die Menschheit", sagte er kauend und rutschte näher zu Karl, „ist vor fünfzehn Millionen Jahren als genetisches Experiment von uns entworfen worden. Daraus entwickelte sich vor vier Millionen Jahren der Australopithecus. Erstaunlich, nicht?"

„Aber", krächzte Karl.

Der Alte winkte erneut mit der Hand und brachte Karl zum Schweigen. „Wir beobachteten unser Experiment und lenkten es in die von uns gewünschten Bahnen – sie kennen doch sicherlich die Versuche mit Laborratten, oder?"

Karl schüttelte den Kopf, doch der Alte schenkte dem keinerlei Bedeutung.

„Wir überließen nichts dem Zufall. Alles wurde von unserer Simulationsanlage exakt vorherbestimmt – übrigens auch Ihre überhöhten Cholesterinwerte. Die DNS des Menschen ist, wenn Sie so wollen, unser Programm, das in unserem Laborversuch abläuft."

„Aber …", unterbrach Karl, doch der Alte legte den Zeigefinger an seine Lippen. „Gestern sind unsere Datenbanken voll geworden. Jetzt beginnen die Auswertungen. Aber keine Sorge, wir haben noch fünf weitere Experimente in anderen Teilen der Galaxie laufen."

„Sie sind verrückt!", krächzte Karl und überlegte, ob er einen Krankenwagen für den Landstreicher rufen sollte.

„Wir haben unser Experiment beendet, aber morgen früh hätten wir dieses Labor ohnehin geschlossen." Mit einer weiten Armbewegung umfasste er die umliegende Gegend.

„Schade um diesen schönen Planeten."

Dann klappte er seinen Laptop zu, leerte die Teetasse, legte eine Tausendschillingnote auf den Tresen, murmelte etwas in der Art wie: „Mein letztes Geld", zwinkerte Karl zu und ging davon.

Karl stand noch lange an der Imbissbude, dachte an den Irren und rührte wortlos mit dem Löffel in seiner Tasse, bis die Sonne hoch am Himmel stand.

Karl kam zu seinem Vortrag natürlich zu spät. Darüber hinaus hatte irgendein Veranstalter seinen Termin sowieso um zwei Stunden vorverlegt. Übrigens leckte die Benzinleitung an seinem Wagen tatsächlich, und als er am nächsten Morgen beim Frühstück auf der Terrasse seines Hotels saß und von seinem Spiegelei aufblickte, sah er tausende flache Scheiben, die mit atemberaubender Geschwindigkeit über den Horizont zogen, den Himmel verdunkelten und ihr Planspiel beendeten.

© *Andreas Gruber, August 1998*

2	**Die Geschichte**	

Beantworten Sie die folgenden Fragen auf Deutsch und begründen Sie Ihre Antwort, wenn möglich mit Textstellen.

1 Wer ist der Autor der Geschichte und wann wurde die Erzählung veröffentlicht?

2 Beschreiben Sie den Ort, an dem die Geschichte spielt.

3 Wann passiert die Handlung?

   a Beginn

   b das Gespräch zwischen Karl und dem Penner

   c Karl bleibt allein

   d Ende

4 Wann und woran haben Sie gemerkt, dass es sich um eine Sciencefiction-Erzählung handelt?

3 Reihenfolge der Handlung

Bringen Sie die Handlungsereignisse in die richtige Reihenfolge.

1 Der Penner weiß, dass die Benzinleitung von Karls Auto kaputt ist.

2 Karl erfährt, dass im Computer des Penners alle Informationen über die Menschen und die Erde gespeichert sind.

3 Das Planspiel wird beendet.

4 Der Penner erklärt Karl den Weg zur Konferenz, ohne dass dieser danach fragen konnte.

5 Der Penner kennt alle Einzelheiten von Karls Konferenz.

6 Karl sucht nach dem Weg zu seiner geheimen Konferenz.

7 Der Imbissbudenbesitzer macht Karl einen Kaffee.

8 Der Penner erklärt den Inhalt des Planspiels.

4 Personencharakteristik

Beschreiben Sie die handelnden Personen mit den Wörtern und Wortgruppen aus dem Kästchen.

1 Karl

2 der Penner

3 der Imbissbudenbesitzer

> klare Augen   dick   aufgeregt   wie ein Betrunkener
> verwundert   strähniges Haar   sympathisch
> gelbe Fingernägel   verständnislos   verwirrt
> grauhaarig   gurgelnde Stimme   erschrocken

5 Ausdrücke

Erklären Sie die folgenden Wendungen aus dem Text auf Englisch.

1 Ihm blieb die Luft im Hals stecken.

2 Seine klaren Augen übten die überlegene Weisheit eines Schulmeisters aus.

3 Sein Puls beschleunigte auf Zweihundertachtzig.

4 Sie sind mir ans Herz gewachsen.

6 Wandlungen

1 Finden Sie Textstellen, die die Veränderung in Karls Verhältnis zu dem Penner zeigen.

a Am Anfang wollte Karl mit dem Penner nichts zu tun haben.

b Karl reagierte arrogant, als der Penner auf seine Frage antwortete.

c Er war über das Wissen des Penners zutiefst erstaunt, ihm fehlten die Worte.

d Karl war verunsichert, als er hörte, dass der Penner die streng geheimen Informationen kannte und dachte, man beobachte ihn mit der „Versteckten Kamera".

e Er konnte nicht glauben, wie leistungsstark der Computer war.

f Karl musste akzeptieren, dass der Penner alles über ihn wusste, und war ratlos.

g Er hat eine letzte Hoffnung: dass der Penner vielleicht verrückt ist.

2 Finden Sie Textstellen, die das Auftreten des Penners zeigen.

a Am Anfang antwortet der Penner ganz nebenbei auf Karls Frage.

b Er zeigt sein Desinteresse am nahenden Ende von Karls Leben.

c Im Blick des Penners zeigt sich seine Überlegenheit.

d Er kann über Karls Verständnislosigkeit nur lächeln.

e Das Gespräch wird jetzt von dem Penner bestimmt, er lässt sich von Karl nicht unterbrechen.

f Am Ende macht er sich offensichtlich über Karl lustig.

7 Interpretation

Schreiben Sie eine Werkbesprechung zu „Das Planspiel" (200–250 Wörter). Darin sollte Folgendes enthalten sein:

• Worum geht es, was ist die Handlung und welche Hauptpersonen gibt es?

• Was wollte der Autor Ihrer Meinung nach mit der Geschichte zum Ausdruck bringen? Ist ihm das gelungen?

• Hat Ihnen die Kurzgeschichte gefallen? Wenn ja, warum? Wenn nein, warum nicht?

Allein im All?

Lesen Sie den Titel von Text **A**: Wie beantworten Sie diese Frage? Stimmen Sie in der Gruppe ab.

A

Gibt es Leben außerhalb unseres Sonnensystems?

von Hans-Erich Gillmann

Der Weltraum, unendliche Weiten. Das Raumschiff „Enterprise" jagt mit Lichtgeschwindigkeit von einer Galaxie zur anderen. Überall trifft die Besatzung auf fremdartige Lebewesen, teils friedliche und teilweise arg grimmige Figuren. So jedenfalls wird der Zuschauer auf die Zukunft im Weltall eingestimmt. Es war eine gut gemachte Fernsehserie, die viele Anhänger fand und in ihren Bann gezogen hat. Aber kann dies eines Tages auch in der Realität geschehen?

Mit Lichtgeschwindigkeit reisen sicher nicht, fremde Lebensformen treffen, auch weniger, aber deren Signale empfangen, eher schon. Oder gibt es keinen außer uns in den unendlichen Weiten?

Die Frage nach außerirdischem Leben ist so alt wie die Menschheit selbst. Es ist aber eine durchaus berechtigte Frage, wenn man sich der Tiefe oder Weite des Weltraums bewusst wird. Mit den heutigen Teleskopen schaut man in eine Entfernung von ca. 14 Milliarden Lichtjahren oder 14 Milliarden Jahre in die Vergangenheit zurück bis fast an den Anfang des Universums – den Urknall, mit dem alles begann. Warum sollte sich gerade nur in unserem Sonnensystem Leben mit seiner ganzen Vielfalt entwickelt haben und da draußen nicht? Abermillionen von Galaxien haben wir z.B. durch das Weltraumteleskop „Hubble" schon zu Gesicht bekommen. Warum sollten da draußen nicht irgendwo ebenfalls die gleichen Bedingungen herrschen wie in unserer Heimatgalaxie?

| Netsite | http://www.astronomie.de |

1 **Meinungen des Autors** **A**

Welche der folgenden Aussagen entsprechen den Meinungen, die der Autor in seinem Text vertritt?

1 Ich glaube, dass wir wie das Raumschiff „Enterprise" mit Lichtgeschwindigkeit werden reisen können.

2 Ich finde es wahrscheinlich, dass unsere Raumschiffe im Weltall außerirdischen Lebewesen begegnen werden.

3 Ich glaube nicht, dass wir Signale von Außerirdischen werden empfangen können.

4 Die Frage nach der Existenz außerirdischen Lebens ist berechtigt, weil das Weltall so weit ist.

5 Ich sehe keinen Grund für die Annahme, dass es nur in unserem Sonnensystem Lebewesen gibt.

6 Ich bin überzeugt, dass es in Abermillionen von Galaxien Leben gibt.

2 Übersetzung

Übersetzen Sie den letzten Absatz des Textes ins Englische.

B **Gibt es Leben da draußen?**

3 Wer sagt was?

Sie hören folgende drei Personen, die für eine Radiosendung interviewt werden: Dr. Wilfried Schönemann, Biologe; Prof. Dr. Astrid Bauer-Meinert, Institut für Parawissenschaften; Elias Johannsen, Hobby-Astronom

Wer vertritt welche Meinung? Achtung: Manchmal vertritt mehr als eine Person dieselbe Meinung.

1 Wer ist skeptisch über die Existenz außerirdischen Lebens?

2 Wer ist zuversichtlich, dass der Interstellarflug möglich ist?

3 Wer bezweifelt, dass wir mit Außerirdischen in Kontakt treten können?

4 Wer ist davon überzeugt, dass außerirdisches Leben existiert?

5 Wer spricht von der Möglichkeit, dass anderswo in unserem Sonnensystem Leben existiert?

4 Notizen

Hören Sie noch einmal zu und machen Sie ausführliche Notizen über die Meinungen der drei Personen.

5 Zeitungsbericht

Schreiben Sie einen Zeitungsbericht über die Interviews (ca. 150 Wörter). Sie dürfen dabei Wörter und Ausdrücke aus dem Hörtext verwenden.

Beispiel

Dr. Schönemann, Biologe, war skeptisch: Vielleicht seien wir allein im All. …

6 Rollenspiel: Talkshow

Sie nehmen an einer Talkshow teil. Das Thema: „Außerirdische Intelligenz – Fantasie oder Wirklichkeit?" Sie sind eine der folgenden Personen:

• Ufologe/Ufologin

• Astronom(in)

• Moderator(in)

• Zuschauer(in) im Studio

Grammatik: Die Meinung einer anderen Person wiedergeben

Es gibt mehrere Möglichkeiten, die Meinung einer anderen Personen wiederzugeben:

1 Direkte Rede

Sie zitieren die Worte der Person genau:

Professor Schwarz sagte: „Wir sind allein im All."

2 Indirekte Rede

Sie benutzen ein Verb wie **sagen**, **behaupten** oder **meinen**. Sie können die Aussage der Person durch die Konjunktion **dass** einführen:

Professor Schwarz behauptete, dass wir allein im All seien.

– oder Sie können nach dem Komma einfach einen neuen Hauptsatz beginnen:

Professor Schwarz behauptete, wir seien allein im All.

Wenn die indirekte Rede sich über mehrere Sätze erstreckt, können Sie nach dem ersten Satz einfach den Konjunktiv verwenden, ohne **er/sie sagte …** oder Ähnliches zu wiederholen:

Professor Schwarz behauptete, wir seien allein im All. Es gebe kein außerirdisches Leben …

Anstatt immer eine Verbalkonstruktion **wie er/sie sagte, …** zu verwenden, können Sie die indirekte Rede auch durch **laut** + Dat. oder **nach Aussage(n) von** einführen:

Laut Professor Schwarz seien wir allein im All.

3 Vermeidung der indirekten Rede

Manchmal lässt sich die indirekte Rede durch folgende Konstruktionen vermeiden:

> **glauben an** + Akk.
> **zweifeln an** + Dat.
> **leugnen/bestreiten**
> **betonen/bekräftigen**

Professor Schwarz leugnete die Existenz außerirdischen Lebens.

Das ist nur möglich, wenn man das Thema des Gesprächs in einer Nominalphrase (hier: „Existenz außerirdischen Lebens") zusammenfassen kann.

■ Grammatik zum Nachschlagen, S. 178

Kultur SPOT

MODERNE KUNST IN BREMEN

Das Neue Museum Weserburg Bremen

Doppelstück: *Granit bleu de la Normandie, gespalten, geschnitten*, 1984. Entree des Museums. Ulrich Rückriem, 1938 in Düsseldorf geboren.

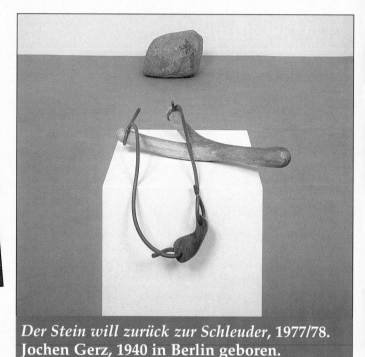

Der Stein will zurück zur Schleuder, 1977/78. Jochen Gerz, 1940 in Berlin geboren.

Schicksal, 1979–90. Konrad Klapheck, 1935 in Düsseldorf geboren.
Mit Konrad Klapheck ist die Position des Surrealismus im Museum vertreten. Seine exakten Geräte und Maschinen, oft aus extremer Untersicht dargestellt, verkörpern menschliche Eigenschaften oder stehen für Weibliches (die Nähmaschinen) oder Männliches (Schreibmaschinen).

Deutschland nach der Wahl, 1990. A.R. Penck (Ralf Winkler) 1939 in Dresden geboren.
A.R. Pencks komplexe Bilderwelt mit ihren Zeichen und archaischen Symbolen sind Analyse und Erzählung.

Sol LeWitt

THREE TRIANGLES –
Outdoor Piece for Bremen 1994

Sol LeWitt, einer der bedeutendsten Künstler unserer Zeit, hat anlässlich seiner Retrospektive im **Neuen Museum Weserburg Bremen** 1994 dem Museum und damit der Stadt Bremen eine Skulptur geschenkt, die jetzt endlich auf der Teerhofspitze an der Bürgermeister-Smidt-Brücke errichtet worden ist.

Dieses bedeutende öffentliche Kunstwerk THREE TRIANGLES des amerikanischen Künstlers wurde in unverantwortlicher Weise von Redakteuren des Weser-Kuriers angegriffen, deren Kritik an die schwärzesten Jahre deutscher Geschichte in den Zeiten des Nationalsozialismus erinnern. Die Redakteure Wigbert Gerling und Volker Junck haben die Öffentlichkeit in ihren Artikeln zum Abriss der Skulptur, also zur Selbstjustiz aufgefordert. Der Weser-Kurier hat bislang nur Gegner der Skulptur zu Wort kommen lassen.

Nicht zuletzt angesichts der augenblicklichen Diskussion um die Intoleranz auf breiten Gebieten der Gesellschaft verbietet sich eine solche Haltung einer Zeitung in unserem demokratischen Land.

Bremen im September 2000

Mauer muss weg
von Volker Junck

»Die Mauer muss weg«, skandierte einst das ostdeutsche Volk. Was bekanntlich zum Fall des hässlichsten Bauwerks Mitteleuropas führte. Nun schallt der Baubehörde und dem Ortsamt Neustadt »die Mauer muss weg« aus Bremer Kehlen entgegen. Wir wollen hier keine historischen Vergleiche anstellen, doch in Sachen sinnloser Hässlichkeit kann es das vom Neuen Museum Weserburg Bremen als Kunstwerk deklarierte Ding auf der Bürgermeister-Smidt-Brücke sicher mit Ulbrichts Mauer aufnehmen. Nun kam heraus: Während das Berliner Monstrum wenigstens noch mit Genehmigung der Russen errichtet wurde, scheint es sich bei der Bremer Mauer auf der Brücke um einen Schwarzbau zu handeln. Insofern besteht Aussicht auf einen behördlich verfügten Abriss, ehe die Bremer selbst zum Brecheisen greifen und die zackige Sichtblende in die Weser befördern.

Weser-Kurier, 28. August 2000

*R*aumfahrt für alle?

Machen Sie das Space-Quiz.

Space-Quiz

		Punkte
1	**Nennen Sie zwei Astronauten oder Astronautinnen.**	**(2)**
2	**Nennen Sie zwei Raumfahrzeuge.**	**(2)**
3	**Nennen Sie zwei Organisationen, die an der Raumfahrt beteiligt sind.**	**(2)**
4	**Nennen Sie zwei Länder, die bei der Raumfahrt eine führende Rolle spielen.**	**(2)**
5	**In welchem Jahr ist der erste Mensch auf dem Mond gelandet? Welche Nationalität hatte er?**	**(2)**

---

1   Lückentext

Können Sie den Text „spacetourism.de: 1" mit den Nomen im Kästchen ergänzen?

Entwicklung	Erkundung	Kinderschuhen
Realisierung	Schwelle	Weltraumfahrt	Zukunft

2   Textverständnis

Beantworten Sie folgende Fragen zu den Texten „spacetourism.de: 2" und „spacetourism.de: 3". Sie können in Ihrer Antwort Formulierungen aus dem Text verwenden.

1   Wer will die erste private Weltraumfähre bauen?

2   Was wird die Hauptaufgabe der „Space Trucks" sein?

3   Wofür könnte man die „Space Trucks" außerdem verwenden?

4   Wann wird der X-Prize-Wettbewerb vermutlich abgeschlossen sein?

5   Wodurch unterscheidet sich der „Venture Star" vom heutigen Space Shuttle? (2 Merkmale)

3   Reaktionen

1   Lesen Sie alle drei Texte noch einmal. Machen Sie Notizen:

- Wie reagieren Sie auf diese Texte? Finden Sie die Idee der Weltraumtouristik genial oder gefährlich? Warum?

- Sind die Behauptungen in den Texten zuverlässig oder ist das alles Spekulation?

2   Besprechen Sie Ihre Reaktionen mit einem Partner / einer Partnerin.

B))) Pressekonferenz: SpaceCorp AG

4   Notizen

Sie sind Journalist(in) auf einer Pressekonferenz. Der Pressesprecher der deutschen „SpaceCorp AG" beschreibt, wie die kommerzielle Passagier-Raumfahrt sich entwickeln wird. Ergänzen Sie Ihre Notizen:

sub-orbital =
max. Höhe von sub-orbitalen Weltraumfähren =
max. Geschwindigkeit =
Flugdauer =

orbital =
typische Höhe =
typische Geschwindigkeit =
Entwicklungszeit =
Kosten für touristischen Flug =

spacetourism.de: 1

An der _____ zu einem neuen Jahrtausend stehen wir auch am Anfang der _____ eines großen Menschheitstraumes – der _____ des Weltraumes für Jedermann!

Heute steckt die kommerzielle _____ noch in den _____ , aber die _____ verläuft rasant.

Schauen Sie sich bei uns ein wenig um. Sie werden staunen, was für die nicht allzu ferne _____ geplant ist!

spacetourism.de: 2

Sub-Orbital Spaceflights
Der X-Prize-Wettbewerb

In diesen Tagen stehen weltweit verschiedene Pionier-Unternehmen im Wettbewerb, die erste private, wieder verwendbare Weltraumfähre zu konstruieren und zu bauen. Es werden vor allem „Space Trucks" konzipiert, die eine neue Generation von Kommunikations-Satelliten ins All hinaufbringen werden. Auf ihren sub-orbitalen Flugrouten werden diese von Piloten geflogenen Raumtransporter in der Lage sein, auch Passagiere in den Weltraum zu befördern.

Der „X Prize" ist für den ersten touristischen Weltraumflug ausgelobt worden: Die X Prize Foundation vergibt 10 Millionen US-Dollar an das Unternehmen, dem es als erstes gelingt,

1. eine Höhe von 100 km zu erreichen
2. drei Passagiere zu befördern
3. den Flug innerhalb zwei Wochen zu wiederholen.

Es wird erwartet, dass dieser Flug im Verlauf des Jahres 2003 realisiert werden wird. Wir werden Ihnen die Möglichkeit bieten, zu den Ersten zu gehören, die an Bord der zuverlässigsten und sichersten der entwickelten Raumtransporter in den Weltraum reisen können. Reservieren Sie sich schon jetzt Ihren persönlichen Platz auf dem Weg ins All.

spacetourism.de: 3

Ein orbitalfähiger Weltraumtransporter – „der Venture Star"

Der X-33, auch unter dem Namen „Venture Star" gehandelt, könnte in einigen Jahren der Nachfolger des Space Shuttles werden. Mit der Entwicklung dieser privat finanzierten, im Gegensatz zum Space Shuttle völlig wieder verwendbaren Raumfähre würden die bisherigen Startkosten eines Space Shuttles von ca. $10 000 pro Kilo Nutzlast auf weniger als $1 000 gesenkt werden. Neben dem geplanten hauptsächlich kommerziellen Einsatz für das Hinaufbringen von Kommunikationssatelliten und für Versorgungsflüge zur Internationalen Raumstation (ISS) wäre damit auch die Nutzung für preislich erschwingliche touristische Orbitalflüge möglich.

5 Prospekt

Entwerfen Sie einen kurzen Prospekt für die „SpaceCorp AG". Benutzen Sie Ihre Notizen aus Übung 4 sowie die Texte A. Erfinden Sie wo nötig weitere Details. Beschreiben Sie:

- das Angebot von „SpaceCorp AG" (Sub-Orbitalflug; Orbitalflug; Mondflug?)
- die Vorteile der Weltraumtouristik
- technische Daten
- Preise
- Zeitraum bis zum ersten Flug in jeder Kategorie

6 Reportage aus dem All

Sie nehmen am ersten kommerziellen Orbitalflug teil. Beschreiben Sie dieses Erlebnis. Sie können zum Beispiel erwähnen:

- Wie war die Vorbereitung? (Astronauten-Training?)
- Wie fühlen Sie sich? (Angst? Freude?)
- Was sehen Sie?
- Funktioniert alles problemlos?
- Wie ist die Schwerelosigkeit? Wird Ihnen schlecht?
- Nachdem Sie gelandet sind: Sind Sie erleichtert? Würden Sie es noch mal machen?

Sie können Ihre Reportage entweder als Radiosendung aufnehmen oder als Zeitungsartikel schreiben (ca. 250 Wörter).

Raumfahrt für alle?

1 **Raten Sie mal!** Ⓐ

Bevor Sie Text Ⓐ lesen: Was ist wohl die richtige Antwort: a, b oder c?

1 Über **(a) 6 000 (b) 60 000 (c) 600 000** Deutsche arbeiten direkt oder indirekt in der Raumfahrtindustrie.

2 Europäische Raketen transportieren zurzeit **(a) 6% (b) 16% (c) 60%** aller kommerziellen Satelliten ins All.

3 Es kostet zurzeit **(a) DM 4 500 (b) DM 45 000 (c) DM 450 000**, um ein Kilo Nutzlast ins All zu transportieren.

4 **(a) Deutschland und Frankreich (b) Großbritannien und Frankreich (c) Großbritannien und Deutschland** sind die führenden europäischen Länder in der Raumfahrt.

Richtig geraten? Lesen Sie Text Ⓐ, um es herauszufinden.

Ⓐ

Ariane 5 unter Preisdruck

Wollen die Europäer den Wettlauf ins All nicht verlieren, müssen sie die Kosten senken.

So sieht der Start der Ariane 5 aus

Ottobrunn/Bremen – Das europäische Raumfahrtunternehmen Arianespace boomt, doch aus den USA droht die Konkurrenz. Am Mittwochmorgen hievte eine Ariane 5 erfolgreich zwei Satelliten ins All – der elfte Flug einer Ariane in diesem Jahr.

Die unbemannte Europa-Rakete Ariane 5 startete am 15. Dezember 1999 zu ihrem ersten kommerziellen Flug. Zehn Jahre Entwicklung stecken in der Rakete, sie ist weltweit das modernste Trägersystem. Auch in den Vereinigten Staaten wird fieberhaft daran gearbeitet, eine eigene unbemannte Rakete fertig zu stellen. In

zwei Jahren soll es so weit sein, und das, was aus den USA berichtet wird, klingt in den Ohren der deutschen Raumfahrtmanager bedrohlich: Die US-Rakete soll Satelliten wesentlich billiger auf eine Umlaufbahn um die Erde transportieren können als die europäische Ariane 5. Pro Kilogramm Nutzlast berechnet die Vermarktungsgesellschaft Arianespace zurzeit 2 500 Dollar (45 000 Mark). Die Amerikaner haben angekündigt, sie würden für die gleiche Leistung nur 14 000 Dollar (25 000 Mark) berechnen.

Den drohenden Wettbewerbsvorsprung der Amerikaner will man bei der DaimlerChrysler Aerospace (Dasa) mit technologischer Spitzenleistung kompensieren. In allen Bereichen suchen Ingenieure nach neuen, kostengünstigeren Produktionsmethoden. Gleichzeitig soll die Nutzlast noch einmal vergrößert werden.

Schon jetzt kann die Ariane 5 zwei Satelliten transportieren, von denen jeder an einer anderen Stelle im Weltraum ausgesetzt werden kann. Mit einem stärkeren Triebwerk, an dem in Ottobrunn gearbeitet wird, soll die Nutzlast jetzt noch einmal erhöht werden.

Acht Ariane-5-Raketen werden gegenwärtig pro Jahr montiert, später sollen es einmal zwölf Raketen sein. Auch werden weiterhin noch sieben Raketen des Vorgängers Ariane 4 jährlich hergestellt.

Der Spiegel

Seit ihrem ersten Start am 24. Dezember 1979 ist Ariane zum Arbeitspferd der Raumfahrt geworden. Sie ist das führende Transportsystem für kommerzielle Satelliten, in welchem Bereich

sie zurzeit einen Marktanteil von über 60 Prozent hat. Heute steht sie in der fünften Generation im Einsatz. Am Ariane-Programm sind mehrere europäische Staaten beteiligt, unter denen Frankreich und Deutschland eine führende Rolle spielen. Allein in Deutschland hängen über 60 000 Arbeitsplätze indirekt mit der Raumfahrt zusammen, obwohl nur ca. 6 000 Deutsche direkt in der Raumfahrtindustrie angestellt sind.

Ariane 4

2 Wortschatz

Finden Sie im Text die entsprechenden deutschen
Ausdrücke:

1 space race
2 launch
3 unmanned
4 orbit
5 payload
6 to charge
7 competitive lead
8 to compensate for
9 power unit
10 to assemble

3 Textverständnis

Entscheiden Sie, ob die folgenden Aussagen richtig (R)
oder falsch (F) sind oder ob dazu nichts gesagt wird (?).

1 Der Bau der US-Rakete wird weniger kosten als der
Bau der Ariane 5.
2 Die Ariane 5 ist schon seit 1998 in Betrieb.
3 Die US-Rakete wird einen Piloten haben.
4 Die Ariane 5 ist leistungsfähiger als die geplante US-
Rakete.
5 Die Amerikaner behaupten, die Nutzung ihrer Rakete
werde für den Kunden billiger sein.
6 Die Europäer verbessern die Ariane 5, um mit den
Amerikanern konkurrieren zu können.
7 Zurzeit werden jährlich zwölf Ariane-5-Raketen gebaut.
8 Die Ariane-4-Rakete wird bald nicht mehr gebaut.

Was bringt uns die Raumfahrt?

Weitere Investitionen in die Raumfahrt versprechen uns Fortschritte u.a. in folgendenden Bereichen:

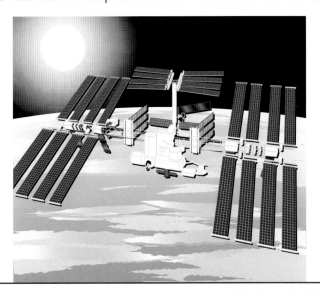

Telekommunikation

internationale Kooperation

Wirtschaft

militärische Sicherheit

Erkundung des Weltraums

Meteorologie

Medizin

Mobilität

Umweltforschung

Was bringt uns die Raumfahrt?

4 Hörverständnis

1 Sehen Sie sich Grafik **B** an und hören Sie die
Aufnahme. Welche Stichwörter aus **B** werden auch in
der Aufnahme erwähnt?

2 Hören Sie noch mal zu und machen Sie Notizen über
die Vorteile der Raumfahrt für die Menschheit.

5 Aufsatz

„Die Raumfahrt – Weg der Zukunft?": Sollen europäische
Länder mehr oder weniger in die Raumfahrt investieren? Ist
sie die Rettung der Menschheit oder eine riesige
Geldverschwendung? Sollte man das Geld nicht eher z.B. für
Gesundheit, Bildung oder Umweltschutz ausgeben? Schreiben
Sie einen Aufsatz zu diesem Thema (ca. 250 Wörter).

Energien mit Zukunft

Einstieg

Stellen Sie sich einen Wintertag ohne die üblichen Energiequellen vor: Sie hätten keinen Strom zum Kochen oder zum Lichtmachen; Kaffeemaschine und Toaster funktionierten nicht. Neben vielen anderen Dingen gäbe es auch kein Telefon, vom Internet ganz zu schweigen, kein Gas zum Heizen und kein Benzin zum Autofahren. Beschreiben Sie solch einen Tag.

1 Probleme mit Rohstoffreserven

Sehen Sie sich die Schlagzeilen an und beschreiben Sie mit jeweils einem Satz die genannten Probleme.

Beispiel

In den letzten Wochen sind die Ölpreise wieder angestiegen.

Wieder Anstieg der Ölpreise

Ausstieg der rot-grünen Bundesregierung aus der Atomkraft

Weltölvorräte für nur noch 20 Jahre

Wachsende Weltbevölkerung – höherer Energieverbrauch

Sicherste Energiequelle: Kohle

Erdgasförderung hat immer noch ihren Preis

Regenerative Energien, auch erneuerbare Energien genannt, sind Energieformen, die sich immer wieder regenerieren (erneuern) lassen, zumindest in der nächsten Zukunft. Zu ihnen gehören Sonnenenergie, Wasserkraft, Windenergie und Biomasse. Sie verwenden die natürlichen Energieströme der Erde und tasten die endlichen Energievorräte wie fossile Brennstoffe nicht an. All diese Primärenergien können auf die unterschiedlichste Weise genutzt werden, allerdings müssen dafür gewisse Standortvoraussetzungen gegeben sein.

2 Regenerative Energien

Setzen Sie die entsprechende Energieform in den Satz ein und übersetzen Sie die Sätze danach ins Englische.

1 Unter _____ versteht man die gesamte organische Substanz von Tieren und Pflanzen.

2 _____ ist unsere älteste und eine nahezu unbegrenzte Energieform. Sie ist die Grundlage für jedes Leben auf unserer Erde.

3 Die Sonne hält den Wasserkreislauf in Gang: Meerwasser verdunstet durch Sonneneinstrahlung, der Wasserdampf kondensiert zu Wolken, welche von den Winden über das Land getragen werden. Niederschläge in Form von Regen oder Schnee speisen (Stau-)Seen und Flüsse, die wieder ins Meer fließen. So schließt sich der Kreislauf der erneuerbaren

_____.

4 _____ ist reichlich vorhanden, billig, sauber und erneuerbar. Das größte Problem besteht darin, dass der Wind keine zuverlässige Energiequelle ist. Zur Nutzung dieser Energie braucht man gleichmäßige, starke Winde, wie sie an Küsten, Ebenen und Berggipfeln auftreten.

B))) Brennstoffzellenfahrzeuge

Stadtbus Citaro

3 Textverständnis B)))

Finden Sie für die Satzanfänge das richtige Satzende.
Achtung: Drei Satzenden passen nicht.

1 DaimlerChrysler verkauft erstmals …

2 30 Stadtbusse werden bis 2003 …

3 Das Projekt beginnt …

4 Brennstoffzellen haben eine große Zukunft vor sich, weil …

5 Der Citaro-Brennstoffzellenbus …

a … mit Brennstoffzellen angetrieben.

b … im Frühjahr des Jahres 2000.

c … sie emissionsfrei oder emissionsarm sind.

d … Fahrzeuge mit Brennstoffzellen.

e … Ende 2002.

f … fährt schon auf den Straßen Stuttgarts.

g … fährt bis zu 300 km weit.

h … ihre Spitzengeschwindigkeit etwa 80km/h beträgt.

4 Wortbedeutungen B)))

Hören Sie sich den Text noch einmal an und finden Sie die Nomen, zu denen die folgenden Beschreibungen passen.

1 Dieses Unternehmen produziert Fahrzeuge.

2 Es handelt sich um große Transportunternehmen.

3 Das sind Länder außerhalb Europas.

4 Eine oder mehrere Personen beantworten die Fragen von Journalisten.

5 Waren oder Güter werden vom Hersteller zum Kunden gebracht.

6 Sie haben eine vielversprechende Zukunft vor sich.

7 Das bedeutet hier Beweglichkeit.

8 Das sind die Menschen, die den Bus benutzen.

5 Lückentext C

Setzen Sie eins der Wörter in Klammern in den Text ein.

C

Hier kommt „Wind" in die Sache

Deutschland _____ mit ca. 3 000 Windkraftanlagen nach Kalifornien mit ca. 17 000 Anlagen die zweite Stelle der Länder _____ (**vornehmen, einnehmen, ausnehmen**), die Windkraft _____ (**ausnutzen, verlieren, bekommen**). Eine für die _____ (**Vergangenheit, Gegenwart, Zukunft**) interessante Variante der Windenergiegewinnung ist die Offshore-Windkraftnutzung. Dieser _____ (**Begriff, Beruf, Befehl**) steht für Windkraftanlagen, die nicht auf dem _____ (**Wasser, Weltall, Festland**), sondern im offenen Meer erbaut werden. Zurzeit bemüht man sich, die _____ (**rechtlichen, reichlichen, richtigen**) Grundlagen für solche Vorhaben zu klären.

Windkraftanlagen

6 Radiowerbung

Welche Energiequelle hat Ihrer Meinung nach die größte Zukunft? Ein Solarkraftwerk im Weltraum, Brennstoffzellen aus Sauerstoff und Wasserstoff oder Windkraftanlagen im Ozean? Lassen Sie Ihrer Fantasie freien Lauf und erörtern Sie für eine Radiowerbung die Vor- und Nachteile dieser Projekte.

Menschen, wollt ihr ewig leben?

Sehen Sie die medi-sos Karte an. Wofür dient sie? Besprechen Sie die Karte in der Klasse.

1 Medizinische Vokabeln ▲

Suchen Sie in den ersten drei Absätzen des Artikels Substantive, die spezifisch mit der Transplantation zu tun haben. Erstellen Sie damit eine Liste:

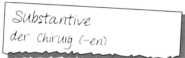

Substantive
der Chirurg (-en)

2 Verständnisfragen ▲

Beantworten Sie die folgenden Fragen. Die Zahl in eckigen Klammern verweist auf den Absatz im Text.

1 Warum beschreibt man Denis Chatelier als „idealen Patienten"? [2]

2 Wie hat er seine eigenen Hände verloren? [2]

3 Wer war Spender der Ersatzhände? [4]

4 Warum musste der Vater des Spenders seine Erlaubnis dazu geben? [3]

5 Wovon ist Denis Chatelier jetzt abhängig? Was sind die Risiken dabei? [6 und 7]

6 Wie sieht laut Artikel die Zukunft der Transplantationstechnik aus? [7]

3 Organspender

In Frankreich ist jeder Verstorbene automatisch Organspender, wenn er nicht vor seinem Tod ausdrücklich die Entnahme verboten hat. Wie finden Sie diese Einstellung? Besprechen Sie Ihre Gedanken darüber mit der Klasse. Denken Sie dabei an die folgenden Punkte:

• die Vorteile eines solchen Systems

• die Nachteile (z.B. für die Familie des Verstorbenen)

• Alternativen (z.B. Organspenderausweise)

B))) Lukratives Geschäft

4 Lückentext B)))

Hören Sie den kurzen Radiobericht über die so genannte „Organmafia" in Kolumbien. Setzen Sie jeweils das richtige Wort aus dem Kästchen in die Lücken in dieser Version des Berichts ein. Achtung: Es gibt mehr Wörter als Lücken!

Kolumbien versinkt im Elend. Es herrschen _____(1)_____ und Terror. Das Geschäft der so genannten _____(2)_____ in diesem Land ist fast so lukrativ wie der _____(3)_____ . Überall in der Welt gibt es einen großen _____(4)_____ an Organen für Transplantationszwecke. In Kolumbien _____(5)_____ Menschen von der Organmafia _____(6)_____ , um Organe für Transplantationen zu bekommen. Man sieht auf Bildern wie die _____(7)_____ der getöteten Personen zur Organentnahme geöffnet und mit großen Nadelstichen wieder verschlossen werden. Die _____(8)_____ behaupten, dass man damit die Todesursache herausfinden will.

Körper	getötet	Mangel	Organe
Gewalt	Behörden		Drogenhandel
Organmafia	gestohlen		werden

110

Medizinische Weltpremiere in Lyon

Einem internationalen Chirurgenteam gelang die erste Transplantation zweier Hände bei einem Patienten

1 Er wird seiner Frau wieder über die Wange streicheln können – das erste Mal seit vier Jahren. Seine Kinder wird er wieder in seine Arme schließen. Und vielleicht vergisst Denis Chatelier auch schneller als gedacht, dass seine neuen Hände nicht seine eigenen, sondern die eines Toten sind. Chatelier ist der Hauptdarsteller in einer medizinischen Weltpremiere: Am 13. Januar, kurz vor Mitternacht, beendete ein 50-köpfiges Team am Edouard-Herriot Hospital in Lyon die erste doppelte Handverpflanzung erfolgreich.

2 Seine Hartnäckigkeit und sein starker Wille machten den 33-jährigen Chatelier zum idealen Patienten. Sich selbst bezeichnet der aus dem Atlantikstädtchen Rochefort stammende Anstreicher als „un battant", einen Kämpfer. Der sobald wie möglich wieder zu joggen begann, nachdem ihm selbst gebastelte Feuerwerksraketen beide Hände abgerissen hatten.

3 Der ideale Patient war gefunden, nun wartete das Ärzteteam auf den Spender der Ersatzhände. In Frankreich ist jeder Verstorbene automatisch Organspender, wenn er nicht vor seinem Tod ausdrücklich die Entnahme verboten hat. Doch in diesem Fall war nicht die Rede von Herz, Lunge, Niere oder Leber, deren Verpflanzung inzwischen zum klinischen Alltag gehört. Es ging um die Hände eines Toten. Hände, mit denen ein Mann seine Frau liebkost, seine Freunde begrüßt und seine Reden gestikulierend untermalt hat.

4 Anfang Januar war es so weit. Das Okay kam vom Vater eines 19-Jährigen, der von einer Brücke gefallen und nicht wieder aus dem Koma erwacht war. Vielleicht half die Tatsache, dass dieser Vater selbst auf einer Seite seines Körpers gelähmt war. Dass er wusste, was es heißt, seine Gliedmaßen nicht benutzen zu können. Er gab die Erlaubnis, am frühen Morgen des 13. Januar, die Hände seines gehirntoten Sohnes zu entfernen. Sie wurden mit Konservierungsflüssigkeit durchtränkt, in Plastiktüten verpackt und in einer Kühlbox in die Klinik gebracht.

5 Stunden dauerte es, bis alle Nerven vernäht waren, dann kamen Muskeln, Sehnen und schließlich die Hautlappen dran. Kurz vor Mitternacht war die letzte Naht fertig. Mit seinen dick verbundenen neuen Händen verließ Chatelier den Operationssaal. Der Eingriff war ein Erfolg.

6 Im Falle der Handtransplantation gibt es vor allem die Frage, ob es ethisch zu vertreten ist, völlig gesunde Menschen ein Leben lang von einem Arzneimittel-Cocktail abhängig zu machen. Denn um zu verhindern, dass der Körper die fremden Zellen der Spenderhand wieder abstößt, muss Denis Chatelier jeden Tag Steroide und vier verschiedene Immun-Suppressiva einnehmen, die verhindern, dass das körpereigene Abwehrsystem auf seine neue Hand losgeht.

7 Der tägliche Arzneimittel-Mix kann Leber und Nieren schädigen, er erhöht das Risiko von Infektionen und Krebserkrankungen. Darf man einen völlig gesunden Menschen diesen Risiken aussetzen? Und was kommt danach? Die ersten Wissenschaftler denken laut über Kopfverpflanzungen nach, Gesichtstransplantationen für Verbrennungsopfer scheinen nur eine Frage der Zeit. Doch wird es jemand aushalten, die Gesichtszüge eines Toten zu tragen?

Cornelia Fuchs
Stern, 24/02/2000

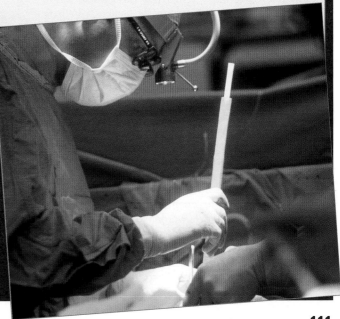

*M*enschen, wollt ihr ewig leben?

A

Hüpfer-Herz

Zehn bis zwölf Jahre hält eine Herzklappe vom Schwein im Menschen. Besser könnten sich da Ersatzteile aus Kängurus eignen. Australische Mediziner stellten fest, dass die Klappen der aufrechten und aktiveren Wüstenhüpfer, in Schafe verpflanzt, nicht so schnell verkalken oder abgebaut werden. Außerdem ist ihre Form fast identisch mit der des menschlichen Äquivalents. Dass trotzdem die wenig geeigneten Schweineklappen verwendet werden, erklären die Australier so: die meisten Herzexperimente seien in den USA gemacht worden, und dort gebe es kaum Kängurus.

Stern

B

Klonen – Horror oder Hoffnung für die Medizin?

Weltweit hat der Wettlauf der Wissenschaftler begonnen, genetische Ebenbilder von Menschen zu schaffen und sie für revolutionäre Therapien zu nutzen.

Wie groß waren das Staunen und bald auch die Ängste, als die Welt im Februar 1997 erfuhr, dass in einem schottischen Stall ein Lamm geboren war, das nicht gezeugt worden war. Es war aus einem künstlichen Embryo gewachsen, der von Forschern im Labor geschaffen wurde. Dolly, das Klon-Schaf, war genetische Kopie eines Originals, das schon Jahre zuvor gestorben war.

Es schien wie der vierhufige Vorbote eines dunklen Zeitalters, in dem schließlich Wissenschaftler bestimmten, was wie geboren würde. Würde demnächst ein Mensch – oder was immer es dann wäre – der gleichen Prozedur entspringen?

In San Francisco soll nun ein geklonter Embryo entstehen. Das Ziel der Forscher heißt »therapeutisches Klonen« oder klarer: Ersatzteilklonen. Es gibt weltweit eine medizinische Notlage: Es fehlt an Organen für Transplantationen. Und selbst wenn eines gefunden ist, besteht immer noch die Gefahr einer Abstoßung. Ideal wäre es, wenn es nicht nur beliebig viele Ersatzorgane gäbe, sondern dazu auch noch aus einem Gewebe, das dem des Empfängers möglichst ähnlich ist – am besten also wie das eines genetisch identischen Klons. Und zu verführerisch sind auch die Profite, die mit solchen Therapien erzielt werden könnten.

»Das Klonen von Menschen wird vom Markt vorangetrieben werden«, prophezeite schon vor zwei Jahren die amerikanische Juristin und Reproduktionsexpertin Lori Andrews. Es ist nicht der Fortschritt, der Angst macht,

Dolly, das schottische Klon-Schaf

sondern der schnelle Fortschritt. Schließlich werden auch einst umstrittene Verfahren wie die Zeugung von Retorten-Babys oder die Organverpflanzung inzwischen weitgehend akzeptiert. Die Aufgabe ethischer Kontrollorgane sei es darum, die Geschwindigkeit der Forschung bis auf ein für die Gesellschaft verkraftbares Tempo zu bremsen. Groß ist auch in der Bevölkerung die Sorge, aus dem Klonen zu therapeutischen Zwecken könnte bald die Vervielfältigung ganzer Menschen werden, oder sogar die Züchtung einer Superrasse.

Stern

1 Ersatzteile aus Tieren

Lesen sie den kurzen Bericht und erklären Sie den Inhalt mit Ihren eigenen Worten auf Deutsch.

2 Rollenspiel: Organspender Tier

Könnten Sie sich vorstellen, dass in Ihrer Brust ein Schweineherz klopft? Partner(in) A ist dafür, Partner(in) B findet die Idee unmöglich. Können Sie Ihren Partner / Ihre Partnerin von Ihrem Standpunkt überzeugen? Bereiten Sie zuerst Ihre Rollen vor, indem Sie Notizen zu einigen der folgenden Stichpunkte machen:

- die Kosten
- die Risiken
- die Rechte der Tiere
- der Mangel an Organspendern
- ethische Fragen der Transplantation
- medizinischer Fortschritt

3 Klonen – Horror oder Hoffnung?

Lesen Sie den Text zum Thema Klonen und entscheiden Sie, ob diese Sätze zum Inhalt richtig (R) oder falsch (F) sind oder ob dazu nichts gesagt wird (?).

1 Es gibt internationale Konkurrenz bei dem Versuch, einen menschlichen Klon zu züchten.

2 Dollys Eltern wurden im Labor gezüchtet.

3 Damals hatte man Angst vor den möglichen Zielen der Forscher.

4 Die Forscher in San Francisco behaupten, sie wollen beim Klonen nur medizinische Hilfe leisten.

5 Geklonte Ersatzteile sind weniger wirkungsvoll als Spenderorgane.

6 Der schnelle Fortschritt macht Angst.

7 Retortenbabys sind durch ethische Kontrollorgane verboten worden.

8 Man hat Angst, dass aus dem therapeutischen Klonen etwas Gefährlicheres werden könnte.

Denken Sie dran!

ZEITFORMEN DES PASSIVS

Das Passiv wird mit einem *Partizip* und der relevanten Zeitform *von werden* gebildet.

Präsens:
*Klon-Schafe **werden** von Forschern im Labor **gezeugt**.*

Futur:
*Klon-Schafe **werden** von Forschern im Labor **gezeugt werden**.*

Imperfekt:
*Klon-Schafe **wurden** von Forschern im Labor **gezeugt**.*

Perfekt:
*Klon-Schafe **sind** von Forschern im Labor **gezeugt worden**.*

Plusquamperfekt:
*Klon-Schafe **waren** von Forschern im Labor **gezeugt worden**.*

■ Grammatik zum Nachschlagen, S. 176

4 Formen des Passivs

Das Passiv kommt in Text ⓑ mehrmals in verschiedenen Formen vor. Notieren Sie jeweils ein Beispiel der folgenden Formen des Passivs aus dem Text und übersetzen Sie die Sätze ins Englische.

1 Präsens
2 Futur
3 Imperfekt
4 Plusquamperfekt
5 Konjunktiv
6 Modalverb + Passiv

5 Passivsätze zum Übersetzen

Übersetzen sie folgende Sätze ins Deutsche.

1 Too often, no organ donor is found.
2 Replacement organs from animals will be used more and more for transplantation.
3 A cloned embryo was recently created in an American laboratory.
4 The creation of test-tube babies has been widely accepted.
5 Embryos had already been created in the laboratory when Dolly's parents died.
6 Ethical questions about cloning must be asked.
7 Large profits can be made from this research.

Menschen, wollt ihr ewig leben?

A

109-Jähriger verrät Rezept fürs Altwerden – englisches Frühstück

Der _____(1)_____ Brite Harry Halford hat am Donnerstag zu seinem 109. Geburtstag das Rezept fürs Altwerden verraten: ein _____(2)_____ _____(3)_____ Frühstück mit Schinken, Spiegelei, Würstchen und _____(4)_____ Tomaten. Der _____(5)_____ Schneider nimmt das bei Kontinental-Europäern eher _____(6)_____ Frühstück schon jetzt seit Jahrzehnten ein – und zwar eher reichlich und jeden Morgen. Den Lebensabend verbringt Halford in einem Altersheim in Leicester. Der Brite galt eine Weile lang sogar als _____ (7)_____ Mann der Welt, bis das Guiness-Buch der Rekorde einen Amerikaner ausfindig machte, der im _____(8)_____ Monat 110 Jahre alt wird.

C

Babys für alle?

Greise, Homosexuelle, selbst Tote können Mutter oder Vater werden. Die Reproduktionsmedizin hat die Grenzen der Natur gesprengt – mit kaum überschaubaren menschlichen und juristischen Folgen. Soll auch in Deutschland erlaubt sein, was in anderen Ländern längst praktiziert wird?

Die Drewitt-Barlows – was für eine Familie, was für ein Alptraum für alle britischen Kleinbürger: zwei Väter, zwei Mütter und zwei Babys, entstanden zum Preis von umgerechnet 626 000 Mark. Die Väter Tony Barlow und Barrie Drewitt sind seit zwölf Jahren ein Paar und leben mit ihrem Nachwuchs im englischen Städtchen Danbury. Mutter Nummer eins ist die Frau eines Milchmanns aus Palmdale, Kalifornien, die so freundlich war, den Vätern 24 Eizellen zu verkaufen. Mutter Nummer zwei, auch sie Kalifornierin, bekam gegen Honorar ein paar befruchtete Mutter-eins-Eizellen eingepflanzt und trug die Zwillinge aus.

Dabei sind Kinder für Schwule nur ein kleines Kapitel in der Geschichte der Reproduktionsmedizin, die inzwischen zu einer Erfolgsbranche mit Milliardenumsatz avanciert ist. Und die unser gesellschaftliches Gewissen herausfordert. Denn auch wenn die meisten Ärzte ihre Aufgabe allein darin sehen, unfruchtbaren jungen Paaren zum Wunschkind zu verhelfen, sind sie in der Lage, Menschen zu Eltern zu machen, die nach den Regeln der Natur keine sein könnten. Tony Barlow und Barrie Drewitt eben. Oder die Witwe Gaby Vernoff, die ihre Tochter mit Samen zeugen ließ, den man ihrem verstorbenen Mann entnommen hatte.

Die Natur scheint besiegt. Kinder für alle machbar. Aber will man das? In Deutschland setzen Standesrecht und Gesetz der Reproduktionsmedizin noch enge Grenzen: Die meisten Methoden werden normalerweise nur bei Ehepaaren angewandt. Eizell-Spenden, Leihmütter oder die Zeugung mit dem Samen von Toten sind verboten. Doch das Bundesgesundheitsministerium arbeitet an Vorschlägen für ein neues Fortpflanzungsmedizingesetz, das vorsichtige Liberalisierung bringen könnte. Höchste Zeit, sagen viele Praktiker. Ein Schritt in die falsche Richtung, sagen die Kritiker. Ihnen graut es davor, dass in Deutschland am Ende alles erlaubt sein könnte, was andere Länder, besonders einige Bundesstaaten der USA, schon heute zulassen. Wer hätte 1978 bei der Geburt des ersten „Retortenbabys" Louise Brown schon gedacht, dass zwei Dekaden später rund 2 500 Deutsche pro Jahr auf die gleiche Art gezeugt würden?

Stern

1 Rezept fürs Altwerden

Ergänzen Sie Text mit dem jeweils passenden Adjektiv aus dem Kästchen (mit Endung) – Grammatik zum Nachschlagen: Adjektivendungen, S. 163–164.

englisch	ältest	ältest	gefürchtet	nächst
klassisch		warm		früher

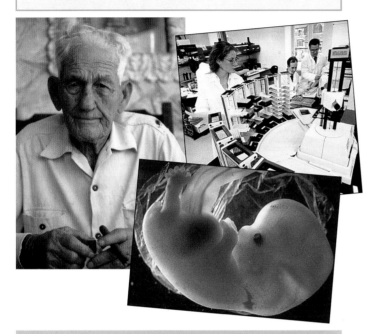

Klonierungsservice für Wohlhabende

2 Textverständnis

Bevor Sie einen etwas makaberen Bericht zum Thema Klonen hören, lesen Sie zuerst die Schwerpunkte des Berichts. Bringen Sie die Kernpunkte nach dem Hören in die richtige Reihenfolge.

1 Man könnte zum Beispiel ein Kind mit dem Aussehen eines Verstorbenen aufziehen.

2 „Valiant Venture", eine Firma auf den Bahamas, verkauft Gutscheine für ewiges Leben.

3 Für 200 000 US-Dollar kann man einen Klon von sich selbst bestellen.

4 Es ist nicht klar, ob man schon bei der Bestellung zahlen muss.

5 Das Unternehmen muss ein Land finden, wo das Klonen nicht aus ethischen Gründen verboten ist.

6 Die Wissenschaftler behaupten, dass es selbst beim Klonen von Tieren noch sehr viele Probleme gibt.

3 Babys für alle?

Lesen Sie Text über die Reproduktionsmedizin. Die folgenden Aussagen beziehen sich jeweils auf ein einziges Wort im Text. Jedes Mal wird angegeben, ob das gesuchte Wort ein Substantiv, Adjektiv oder Verb ist. Schreiben Sie das Wort genau so, wie es im Text vorkommt.

1 Diese Leute sind schon alt. (Substantiv)

2 Etwas hat mit dem Gesetz zu tun. (Adjektiv)

3 Diese Einwohner sind typisch für eine Kleinstadt. (Substantiv)

4 Die neue Generation. (Substantiv)

5 Geld, das man für geleistete Arbeit bekommt. (Substantiv)

6 Man kann aus medizinischen Gründen keine Kinder haben. (Adjektiv)

7 Einer Frau, die nicht die biologische Mutter ist, wird der Embryo eingepflanzt und sie trägt das Baby aus. (Substantiv)

8 Man lässt es geschehen. (Verb)

4 Klassendiskussion: Ethische Fragen

Was sind für Sie persönlich die wichtigsten ethischen Fragen, was die medizinischen Entwicklungen in der Transplantation und in den Gen- und Reproduktionstechnologien betrifft? Erstellen Sie eine Liste von drei bis fünf solcher Fragen und stellen Sie sie den anderen in der Klasse. In den Texten und Aufgaben auf den letzten drei Doppelseiten finden Sie Ideen.

5 Schriftliche Aufgabe

Lesen Sie Text noch einmal durch und schreiben Sie 100–150 Wörter auf Deutsch zu den folgenden zwei Fragen. Dabei werden Textverständnis, Inhalt Ihrer Antwort (Ihre Meinung) und Qualität der Sprache bewertet.

- Beschreiben Sie Entwicklungen in der Reproduktionsmedizin.

- Warum, glauben Sie, fordert die Reproduktionsmedizin das gesellschaftliche Gewissen in Deutschland heraus?

*Q*uiz – Technologie und Zukunft

1 Nur jeder fünfte Lehrer in Deutschland ...

a hat einen Computer zu Hause.

b hat einen „Internet-Führerschein".

c ist schon einmal im Internet gesurft.

d hat von Schülern Nachhilfestunden in Word und Excel bekommen.

e hat Zugang zum Cyberspace in der Schule.

2 Bis zum Jahr 2020 wird das interaktive Fernsehen ...

a die Druckmedien ersetzt haben.

b wichtiger als der PC sein.

c die Bildschirmtechnik verbessert haben.

d den Charakter des heutigen Fernsehens stark verändert haben.

e wesentlich billiger als konventionelles Fernsehen sein.

3 Wozu führt der Einsatz der modernen Überwachungstechnik?

a zu Überwachungsstaaten

b zu Überwachungsgesellschaften

c zu Überwachungskameras

d zu militärischen Überwachungsmethoden

e zur Überwachung der Intimsphäre

4 Was hat man schon durch das Weltraumteleskop Hubble entdeckt?

a eine halbe Million Galaxien

b Abermillionen von Galaxien

c 14 Milliarden Galaxien

d Tausende von Galaxien

5 Auf wie viele US-Dollar pro kil Nutzlast könnten die Startkosten einer Reise ins All durch die Entwicklung einer wieder verwendbaren Raumfähre gesenkt werden?

a $1 000

b $10 000

c $100 000

d $1 000 000

6 Die Ariane 5 ist ...

a ein Weltraumtransporter.

b eine Raumfähre.

c eine Raumstation.

d ein Kommunikations-Satellit.

e eine unbemannte Rakete.

7 Welche der Folgenden zählt nicht zu den regenerativen Energieformen?

a Erdgas

b Wasserkraft

c Sonnenenergie

d Windenergie

e Biomasse

8 Wie weit fährt der neue Citaro-Brennstoffzellenbus von DaimlerChrysler?

a bis zu 3 km weit

b bis zu 30 km weit

c bis zu 300 km weit

d bis zu 3 000 km weit

9 Dolly, das Klon-Schaf ...

a wurde 1997 in Deutschland geboren.

b wurde mit großer Freude in den Medien begrüßt.

c war die genetische Kopie eines Tiers.

d war voller Staunen und Ängste.

10 Auf welche Art werden in Deutschland rund 2 500 Babys pro Jahr gezeugt?

a durch Eizell-Spenden

b durch Leihmütter

c durchs Klonen

d in Retorten

Tipp: Auf diesen Seiten können Sie die Antworten finden:
1 S. 91, 2 S. 93, 3 S. 95, 4 S. 100, 5 S. 105, 6 S. 106, 7 S. 108, 8 S. 109, 9 S. 112, 10 S. 114

116

5 Justiz und Kriminalität:

Frankfurt

Prävention und Strafe

Sündenbock Ausländer

Armut und Kriminalität

Jugendkriminalität

Nicht wegschauen!

Tragen Sie diese Vokabeln ins Assoziogramm ein:

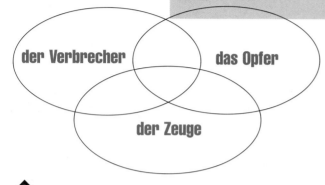

der Verbrecher

das Opfer

der Zeuge

der Passant	bedrohen
der Räuber	flüchten
der Täter	fordern
der Überfallene	Gewalt anwenden
der Umstehende	Hilfe leisten
	die Polizei verständigen
	überfallen
	verfolgen
	verlangen
	Zivilcourage zeigen

A Taxifahrer vereitelt Raubüberfall

Ein 46-jähriger Taxifahrer wurde am späten Freitagabend im Westend von einem »Fahrgast« mit einer Waffe
_____(1)_____ . Der Mann _____(2)_____ Geld, ließ aber von seinem Vorhaben ab, als der
_____(3)_____ mit ihm sprach und ihm riet, sein Vorhaben _____ (4)_____ .
Wie die Polizei am Sonntag _____(5)_____ , war der _____(6)_____ am Freitagabend gegen
22.30 Uhr am Flughafen ins Taxi des _____(7)_____ aus Mörfelden-Walldorf gestiegen und hatte als Ziel die
Beethovenstraße genannt. Dort, an der Ecke zur Wilhelm-Hauff-Straße, zog er eine _____(8)_____ und
forderte die Herausgabe der _____(9)_____ . Dem _____(10)_____ sei es gelungen, den Täter
hinzuhalten und beruhigend auf ihn einzuwirken, teilte die Polizei mit. Nach kurzer Zeit _____(11)_____
der Mann zu Fuß.

Der Täter, von dem die _____(12)_____
annimmt, dass es sich um einen Osteuropäer handelt, ist
etwa 20 Jahre alt und 1,60 bis _____(13)_____
Meter groß. Er hat ein schmales Gesicht, helle
_____(14)_____ und sprach gebrochen Deutsch.

Frankfurter Rundschau

B Filialleiterin verfolgt bewaffneten Räuber

2 Textverständnis B

Hören Sie den zweiten Bericht und beantworten Sie diese
Fragen auf Deutsch:

1 Wann und wo ist der Überfall passiert? (3 Punkte)

2 Womit war der Täter bewaffnet? (1 Punkt)

3 Was hat er von den drei Frauen verlangt? (1 Punkt)

4 Wie reagierte die Filialleiterin? (2 Punkte)

5 Welche zwei Gegenstände konnte sie zurückbringen?
(2 Punkte)

6 Beschreiben Sie den Täter. (5 Punkte)

1 Raubüberfall in einem Frankfurter Taxi A

Lesen Sie den Bericht und setzen Sie jeweils ein Wort aus
dem Kästchen in die Lücken ein. Achtung: Es gibt mehr
Wörter als Lücken.

bedroht	aufzugeben	Täter
berichtete	Fahrers	flüchtete
Pistole	Einnahmen	Polizei
1,70	46-Jährigen	Hautfarbe
Überfallene	verlangte	verfolgte

C

Gewalt – Sehen – Helfen

Die „Unkultur des Wegschauens" war der Anstoß zur Kampagne

Frankfurt am Main – An einer Bushaltestelle beobachtet Frau A., wie drei junge Männer eine ältere Frau anrempeln. Plötzlich versucht einer der Jugendlichen, der Frau die Handtasche zu entreißen. Frau A. wendet sich mit lauter Stimme an die Umstehenden: „Helfen Sie! Greifen Sie ein! Die Frau braucht Hilfe! Sie da mit der gelben Jacke, holen Sie die Polizei!"

Wenn wir uns gegenseitig beistehen, wird die Gewalt alleine dastehen.

Sofort ändert sich die Situation: die Passanten reagieren auf die Aufforderungen, verständigen sich untereinander und vertreiben die Täter.

Solche mutigen Hilfeleistungen sind in Wirklichkeit selten. Zu oft schauen Menschen weg, wenn andere in Not sind. Deshalb startete Ende 1997 die Stadt Frankfurt am Main zusammen mit der Frankfurter Polizei eine groß angelegte Aktion für mehr Verantwortung und Zivilcourage in Notfällen: die Kampagne „Gewalt – Sehen – Helfen". Sie will zu mehr Zivilcourage und sozialem Verhalten motivieren. „Wir beginnen mit einer Strategie gegen die Unkultur des Wegschauens und für die Kultur des Hinschauens", sagte Oberbürgermeisterin Petra Roth zum Auftakt der Aktion.

3 Gewalt – Sehen – Helfen C

Lesen Sie den Artikel über die Aktion für mehr Zivilcourage und schreiben Sie mit Ihren eigenen Worten die folgenden Sätze zu Ende.

1 Frau A. hat Zivilcourage gezeigt, indem …

2 Die Folge Ihrer Handlung war …

3 Allzu oft wird in unserer Gesellschaft …

4 Die Kampagne Gewalt – Sehen – Helfen will …

5 Zivilcourage zeigen heißt, …

D

Ich tu was … gegen Gewalt!

GEWALT
SEHEN
HELFEN

- Ich nehme Blickkontakt mit dem Opfer auf.

- Ich rufe dem Opfer zu: „Kann ich helfen?" oder „Wir sind da und helfen!"

- Ich spreche Umstehende direkt an und bitte um Mithilfe: „Sie in der roten Jacke – bitte holen Sie die Polizei!"

- Ich rufe die Polizei unter 110 an. Die Nummer ist gebührenfrei und jederzeit ist ein Ansprechpartner erreichbar.

- In der Bahn ziehe ich bei Gefahr die Notbremse.

- Ich stelle mich als Zeuge/Zeugin zur Verfügung. So werden Täter schneller ermittelt und weitere Straftaten verhindert.

4 Diskussion: Die Kultur des Wegschauens D

Was können wir als Einzelne tun, um diese Kultur zu bekämpfen? Verwenden sie beispielsweise folgende Ausdrücke, um Ihre Meinung zu äußern:

> Bei Notfällen ist es wichtig, …
> Es scheint mir äußerst …
> Ich möchte betonen, dass …
> Ich persönlich würde …
> Ich habe den Eindruck, dass …

5 Schriftliche Aufgabe

Stellen Sie sich vor, Sie sind Zeuge/Zeugin eines Raubüberfalls in Ihrer Stadt gewesen. Schreiben Sie einen Brief auf Deutsch (nicht mehr als 180 Wörter) an ihren Cousin, in dem Sie darüber erzählen. Denken Sie dabei an die folgenden Fragen:

- Wann und wo hat der Überfall stattgefunden?
- Wo waren Sie und mit wem?
- Was haben Sie gesehen?
- Wie sah der Täter (sahen die Täter) aus?
- Was haben Sie getan?
- Wie fühlten Sie sich?
- Hätten Sie noch mehr tun können?

Ab in den Knast?

Wie sollte unsere Gesellschaft verschiedene Straftaten bestrafen? Verwenden Sie diese zwei Listen und Ihre eigenen Gedanken, um Ihre Meinung darüber zu äußern:

Beispiel: Für Mord sollte man immer lebenslängliche Haft bekommen

Autodiebstahl	ins Gefängnis kommen
Drogenhandel	lebenslängliche Haft bekommen
Erpressung	eine Geldstrafe bezahlen
Körperverletzung	einen Anti-Gewalt-Trainingskurs belegen müssen
Ladendiebstahl	zum Tode verurteilt werden
Mord	sozialen Dienst machen
Raubüberfall	auf Bewährung verurteilt werden
Vandalismus	

1 Knast gehört zu den Risiken des Lebens

Nachdem Sie den Artikel gelesen haben, wählen Sie die jeweils richtige Antwort zu diesen Verständnisfragen:

1 Der Bericht erzählt über das Geschehen …
- a in einem Gefängnis.
- b vor einem Gericht.
- c bei einer Untersuchung.
- d während der Jugendstrafe.

2 Der Angeklagte scheint …
- a Angst vor dem Gefängnis zu haben.
- b nervös zu sein.
- c nicht besonders interessiert zu sein.
- d besorgt wegen seiner Strafe zu sein.

3 Er wird bei dieser Verhandlung beschuldigt, …
- a an einem gescheiterten Raubüberfall beteiligt gewesen zu sein.
- b harte Drogen gedealt zu haben.
- c eine illegale Waffe benutzt zu haben.
- d einen Täter verletzt zu haben.

4 Aziz war bis jetzt schon …
- a zweimal vor dem Jugendgericht.
- b zweimal im Gefängnis.
- c Zeuge bei einer Verhandlung.
- d in der Untersuchungshaft, aber hat noch keine Haftstrafe bekommen.

5 Für Aziz dient die Drohung einer Gefängnisstrafe nicht als Abschreckungsmittel, weil …
- a er mit seinen Freunden in den Pausen plaudert.
- b das wahrscheinlich nie passieren wird.
- c seine Bekannten später als Zeugen auftreten werden.
- d sie ein Teil seines Lebens ist.

2 Im Gerichtssaal

Die folgenden Sätze erscheinen im Text (die Absätze sind in eckigen Klammern angegeben). Erklären Sie sie im Sinne des Textes mit Ihren eigenen Worten auf Deutsch.

1 Mit Erziehung ist da nicht mehr viel. [1]

2 Nach achtjähriger Gerichtskarriere droht dem jungen Mann nun erstmals Knast. [2]

3 Mitverhandelt wird der Vorwurf des Drogenhandels. [3]

4 Alles in allem macht das keinen guten Eindruck. [5]

5 Kein Wort wird darüber verloren, dass hier einiges auf dem Spiel steht. [6]

3 Gruppendiskussion: die beste Strafe finden

Besprechen Sie den Fall von Aziz in der Gruppe und einigen Sie sich auf die passendste Strafe für ihn. Bereiten Sie zuerst Ihre Ideen vor und denken Sie dabei an die folgenden Punkte:

- sein Leben bis jetzt
- die Wirksamkeit seiner vorherigen Strafen
- die möglichen Folgen einer Haftstrafe
- die Kosten der verschiedenen Strafmöglichkeiten für die Gesellschaft

A

Knast gehört zu den Risiken des Lebens

Intensivtäter sind vom Gericht kaum beeindruckt

Von Volker Mazassek

1 Diebstahl, räuberische Erpressung, Drogenhandel, ein Überfall, Körperverletzung. Die Liste der Straftaten ist lang. Die Justiz hat ihre Mühe mit Intensivtätern vom Schlage des 22-jährigen Aziz. Mit Erziehung ist da nicht mehr viel.

2 Aziz ist entspannt. Das ist das Erstaunlichste an ihm. Das Geschehen im Saal verfolgt er mit einer Mischung aus gebremstem Interesse und Distanz. Seine Redebeiträge sind kurz und lässig wie seine Jeans und sein T-Shirt mit dem „Nike"-Emblem. Der 22-Jährige scheint sich nicht unwohl zu fühlen. Klar, der Gerichtssaal ist eine erfreuliche Abwechslung, wenn man wie Aziz direkt aus der öden Untersuchungshaft kommt. Weniger erfreulich sind dagegen seine Aussichten. Nach achtjähriger Gerichtskarriere droht dem jungen Mann nun erstmals Knast – und zwar reichlich.

3 Die Staatsanwaltschaft beschuldigt den Marokkaner, an einem bewaffneten Raubüberfall auf einen Supermarkt in Hattersheim beteiligt gewesen zu sein und dabei einen Angestellten verletzt zu haben. An dessen heftiger Gegenwehr scheiterte das Unternehmen. Die Täter flüchteten ohne Beute. Mitverhandelt wird der Vorwurf des Drogenhandels. Aziz soll mit Haschisch gedealt haben.

4 In den Gerichtsakten steht über ihn Folgendes:
1991 Verwarnung wegen Diebstahls,
1993 Arbeitsauflagen wegen räuberischer Erpressung, ebenfalls

1993 Verwarnung und Geldauflage wegen Diebstahls,
1994 acht Monate Jugendstrafe zur Bewährung wegen räuberischer Erpressung,
1996 18 Monate Jugendstrafe zur Bewährung wegen Diebstahls und schweren Diebstahls.

5 Im Mai 1997 soll er bei dem Überfall in Hattersheim mitgemacht haben. Die Anklage vor dem Jugendgericht folgt im Herbst 1998. Zwei Wochen vor der Verhandlung im März diesen Jahres wird er bei einem Einbruch in einen Kiosk erwischt und geht in Untersuchungshaft. Alles in allem macht das keinen guten Eindruck.

6 Aziz, ein kräftiger, aufgeschlossener Schlacks mit Kulleraugen, lächelt gern und macht einen sympathischen Eindruck. In den Verhandlungspausen albert er mit seinen Kumpels herum. Das sieht aus wie eine Plauderei an der Straßenecke – wenn man sich die Handfesseln mal wegdenkt. Kein Wort wird darüber verloren, dass hier einiges auf dem Spiel steht. Aber vielleicht ist für Aziz die Aussicht auf Knast so ähnlich wie für andere Leute die Möglichkeit, sich irgendwann einmal das Bein zu brechen. Pech. Kann passieren. Muss man mit klarkommen. Seine beiden Brüder standen vor Gericht – ebenso die Freunde, die zur Verhandlung gekommen sind, und die Bekannten, die später als Zeugen auftreten.

Frankfurter Rundschau

Die Opfer haben immer lebenslänglich

Die Grundidee des Täter-Opfer-Ausgleichs besteht in Information, Aussprache, Entschuldigung und Bemühungen um Wiedergutmachung, um ein Strafverfahren zu vermeiden. Tätern und Opfern soll die Gelegenheit gegeben werden, Konflikte zu klären und Schäden auszugleichen. Die Teilnahme ist auf beiden Seiten freiwillig.

Einstieg

Können Sie sich vorstellen, als Opfer eines Verbrechens den Täter wieder zu treffen und an einem „Täter-Opfer-Ausgleich" teilzunehmen? Warum/warum nicht? Die Informationen im Kästchen helfen Ihnen mit Vokabular.

(A)))) Leidtragende mit „bescheidenen Rechten"

1 Textverständnis (A))))

Hören Sie den Text über Ruth D. und entscheiden Sie, ob die Aussagen richtig (R) oder falsch (F) sind oder ob dazu nichts gesagt wird (?).

1 Für ihre Taten bekommen die Täter Strafen und Hilfe.
2 Neun von zehn Fällen melden sich bei der Opferhilfe in Hessen.
3 Ruth D. wurde vergewaltigt.
4 Die Täter hatten sie gefesselt und gezwungen, auf dem Boden zu liegen.
5 Ruth D. hat Schlafprobleme.
6 Viele Opfer wissen nicht mehr weiter, sind traurig und ängstlich.
7 Die Opferhilfe hilft beim Umzug an einen anderen Ort.
8 Es wird sehr wenig Geld für Opfer gespendet.

2 Körper und Seele krank (A))))

Hören Sie jetzt den Text noch einmal und notieren Sie alle Wörter und Wendungen, die den Zustand von Körper und Seele von Ruth D. und anderen Opfern beschreiben.

3 Opferbericht

Schreiben Sie einen kurzen Opferbericht in der Vergangenheit. Benutzen sie dabei die von Ihnen notierten Wörter und Wendungen aus Übung 2. Beginnen Sie so:

„Als der junge Mann am Abend des 15. Dezember mit einer Schusswaffe bedroht und brutal niedergeschlagen wurde, änderte sich sein Leben. Ab diesem Tag wurde alles anders. ..."

4 Hilfe und Beratung (B)

Setzen Sie in Text **B** jeweils das richtige Wort in die Lücke ein.

5 Grammatikübung

Ergänzen Sie die Endungen.

Nachdem ein_____ Betrunken_____ mit seinen zwei Freunden letztes Wochenende in entgegengesetzter Richtung die Autobahn entlang gefahren war, kam es zu einem schweren Unfall mit zwei Tot_____ und ein_____ Schwerverletzt_____. D_____ Kriminalbeamt_____, der die Untersuchung leitete, informierte sein_____ Vorgesetzt_____ darüber, dass d_____ Verhaftet_____ einen Blutalkoholgehalt von mehr als 2 Promille hatte.

6 Definitionen

Schreiben Sie einen kurzen Opferbericht in der Vergangenheit. Schreiben Sie Definitionen wie im Beispiel.

Beispiel: *der Schuldige / moralisch oder gesetzlich gegen Regeln des Zusammenlebens verstoßen*

Ein Schuldiger ist ein Mensch, der moralisch oder gesetzlich gegen Regeln des Zusammenlebens verstoßen hat.

1 der Leidtragende / nach einem Verbrechen an den Folgen der Tat leiden
2 der Verurteilte / nach einer Gerichtsverhandlung eine rechtmäßige Strafe bekommen
3 der Langzeitarbeitslose / über einen längeren Zeitraum keine Arbeit haben
4 der Betrogene / Opfer eines Betruges
5 der Überlebende / eine Katastrophe oder einen Unfall überleben

OPFERHILFE FRANKFURT e.V. BERATUNGSANGEBOT

Männer als Opfer von Gewalt

Männer werden häufiger als allgemein im öffentlichen Bewusstsein wahrgenommen Opfer von _____(1)_____ (harter/schwerer/sanfter) und gefährlicher Körperverletzung. Sind Sie als Mann überfallen, bedroht oder _____(2)_____ (misshandelt/behandelt/verhandelt) worden? Dann haben Sie vielleicht wie viele andere männliche Gewaltopfer die schmerzhafte _____(3)_____ (Meinung/Erfahrung/Bedeutung) gemacht, wie stark das Erleiden von Ohnmacht, Angst, Verlust und Trauer Ihr persönliches Sicherheitsgefühl und Ihr Selbstbild vom wehrhaften Mann erschüttert. Möglicherweise_____(4)_____ (bekommen/beweisen/befürchten) Sie auch, in der Öffentlichkeit nicht als Verletzter oder Geschädigter, sondern in erster Linie als Versager wahrgenommen zu werden? Wir _____(5)_____ (bieten/bitten/verbieten) Ihnen Einzelberatung bei einem männlichen Psychotherapeuten/Berater an.

Sie können mit ihm zum Beispiel über folgende Fragen sprechen:

*   Was kann ich tun, um mein Sicherheitsgefühl _____(6)_____ (wider/wieder/Widder) aufzubauen?
*   Wie kann ich meine normale Handlungskontrolle zurückgewinnen?
*   Wie kann ich mich in Zukunft besser vor gewalttätigen _____(7)_____ (Begriffen/Griffen/Angriffen) schützen?
*   Wie kann ich mich erfolgreicher _____(8)_____ (wehren/werden/wärmen)?
*   Sind meine Reaktionen auf die Tat „normal"?
*   Mit welchen Spätfolgen muss ich _____(9)_____ (eventuell/nie/damals) rechnen?
*   Wie kann ich wieder arbeitsfähig werden?
*   Wie kann ich Rechtsansprüche, z.B. auf _____(10)_____ (Pflegegeld/Kindergeld/Schmerzensgeld) und Schadenersatz, besser durchsetzen?

Der Berater informiert Sie, inwieweit er Ihnen im Rahmen der Opferhilfe-Beratungsstelle sinnvoll und angemessen weiterhelfen kann.

Denken Sie dran!

SUBSTANTIVIERTE ADJEKTIVE UND PARTIZIPIEN

Alle Adjektive und Partizipien (Präsens und Perfekt) können im Deutschen als Substantive benutzt werden. Sie werden dann wie ein attributives Adjektiv dekliniert.

Achtung bei der Benutzung der bestimmten und unbestimmten Artikel!

Singular:

Nom.	*ein Angeklagter /* *eine Angeklagte*	*der/die Angeklagte*
Acc.	*einen Angeklagten /* *eine Angeklagte*	*den Angeklagten /* *die Angeklagte*
Gen.	*eines/einer Angeklagten*	*des/der Angeklagten*
Dat.	*einem/einer Angeklagten*	*dem/der Angeklagten*

Plural:

Nom.	*Angeklagte*	*die Angeklagten*
Acc.	*Angeklagte*	*die Angeklagten*
Gen.	*Angeklagter*	*der Angeklagten*
Dat.	*Angeklagten*	*den Angeklagten*

■ Grammatik zum Nachschlagen, S. 160

Sündenbock Ausländer

Einstieg

Definieren Sie folgenden Begriffe. Versuchen Sie dabei, alle Wörter aus dem Kästchen zu verwenden.

Beispiel: *Ein Ausländer ist jemand, der Staatsbürger eines fremden Staates ist.*

- Ausländer
- Aussiedler
- Bürger
- Randgruppe
- Sündenbock

Bewohner
Deutschland
fremder Staat
Gesellschaft
deutscher Herkunft
isoliert und unterprivilegiert
Osteuropa, Russland und Zentralasien
politische Rechte und Pflichten
Schuld
Staatsbürger
unschuldig

A

Zeitbomben in den Vorstädten

Die Ausländerintegration ist gescheitert. Überall im Land entsteht eine explosive Spannung. Bei jungen Türken und Aussiedlern, Randgruppen ohne Perspektive, wächst die Bereitschaft, sich mit Gewalt zu holen, was die Gesellschaft ihnen verweigert.

Immer mehr Bürger fühlen sich im eigenen Land bedroht, missbraucht und in die Defensive gedrängt. Eigene Erfahrungen, diffuse Ängste und Erlebnisberichte aus zweiter Hand erzeugen ein Klima, in dem die Schuldigen rasch ausgemacht sind.

Nach einer bisher unveröffentlichten Umfrage in einer Großstadt Westfalens sind inzwischen mehr als 40 Prozent der Bewohner der Ansicht, dass „sich die Deutschen im eigenen Land gegen die vielen Ausländer wehren müssen". 1995 glaubte das lediglich ein Viertel der Befragten.

Verstärkt wird dieses Gefühl durch die täglichen Nachrichten über Straftaten von Ausländern. Wenn

➤ rumänische Banden allein in den letzten vier Wochen im norddeutschen Raum 45 Tresore knacken
➤ Osteuropäer und Türken die Reviere an der Hamburger Reeperbahn unter sich ausschießen und dabei in einem Jahr 20 Tote und 40 Verletzte auf dem Pflaster liegen
➤ der Türke Mulis P. in der vergangenen Woche nach Deutschland ausgeliefert wurde, weil er mit seiner 500 Mann starken Bande allein in drei Jahren rund 90 000 Kurden nach Deutschland geschmuggelt haben soll
➤ die Kieler Industrie- und Handelskammer ihre Mitglieder über den Umgang mit Schutzgeldpressern per Faltblatt informieren muss,

ist bei vielen der erste Reflex: Deutschland verkommt zum Ausplünderungsland.

Zwar ist die Ausländerkriminalität insgesamt rückläufig, doch im Bereich der organisierten Kriminalität, bei Gewaltdelikten und Diebstahl ist der Anteil verurteilter ausländischer Täter überproportional hoch.

Der Spiegel

1 **Delikte**

1   Welche von diesen Delikten werden im Text erwähnt?

a   drug dealing

b   extortion

c   crimes of violence

d   firearms offences

e   prostitution

f   robbery

g   theft

2   Übersetzen Sie die Delikte a–g ins Deutsche.

2 **Aussagen des Textes**

Welche Aussage ist dem Text nach richtig – a oder b?

1 a   Der Versuch, Immigranten in die deutsche
     Gesellschaft zu integrieren, ist gescheitert.
   b   Der Versuch, Immigranten in die deutsche
     Gesellschaft zu integrieren, wird scheitern.

2 a   Immer mehr deutsche Bürger fallen kriminellen
     Ausländern zum Opfer.
   b   Immer mehr deutsche Bürger glauben, dass
     Ausländer an der steigenden Kriminalität schuld
     seien.

3 a   Die Umfrage in Westfalen deutet an, dass
     Deutsche Ausländern gegenüber misstrauischer
     und aggressiver werden.
   b   Die Umfrage in Westfalen deutet an, dass
     Ausländer Deutschen gegenüber misstrauischer
     und aggressiver werden.

4 a   Die Berichterstattung in den Medien über
     Straftaten von Ausländern rechtfertigt das
     Misstrauen der Deutschen.
   b   Die Berichterstattung in den Medien über
     Straftaten von Ausländern verstärkt das Klima des
     Misstrauens.

5 a   Deutschland wird von den Immigranten
     ausgeplündert.
   b   Viele Deutsche meinen, ihr Land werde von den
     Immigranten ausgeplündert.

6 a   Immer mehr Straftaten werden in Deutschland von
     Ausländern begangen.
   b   Immer weniger Straftaten werden in Deutschland
     von Ausländern begangen.

B))) **„Ich muss blöd gewesen
sein"**

Rapper Hakan Durmus über seine Zeit in der Kreuzberger*
Türken-Gang »36 Boys«

Vier seiner letzten zehn Lebensjahre verbrachte Durmus, 24,
im Gefängnis. Derzeit ist er Freigänger und arbeitet mit der
Gruppe „Kan.AK"** an seiner ersten Rap-CD.

*Kreuzberg: Stadtteil von Berlin
**Kanake: abusive term for foreigners

3 **Verständnisfragen** **B**)))

Hören Sie den Bericht und beantworten Sie die Fragen in
vollständigen Sätzen.

1   Warum findet Hakan es schwierig, sich wieder in die
     Gesellschaft zu integrieren? Nennen Sie zwei Gründe.

2   Warum wurde Hakan kriminell? Nennen Sie drei
     Gründe.

3   Warum war Hakan damals stolz auf seinen
     Spitznamen und wie denkt er heute darüber?

4   Was ist heute aus den „36 Boys" geworden?

5   Wie verstehen Sie seine Aussage: „Alles schien wie ein
     Film, wie ein Computerspiel"?

4 **Interview**

Partnerarbeit. Hakan Durmus ist jetzt 29 Jahre aus. Wie
sieht sein Leben aus? Bereiten Sie ein Interview mit ihm
vor. Entscheiden Sie unter anderem:

• ist er wieder straffällig geworden?

• hat seine erste CD Erfolg gehabt?

• wohnt er jetzt in Deutschland oder in der Türkei?

• wie versteht er sich jetzt mit seinen Eltern?

Sündenbock Ausländer

„Asphalt"-Magazin spricht mit Professor Christian Pfeiffer vom Kriminologischen Forschungsinstitut Niedersachsens in Hannover.

1 **Hörverständnis** A)))

Hören Sie die Aufnahme. Schreiben Sie eine Zusammenfassung der Hauptpunkte auf Englisch (zwei Sätze, maximal 40 Wörter). Sie sollten dabei Folgendes erwähnen:

- attitudes towards foreigners
- what the statistics indicate

B

Sündenbock Ausländer

Es ist falsch. Es ist gefährlich. Doch es hält sich hartnäckig. Das Vorurteil, Ausländer seien krimineller als Deutsche, geistert seit vielen Jahren durch die Lande, ohne dass es sich belegen ließe. Politiker schüren es, indem sie willkürlich Daten aus der Statistik reißen und deren fragwürdige Erhebungs-grundlagen verschweigen. Sie nähren damit tiefsitzende Fremdenängste in Teilen der Bevölkerung. Und sie heizen ein gesellschaftliches Klima an, vor dem die so genannten Fremden Angst haben müssen.

Die Zahlen allein mögen erschrecken. Rund 30 Prozent aller Tatverdächtigen sind Ausländer. Dabei beträgt der Anteil von Nichtdeutschen an der Gesamtbevölkerung nur etwa zehn Prozent. Daraus kann man jedoch keineswegs den Schluss ziehen, hier lebende Menschen ohne deutschen Pass begingen mehr Straftaten als Deutsche.

So erfasst die Kriminalstatistik nur Tatverdächtige. Und verdächtigt – da sind sich die Wissenschaftler einig – werden die äußerlich auffälligen Ausländer viel eher. In die Statistik fließt nicht mehr mit ein, wie viele Verfahren die Richter einstellen, wie viele Beschuldigte sie freisprechen. Und es werden nicht mehr Ausländer verurteilt, als es ihrem Anteil an der Bevölkerung entspricht.

Und die Datensammlung vermischt völlig Verschiedenes. Sie bezieht ausländer-spezifische Straftaten ein – Delikte also, die Deutsche gar nicht begehen können. Ungefähr ein Viertel der tatverdächtigen Ausländer wird überhaupt nur registriert, weil sie gegen das Ausländer- oder das Asylverfahrensgesetz verstoßen. Illegal Eingereiste, Touristen oder Durchreisende zählen zwar nicht zur Wohnbevölkerung; verstoßen sie aber – zum Beispiel in Gestalt von Autoschiebern – gegen Strafgesetze, geraten sie in die

Kriminalstatistik. Die Folge: Es entsteht der trügerische Schein, dass die Ausländer – also hier lebende Nichtdeutsche – überdurchschnittlich viele Delikte begehen. Gleichgültig, ob deutsch oder nichtdeutsch: Am häufigsten kriminell werden in Großstädten lebende, zur Unterschicht zählende junge Männer. Dass es deutlich mehr Ausländer gibt, die diese sozialen Merkmale erfüllen, verzerrt auch die Statistik – und das Bild von der Wirklichkeit.

Ausländer sind keine besseren, sie sind aber auch keine schlechteren Bürger als Deutsche. Wer an verantwortlicher Stelle einen anderen Eindruck aufkommen lässt, lädt Schuld auf sich. Er ist mitverantwortlich dafür, dass eine Bevölkerungs-gruppe zu Sündenböcken für wachsende Unsicherheit und grassierende Existenzängste in Zeiten der Krise gestempelt wird – Sündenböcke, von denen Extremisten meinen, sie dürften sie jagen.

2 Richtig, falsch oder nicht im Text?

Lesen Sie Text **B**. Entscheiden Sie, ob die folgenden Aussagen laut Text richtig (R) oder falsch (F) sind oder ob dazu nichts gesagt wird (?).

1 Ausländer sind krimineller als Deutsche.

2 Die Statistik wird dazu missbraucht, das Misstrauen der Bevölkerung Ausländern gegenüber zu steigern.

3 Die Zahlen beweisen, dass Ausländer überproportional an Straftaten beteiligt sind.

4 Ausländer werden öfter verdächtigt, weil sie auffällig sind.

5 Fünfundzwanzig Prozent aller Ausländer verstoßen gegen das Ausländer- oder das Asylverfahrensgesetz.

6 Nur diejenigen Ausländer, die in Deutschland wohnen, werden in der Kriminalstatistik berücksichtigt.

7 Junge, unterprivilegierte Männer wohnen meistens in Großstädten.

8 Wer behauptet, Ausländer seien krimineller als Deutsche, ist für die rassistische Verfolgung von Ausländern mitverantwortlich.

Grammatik: Partizipien als Adjektive

Im Deutschen wie im Englischen kann man ein Partizip Präsens oder ein Partizip Perfekt als Adjektiv benutzen:

> die **verurteilten** Straftäter   the convicted criminals
>
> die **wachsende** Unsicherheit   the growing insecurity

Im Deutschen ist diese Struktur jedoch viel flexibler: Man kann ganze Relativsätze als Adjektive verwenden:

> die **neulich in Frankfurt verurteilten** Straftäter
>
> die **seit 1993 in Deutschland langsam wachsende** Unsicherheit

anstatt:

> die Straftäter, die neulich in Frankfurt verurteilt wurden
>
> die Unsicherheit, die seit 1993 langsam in Deutschland wächst

Da eine solche Struktur im Englischen nicht möglich ist, muss man sie mit einem Relativsatz übersetzen:

> die neulich in Frankfurt verurteilten Straftäter
>
> the criminals who were recently convicted in Frankfurt
>
> die seit 1993 in Deutschland langsam wachsende Unsicherheit
>
> the insecurity which has been slowly growing in Germany since 1993

■ Grammatik zum Nachschlagen, S. 164

---

3 Trügerische Statistik

Im Text wird behauptet, die Kriminalstatistik liefere ein falsches Bild von den in Deutschland lebenden Ausländern. Erklären Sie, wie dies laut dem Text geschieht (vier Aspekte). Sie dürfen einzelne Wörter oder Ausdrücke aus dem Text verwenden. Vermeiden Sie es jedoch, ganze Sätze zu kopieren.

4 Übersetzung

1 Übersetzen Sie die unterstrichenen Sätze in Text **B** ins Englische. Beachten Sie dabei die Ratschläge im Grammatik-Kästchen.

2 Übersetzen Sie die folgenden Sätze ins Deutsche. Schreiben Sie für jeden Satz zwei Versionen: (i) mit einem Relativsatz; (ii) mit einem Partizip.

a These misleading statistics (sing.) distort our image of the Turks who live in Germany.

b Politicians and journalists are responsible for the insecurity which has been growing in Germany for the last decade. (use 'seit')

c Young foreigners who live in Germany are neither better nor worse ('weder … noch') than German youths.

5 Aufsatz

Schreiben Sie einen Aufsatz zum Thema „Kriminelle Ausländer – Problem oder Schein-Problem?" (max. 350 Wörter).

Verbrechen ohne Grenzen

Einstieg

Was heißt eigentlich „organisiertes Verbrechen"? Versuchen Sie, den Begriff auf Deutsch zu definieren.

Nennen Sie Filme, die Sie gesehen haben, in denen das organisierte Verbrechen dargestellt wird.

A

Paten arbeiten gerne mit Nachrichtendiensten

Während die Polizei versucht, die Topleute der organisierten Kriminalität zu fassen, sitzen die Ziele ihrer Ermittlungen mit Regierungschefs und Vorstandsvorsitzenden beim Dinner – dieses Bild zeichnete der Frankfurter Journalist und Schriftsteller Jürgen Roth während seines Vortrages in der Stadtbücherei.

Erste These von Roth ist, dass die organisierte Kriminalität schon längst fester Bestandteil der Gesellschaft ist und deswegen gar nicht mehr bekämpft werden kann. Zweite These: sie soll auch gar nicht bekämpft werden, dem stehen wirtschaftliche und politische Interessen entgegen. »Die Polizei kann sie nicht bekämpfen, die Politik will sie nicht bekämpfen«. Denn längst hat das organisierte Verbrechen die Bereiche Drogen-, Mädchen- und Waffenhandel, Prostitution und Geldwäsche verlassen und sich in ganz legalen Geschäftsbereichen verbreitet. So ist in den Ländern der ehemaligen Sowjetunion der gesamte Energie- und Edelmetall-Handel fest in den Händen der Russenmafia – und das mit Unterstützung von ganz oben. Der Kommerz ist wichtiger als die Bekämpfung von Verbrechern, so Roth.

Das organisierte Verbrechen ist in den ehemals sozialistischen Ländern Osteuropas Teil des Staatsapparates, so Roth. Doch auch in Deutschland betreibt die Russenmafia ihre Geschäfte. Allein in Berlin gebe es kriminelle Größen, die nicht nur enge Kontakte zur obersten politischen Schicht, sondern auch zum Bundesnachrichtendienst hätten.

Längst gehen die Mafiosi weltweit Geschäften nach, für die sie vor wenigen Jahren zumindest offiziell noch verfolgt worden wären. Die deutsche Polizei erhält von der Politik keine Unterstützung im Kampf gegen die organisierte Kriminalität. So gibt es bei der Frankfurter Polizei eine eigene Dienststelle zur Bekämpfung der organisierten Kriminalität. Doch längst ist das Personal ausgedünnt, immer weniger Geld steht zur Verfügung und die unabdingbare Zusammenarbeit mit Fachleuten des Finanzamtes ist auch nicht mehr möglich, so Roth.

Frankfurter Neue Presse

Internetverbrechen werden zur Routine

Strafverfolgungsbehörden oft machtlos

Stanford/USA. Für Oracle, einen der führenden Anbieter von Datenbanksoftware, sind Angriffe aus dem Internet inzwischen zum Alltag geworden. Im vergangenen Monat versuchte jemand aus Sudan, die Firma zu erpressen. Ein Fall für die Polizei? Nicht für Oracle und Hunderte andere High-Tech-Firmen, die Opfer von Web-Attacken wurden. „Wir haben sie über einige Drohungen unterrichtet", sagt Bill Maimone von Oracle, „aber wir erwarten nicht, dass die Polizei irgendetwas unternimmt. Es ist unwahrscheinlich, dass sie da etwas tun können."

Die High-Tech-Industrie weiß, dass die Polizeibehörden unter anderem wegen Personalmangels kaum etwas gegen die vielen Hacker tun können. Auch sind etliche Unternehmen hinsichtlich der Zusammenarbeit mit den Regierungsbehörden sehr zurückhaltend, denn dazu haben sie zu viele Firmengeheimnisse. Hacker haben also wenig zu fürchten, ihre Angriffe auf die Industrie kosten aber Millionen Dollar.

Nach jüngsten Zahlen des Justizministeriums gab es 1998 nur bei jeder 50. Beschwerde der Industrie eine Anklage. Während die Finanzmittel für die Straf-verfolgung konstant bleiben, wächst die Computerkriminalität rasant. Die US-Firmen gaben im vergangenen Jahr 7,1 Milliarden Dollar für ihre Sicherheit und den Schutz vor Angriffen aus dem Internet aus. Bis 2003 könnte diese Summe auf 17 Milliarden Dollar steigen, wie Analysten erklärten. Die Hacker wissen um die Hilflosigkeit der Behörden. Zwei Monate nach den Aufsehen erregenden Angriffen auf zehn große Online-Unternehmen, darunter auch Yahoo, gibt es noch keine Festnahme.

Berliner Zeitung

---

1 Unbekämpfbares Verbrechen

Lesen Sie Text **A** über das organisierte Verbrechen in Deutschland und Osteuropa und finden Sie die folgenden Details:

1 den Hauptgrund, warum organisiertes Verbrechen nicht bekämpft werden kann

2 die fünf traditionellen Bereiche des organisierten Verbrechens

3 dessen zwei neuere Bereiche in einigen osteuropäischen Ländern

4 ein deutsches Organ, zu dem die Kriminellen angeblich Kontakte haben

5 drei Probleme bei der Bekämpfung solcher Verbrechen für die Frankfurter Polizei

2 Indirekte Rede

Lesen Sie die ersten zwei Absätze von Text **A** noch einmal und fassen Sie Herrn Roths Ansichten zusammen, indem Sie die indirekte Rede verwenden.

Beispiel

Herr Roth behauptet, dass die Topleute der organisierten Kriminalität mit Regierungschefs und Vorstandsvorsitzenden beim Dinner sitzen …

3 Internetverbrechen

Lesen Sie Text **B** über Internetverbrechen in den USA und beantworten Sie die folgenden Fragen auf Deutsch.

1 Wie ist die Haltung der Opfer von Internetverbrechen zur Rolle der Polizei?

2 Warum sind viele Software-Firmen den Regierungsbehörden gegenüber zurückhaltend?

3 Bleibt die Internetkriminalität konstant?

4 Wer trägt die Sicherheitskosten für die High-Tech-Industrie?

5 Was wissen die Hacker?

4 Übersetzung

Übersetzen Sie die folgenden Sätze zum Thema Internetverbrechen ins Deutsche.

1 Internet attacks can come from any country.

2 The firms do not expect that the police can do anything.

3 Because of their company secrets, they are cautious with the authorities.

4 The hackers know that a prosecution is unlikely.

5 Online companies spend billions of dollars annually on protection against Internet attacks.

6 Lack of staff is one reason for the helplessness of the police authorities.

Kultur
SPOT
Die Modebranche

Die Frankfurter Schule für Bekleidung und Mode

Die Frankfurter Schule für Bekleidung und Mode ist eine Berufs-, Berufsfach-, Fachober- und Fachschule mit einer Vielfalt an beruflichen Bildungs- und Ausbildungsangeboten in den Bereichen Textiltechnik, Bekleidung und Körperpflege.

Bilder aus dem Videofilm von der Modeschau

Das Wort »Mode« ist lateinisch-französischen Ursprungs: es heißt Brauch oder Sitte zu einem bestimmten Zeitpunkt, Zeitgeschmack oder die zu einem bestimmten Zeitpunkt bevorzugte Art, sich zu kleiden und zu frisieren.

Pretty in Pink

Rosa lautet die neue Trendfarbe. Von zartem Rosé bis zu knalligem Pink ist alles vertreten. Ein wichtiges Stilelement der kommenden Saison ist auch der Schwarz-Weiß-Kontrast, der in Kombination mit großen Blockstreifen, Rauten und Punkten erst richtig zur Geltung kommt. Der Sommer zeigt sich farbenfroh, denn neben Rosa sind die Farben Mint, Grasgrün, Kanariengelb und Nachtblau ebenfalls stark im Kommen.

Die Modetrends sind enorm schnelllebig geworden; Medien und Mode-Industrie greifen jeden neuen Trend begierig auf. Die Mode liefert Stilelemente aus allen möglichen Zeiten und Kulturen. Alles scheint zu gehen. Es standen dem Einzelnen noch nie zuvor so viele verschiedene Kleidungsstile zur Auswahl und so wenig Stilvorgaben im Weg.

BOSS-Woman

Die Boss-Woman weiß sich mit souveräner Eleganz und sachlicher Strenge perfekt in Szene zu setzen.

Die Business-Frau gewinnt in Anzügen, Kostümen oder Hosenanzügen, uni oder trendy gestreift. Der Clou: Die Revers fallen ziemlich heiß bis zum Hüftknochen, und zwar herunter, und geben den Blick auf nackte Haut frei. Die Knöpfe sitzen daher extrem tief, aber durchaus sehenswert. Abends avanciert die Power-Frau dann zur Femme fatale in transparentem Lurexschimmer. Die klassischen Boss-Stärken: Perfekter Schnitt und Materialien, die alles mitmachen. Das Ergebnis heißt Komfort.

Haste nix, biste nix

Was bedeutet „Armut" in unserer Gesellschaft? Wann gilt man eigentlich als „arm"? Machen Sie einige Notizen und tauschen Sie dann Ihre Ideen in der Klasse aus.

A Macht Armut kriminell?

„Asphalt"-Magazin im Gespräch mit Professor Christian Pfeiffer vom Kriminologischen Forschungsinstitut Niedersachsens in Hannover.

1 Lückentext A)))

Hören Sie zu und ergänzen Sie folgende Sätze mit Ausdrücken aus dem Hörtext.

1 Die zunehmende Diebstahlsrate führt Professor Pfeiffer auf die _____ zurück.

2 Arme Menschen werden immer hoffnungsloser, weil sie keine Möglichkeit sehen, sich _____ aus der Notlage herauszuarbeiten.

3 Heutzutage bedeutet Armut eine _____.

4 Ein Schüler, der sich keine Markensachen leisten kann, hat bei den Mitschülern _____.

5 _____ ist für diesen Zustand mitverantwortlich.

6 _____ ist besser darauf eingerichtet, arme Straftäter zu fangen als wohlhabende.

2 Erklärungen B

Erklären Sie folgende Wörter und Ausdrücke im Zusammenhang des Textes auf Deutsch. Sie sind im Text unterstrichen.

1 Demokratie

2 Waffenschein

3 Faustfeuerwaffe

4 Zivil

5 Unterschicht

6 Lohnsklaven

7 verkommen

8 Machenschaften

3 Zukunftsvisionen B

Welche Teile dieser düsteren Zukunftsvision finden Sie glaubhaft? Welche finden Sie weniger glaubhaft? Machen Sie Notizen und tauschen Sie anschließend Ihre Gedanken in der Klasse aus. Verwenden Sie dabei wo möglich das Futur oder das Futur II.

Beispiel

> Ich glaube, dass Deutschland eine Demokratie bleiben wird.

> Ich glaube nicht, dass man bis 2050 den Waffenbesitz legalisiert haben wird.

4 Reportage 2050 AD B

Schreiben Sie einen Zeitungsartikel über einen Tag im Leben eines/einer der Frankfurter „ID-losen" im Jahre 2050 (max. 350 Wörter). Beantworten Sie dabei die Fragen unten, aber lassen Sie Ihrer Fantasie sonst freien Lauf!

• Was bedeutet Armut im Jahre 2050?

• Wie bekommt ein ID-loser das Notwendigste zum Leben?

• Was ist die Einstellung der ID-losen zur Polizei? Und umgekehrt?

B

FRANKFURT – 2050 AD

Trotz aller Probleme (vor allem die Kriege in Mittel- und Osteuropa) blieb Deutschland immer noch ein Staat, wenn auch mit Einführung des Amtes des ewigen Kanzlers keine Demokratie mehr. Auch Frankfurt, obwohl inzwischen ein „Metroplex" so groß wie ca. ein Drittel von Hessen, blieb eine ganz normale Stadt ohne Sonderstatus. Durch die Steuerreformen und das Herunterwirtschaften der Industrie gegen Ende des 20. Jahrhunderts stiegen in Frankfurt Kriminalität und Armut weiter an. Der Polizei fehlten bald die Mittel gegen organisierte Kriminalität, Banden und Drogenhandel. Im Jahr 2017 übernahmen die Banken schließlich gemeinsam die Stadtverwaltung. Die Polizeiorganisation wurde straffer und der Stadtkern schließlich gesäubert. Frankfurt dehnte sich weiter aus und verleibte sich die umliegenden Landkreise ein.

Im ganzen Stadtgebiet ist der Waffenbesitz legalisiert. Jeder die Polizei bezahlende Bürger bekommt einen Waffenschein und darf eine nichtautomatische Faustfeuerwaffe besitzen, um sich selbst und seinen Besitz gegen andere zu verteidigen, da die Polizei sowieso nicht mehr genug Personal hat. Der moderne Polizist ist mittelschwer bewaffnet und durchstreift die Straßen unauffällig in Zivil. Die SEKs (Sonder-Eingreif-Kommandos) sind vollgepanzert und sehr schwer bewaffnet. Sie kommen mit schnellen, gepanzerten Gruppenfahrzeugen oder Hubschraubern. Eine Person, die keine ID-Nummer besitzt, gilt für die Polizei praktisch als vogelfrei. Im Zweifelsfall wird erst geschossen und dann gefragt.

Wie überall hat sich auch in Frankfurt eine große Lücke zwischen Ober- und Unterschicht aufgetan. Der bürgerliche Mittelstand existiert praktisch nicht mehr. Auf der einen Seite gibt es die Konzernangehörigen, die Reichen und die Stinkreichen, auf der anderen Seite die Lohnsklaven. Die vielen ID-losen, die in den verkommenen Slums leben, und die Gesetzlosen der Straße zählen für niemanden. Aber gerade das macht diese Leute für die Machenschaften der Konzerne nützlich. Keiner kennt oder vermisst sie …

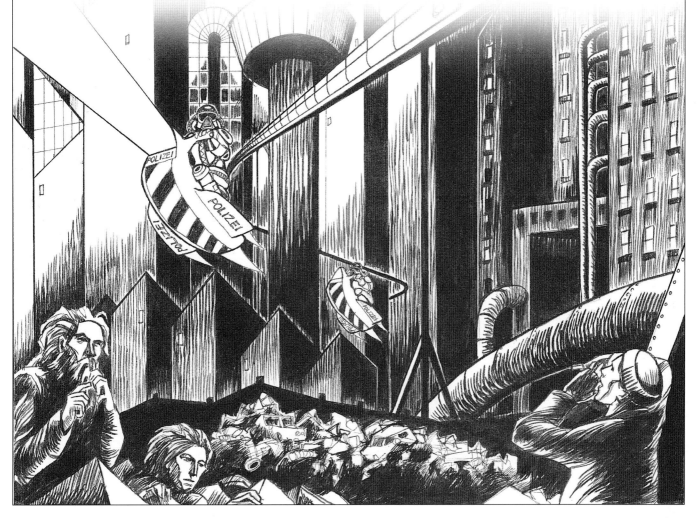

Zu Hause im Heim

Einstieg

Schlagen Sie in einem einsprachigen Wörterbuch nach, was „das Heim" bedeuten kann. Beschreiben Sie dann folgende Ausdrücke mit Ihren eigenen Worten:

- ein trautes Heim
- das Eigenheim
- das Tierheim
- die Heimerziehung
- das Kurheim
- die Heimarbeit
- das Jugendheim

A

Süße Fünfzehn

Jonas' Geschichte ist »typisch« – aber es ist seine ganz persönliche Geschichte

Von Ute Diefenbach

Jonas ist süße Fünfzehn. Er könnte Star in einer Boygroup sein, Mädchenschwarm aus der Daily Soap. Jonas ist süße Fünfzehn, hat eine Bewährungsstrafe am Hals und lebt im Heim.

Die Stationen seines Lebens hat er oft erzählt, erprobt in unzähligen Gesprächen mit Heimleitern, Jugendrichtern, Erziehern ... Es ist die »typische Geschichte«, die man schon tausendmal gehört hat. Doch es ist Jonas' Geschichte. »Also, ich bin 1983 in Frankfurt geboren, meine Eltern waren nicht verheiratet und haben sich getrennt, als ich vier war. Drei Jahre später ist meine Mutter gestorben ... Ich musste zu meinen Großeltern, mit denen konnte ich aber gar nicht und die

nicht mit mir. Nach fünf Jahren bin ich da abgehauen, danach kam ich ins erste Heim ...«

Endstation Sehnsucht – Sehnsucht nach Familie und Geborgenheit. St.

Martin ist der Name des Heimes, in dem Jonas zurzeit lebt.

»Innengeleitete Wohngruppe« nennt sich die Betreuungsform, in der er es seit einem Dreivierteljahr aushält. »Hier ist es besser, als in allen anderen Heimen, in denen ich war. Aber es ist halt nicht Familie; solche Bindungen gibt es da nicht.«

Im Gespräch distanziert er sich von seiner Vergangenheit, ja selbst von der Gegenwart; gedanklich ist er längst einen Schritt weiter. Das Heim verlassen, die Schule machen ... und schließlich das Leben mit dem Vater. Ob es diesmal klappt? Die Realität hat ihn bisher regelmäßig eingeholt.

Frankfurter Rundschau

1 **Heimkind**

Es gibt viele Gründe, warum Kinder zu Heimkindern werden. Diskutieren Sie das Thema gemeinsam in der Klasse und listen Sie dann die von Ihnen gefundenen Gründe auf. Was für Vorurteile könnte es gegen Heimkinder geben?

2   Textverständnis

Berichtigen Sie die folgenden Aussagen mit Hilfe des Textes.

1 Jonas ist nicht vorbestraft und er lebt bei seinen Großeltern.

2 Jonas' Eltern leben gemeinsam in Frankfurt.

3 Im St. Martin-Heim ist es genauso schlimm wie in allen anderen Heimen, in denen er schon war.

4 Im Heim entwickeln sich familienähnliche Bindungen.

5 Er hat Probleme wegen Schuleschwänzen, Schlägereien und einer versuchten Vergewaltigung.

6 Jonas steht zu seiner Vergangenheit.

Denken Sie dran!

OFFENE KONDITIONALSÄTZE

In „offenen" Konditionalsätzen, wenn es sehr wahrscheinlich ist, dass eine gestellte Bedingung erfüllt wird, benutzt man im Deutschen den *Indikativ*. Im Englischen entspricht das einem Konditionalsatz ohne „would".

Wenn Jonas straffrei bleibt, kann er sich vielleicht seinen Traum von einem normalen Leben erfüllen.

If Jonas stays out of trouble, maybe he can fulfil his dream of a normal life.

Vergleichen Sie den Satz oben mit folgendem Beispiel eines „unwahrscheinlichen" Konditionalsatzes:

Wenn Jonas straffrei bliebe (oder: *bleiben würde*)*, könnte er sich vielleicht seinen Traum von einem normalen Leben erfüllen.*

If Jonas stayed (*or*: were to stay) out of trouble, maybe he would be able to fulfil his dream of a normal life.

Mit dem Gebrauch des *Konjunktivs* drückt man aus, dass die Erfüllung der Bedingung zwar nicht unmöglich, aber doch eher *unwahrscheinlich* ist.

■ Grammatik zum Nachschlagen S. 178

---

3   Bedingungen für Jonas

Formulieren Sie Konditionalsätze (mit dem Konjunktiv und mit dem Indikativ). Welche Bedeutungsunterschiede bestehen? Erklären Sie auf Englisch.

1 keine Drogen nehmen / die Leistungen verbessern

2 eine Lehrstelle finden / möglicherweise die Ausbildung beenden

3 sich von der Verbrecher-Clique fern halten / bestimmt bald einen neuen Freundeskreis aufbauen

4 den Sozialarbeitern vertrauen lernen / sein Selbstvertrauen stärken

5 sich von der Vergangenheit lösen / die Chancen der Gegenwart nutzen

6 ein Unrechtsbewusstsein entwickeln / seine Taten wieder gutmachen

---

B))) ## Der Jugendwohnverbund St. Martin der Caritas

4   Lückentext

Hören Sie den Text über das Heim, in dem Jonas lebt, und ergänzen sie die Zusammenfassung mit Informationen (Wörtern oder Ausdrücken) aus dem Hörtext.

Roswitha und Peter Hoffmann sind die Leiter des ____(1)____. Ein Tag im Jugendheim kostet ____(2)____. Die Erfolgsaussichten der Heimbewohner auf ein normales Leben betragen ____(3)____. In Frankfurt leben ____(4)____ in einem Heim, davon ____(5)____ in St. Martin. Das Heim hat ____(6)____ Wohnungen, dort arbeiten ____(7)____ Sozialpädagogen ____(8)____ Stunden am Tag. Das Ehepaar Hoffmann sieht, dass ____(9)____ härter geworden sind. Sehr viele Jugendliche kommen aus Familien mit ____(10)____. Wenn die Heimbewohner nicht zu den Eltern zurückkehren können, gibt es ____(11)____ der „Verselbstständigung": zuerst wohnt man in einer „innengeleiteten" ____(12)____, dann in einer ____(13)____ und letztendlich in der Form des „betreuten Wohnens".

5   Rollenspiel

Stellen Sie sich vor, Sie arbeiten in einem Jugendheim – Rolle A: Sozialarbeiter(in) – und Sie diskutieren mit einem/einer Jugendlichen im Heim (Rolle B) über seine/ihre Vergangenheit und Zukunft. Bereiten Sie mit Hilfe der Texte **A** und **B**))) ein Rollenspiel vor, das Sie wenn möglich auf Video aufzeichnen können. Sie sollten so viele Konditionalstrukturen wie möglich benutzen.

Wenn Kinder zu Verbrechern werden

Einstieg

Wissen Sie, ab wann Kinder in Ihrem Land strafmündig sind, das heißt, ab wann sie strafrechtlich zur Verantwortung gezogen werden können? In Deutschland gab es Forderungen, das Alter für Strafmündigkeit von 14 auf 12 Jahre herabzusetzen. Finden Sie das richtig? Warum (nicht)?

A

Schein und Sein

Experten warnen eindringlich: „Kinder- und Jugendkriminalität kann nicht länger als Ausdruck einer vorübergehenden Krise des Heranwachsens interpretiert werden." Die Gesellschaft müsse „eine Verfestigung krimineller Karrieren befürchten", so der Kriminologe Christian Pfeiffer, wobei eine Ursache für diese Karrieren die „Schere zwischen Arm und Reich" sei. In der Bundesrepublik, zumal in den neuen Ländern, entwickele sich eine „Gewinner-Verlierer-Gesellschaft". Und „die Kinder", sagt Pfeiffer, „gehören heute schon zu den Verlierern".

Die Kids bekommen es täglich vorgeführt. Nie gab es so viel Werbung, so viele verlockende Dinge per Kabel auf den Bildschirmen in den Kinderzimmern. Das „Bild vom Reich-Sein", sagt Pfeiffer, werde zugleich übermächtig und unerreichbar.

Die gefährlicheren Leitbilder kommen auch per Kabel: Bilder der Gewalt. Horrorszenen im Fernsehen, brutale Video-Filme, grausame bunte Bilder im Internet zerstören regelrecht die Seele von Kindern, verzerren die Wirklichkeit.

Kettensägenmonster als Vorbild: Das Fernsehen, sagt der Kommunikationswissenschaftler Jo Groebel, habe die Welt auf den Kopf gestellt. „Während es in der Vergangenheit für Schauspieler die Devise gab, der Wirklichkeit möglichst nahe zu kommen, bemüht man sich jetzt, in der Realität die Filmfiguren nachzuahmen."

Kinder gegen Kinder: Der Großteil der Kriminalität spielt sich auf den Schulhöfen und auf dem Heimweg ab. 80% der Frankfurter Schüler, so rechnen Experten, sind schon einmal erpresst worden. Raub und Erpressung drehen sich um die kleinen Glitzerdinge des Schülerlebens, die manche im Überfluss haben, die andere wohl nie bekommen werden: teure Turnschuhe, der Rucksack, der leider etwas mehr im Trend liegt als der eigene, die schicke Jacke mit dem Markennamen groß auf dem Rücken. An manchen Schulen zeugt es schon von Schwäche, nicht Mitglied einer Kindergang zu sein.

Der Spiegel

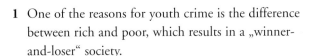

1 **Übersetzung ins Deutsche**

Übersetzen Sie die folgenden Sätze ins Deutsche. Text **A** wird Ihnen dabei helfen.

1 One of the reasons for youth crime is the difference between rich and poor, which results in a „winner-and-loser" society.

2 Children never watched so much advertising on TV; the daily influence of this overwhelming image of wealth can be very dangerous.

3 Violence, horror films and brutality on TV distort reality and too many children try to copy their movie heroes.

4 According to experts blackmail is nothing unusual for school children; many of them also have been robbed.

5 Less well-off children are envious of expensive clothes and designer products.

2 Traum und Wirklichkeit

Finden Sie im Text die Gegensätze zu den Wörtern im Kästchen.

arm	Gewinner	immer	schwach
sanft	aufbauen		Minderheit
Mangel	verschenken	billig	Stärke

Denken Sie dran!

„wenn", „als" und „wann"

Das englische Wort „when" kann man mit *wenn*, *als* oder *wann* ins Deutsche übersetzen. Aber Achtung: *wenn*, *als* und *wann* sind nicht austauschbar!

when + present tense
wann + Präsens:

> **When** he wears expensive trainers, they get stolen.

> ***Wenn** er teure Turnschuhe trägt, werden sie gestohlen.*

when + past tense (single event or lasting state)
als + Tempus der Vergangenheit:

> **When** he wore expensive trainers (on Tuesday), they got stolen.

> ***Als** er (am Dienstag) teure Turnschuhe trug, wurden sie gestohlen.*

when(ever) + past tense (repeated event)
(immer) wenn + Tempus der Vergangenheit:

> **When(ever)** he wore expensive trainers, they got stolen.

> ***(Immer) wenn** er teure Turnschuhe trug, wurden sie gestohlen.*

when?
wann?

> **When** were the trainers stolen?

> ***Wann** wurden die Turnschuhe gestohlen?*

3 Wenn oder als?

Beantworten Sie die Fragen.

Beispiel

Wann können Kinder in Deutschland gerichtlich bestraft werden? (sie / 14 Jahre alt sein)

Kinder in Deutschland können gerichtlich bestraft werden, wenn sie 14 Jahre alt sind.

1 Wann wurde die 13-Jährige vergewaltigt? (sie / auf dem Heimweg von der Disko sein)

2 Wann gibt es besonders viele Einbrüche? (es / abends dunkel geworden sein)

3 Wann wird die Öffentlichkeit schärfere Jugendstrafen fordern? (die Anzahl der Gewaltverbrechen durch jugendliche Täter / drastisch ansteigen)

4 Wann wurde der Junge jedes Mal gewalttätig? (er / Drogen nehmen)

5 Wann begann ihre kriminelle Karriere? (ihre Eltern / sich scheiden lassen)

6 Wann liefen sie immer von zu Hause weg? (ihr Vater / betrunken sein)

4 Prävention – bevor es zu spät ist

Wie können Straftaten verhindert werden? Formulieren Sie (in einem Satz) je einen konkreten Vorschlag zu folgenden Themenbereichen:

Beispiel

die Erziehung im Elternhaus: Wenn Verwandte oder Bekannte bemerken, dass Kinder in der Familie geschlagen werden, sollten sie versuchen, offen darüber zu sprechen.

- die Erziehung im Elternhaus
- der Einfluss von Kindergarten und Schule
- das Freizeitangebot
- die Rolle staatlicher Stellen wie Kinder- und Jugendhilfe
- Angebote der beruflichen Bildung
- Arbeitsmarktpolitik

*E*infach draufgehauen

Von wem könnten die folgenden Aussagen zum Thema Jugendkriminalität stammen: Vom Täter? Vom Opfer? Vom Staat?

A „Schon als Kind schlugen mich meine Eltern. Irgendwann habe ich dann halt zurückgehauen."

B *Jugendliche werden vor allem in den Bereichen kleine und mittlere Kriminalität straffällig. Dazu gehören in erster Linie die Delikte Schwarzfahren und Ladendiebstahl."*

C „Ich hatte nach dem Hauptschulabschluss keine Lehrstelle bekommen und hing nur noch mit der Clique rum, mit der ich meine ersten Einbrüche gedreht habe."

D *„Nach der Vergewaltigung konnte ich lange Zeit keinem Mann mehr nahe kommen."*

E „In der Schule verprügelten sie mich und nahmen mir immer wieder mein Taschengeld ab. Ich hatte einfach nur noch Angst."

F „Der Anteil der Tatverdächtigen in der Altersgruppe der 14- bis 21-Jährigen liegt in Deutschland bei etwa 17 bis 18 Prozent.

A

Von A wie Arbeitslosigkeit bis Z wie Zappen

Volker Mazassek

Die Faktoren, die Wissenschaftler und Praktiker als Ursache für kriminelles Verhalten anführen, erreichen eine stattliche Zahl. Wenn man das alles zusammenzählt, müsste eigentlich jeder Jugendliche krumme Dinger drehen. Das aber trifft nicht zu – oder vielleicht doch? Wer hat in jungen Jahren nicht mal einen Schokoriegel im Laden mitgehen lassen?

Ein Sozialprofil der Täter, die vor Gericht landen, ist in Frankfurt zwar noch nicht erstellt worden, aber aus Untersuchungen in anderen Großstädten ist bekannt: Geringe Bildung und Arbeitslosigkeit finden sich häufig bei hartnäckigen Tätern. Nach einer Aufstellung der Justizvollzugsanstalt (JVA) Wiesbaden, wo auch die straffälligen Frankfurter Heranwachsenden einsitzen, haben nur

37 Prozent der jungen Gefangenen einen Hauptschulabschluss. Der große Rest steht ohne da. Gut ein Drittel hat keine Ausbildung begonnen, die meisten sind arbeitslos. Die schlechte wirtschaftliche Lage – also Lehrstellenmangel, fehlende Arbeitsplätze und Armut – treibe Jugendliche in die Kriminalität. Allerdings besteht ein kausaler Zusammenhang schon deswegen nicht, weil viele junge Leute, die einen niedrigen Bildungsstand und schlecht bezahlte Jobs haben oder arbeitslos sind, eben nicht kriminell werden. Armut und soziale Deklassierung können somit allenfalls als Risikofaktoren bezeichnet werden.

Eine weitere Ursache sind Defizite in der Sozialisation, die in die Kinderzeit zurückreichen. 80 Prozent der Strafgefangenen zeigten schon

auffälliges Verhalten, bevor sie 14 waren. Die familiären Strukturen zerbröseln, die Eltern kümmern sich nicht. Da ist keiner, der Halt gibt und Grenzen setzt, Fähigkeiten fördert und Aufmerksamkeit gewährt. Diese offenbar um sich greifende Vernachlässigung der Kinder scheint ein entscheidender Risikofaktor für Kriminalität zu sein.

Gefordert sind also in erster Linie die Eltern, doch ist die Einbeziehung der Eltern in der Praxis oft schwierig. Dann nämlich, wenn der Vater seinen Sprössling mit Prügeln im Zaun zu halten versucht. Auch das erweist sich im Übrigen immer wieder als kriminalitätsfördernder Faktor. Es ist hinreichend belegt, dass Kinder, die ständig Gewalt erfahren, später oft selbst gewalttätig werden.

Frankfurter Rundschau

1 **Klassengespräch**

Warum werden Jugendliche kriminell? Tragen Sie Gründe zusammen und formulieren Sie ganze Sätze. Die Vokabeln im Kästchen helfen Ihnen.

arbeitslos	drogenabhängig	einsam
erfolglos	geschieden	Gewaltverherrlichung
	Gruppenzwang	neidisch

2 **Textverständnis**

Beantworten Sie die Fragen zum Text mit Ihren eigenen Worten.

1 Was erfahren Sie über die Anzahl der Ursachen für kriminelles Verhalten?

2 Wodurch wird das soziale Profil von Wiederholungstätern bestimmt?

3 Wie viel Prozent der jugendlichen Strafgefangenen in Frankfurt haben keinen Schulabschluss?

4 Führen fehlende Arbeitsplätze und Armut auf jeden Fall in die Kriminalität?

5 Welche Probleme hatten viele jugendliche Straftäter schon in ihrer Kindheit und warum?

6 Was verstärkt gewalttätige und kriminelle Tendenzen bei Jugendlichen?

3 **Stilebenen**

Ordnen Sie die folgenden Sätze verschiedenen Stilebenen zu:

A neutraler Stil

B Umgangssprache

1 Er hat schon wieder ein krummes Ding gedreht.

2 Die straffällig gewordenen Jugendlichen sind immer jünger.

3 Sie hat im Kaufhaus ab und zu etwas mitgehen lassen.

4 Es wurden Wertgegenstände gestohlen.

5 Nichts wurde entwendet.

6 Im letzten Jahr wurden weniger Straftaten begangen.

7 Hast du noch nie etwas geklaut?

Die Abwärtsspirale beginnt, wenn das TV die Elternrolle übernimmt

Wenn _____(1)_____ sich selbst überlassen bleiben, trete als _____(2)_____ des Lebens das Fernsehen an die Stelle der Eltern, glaubt ein Frankfurter _____(3)_____. Seine Problemschüler verbrächten den Großteil ihrer Freizeit vor der Kiste. „Ihre Vorbilder sind die _____(4)_____ der US-Serien – dementsprechend schlagen sie drauf." Und so wie sich die Kleinen durchs Programm zappen, so hampeln sie auch durch ihren _____(5)_____. Keine Konzentration und _____(6)_____ im Unterricht, vor allem wenn irgendetwas nicht gleich klappt. Die Folge: schlechte Leistungen, vielleicht nur _____(7)_____ zur Hauptschule und damit magere _____(8)_____.

Frankfurter Rundschau

4 **Lückentext**

Setzen Sie die Wörter aus dem Kästchen in den Text ein. Achtung: Es gibt mehr Wörter als Lücken.

Alltag	Ausdauer	Ausnahme	Eingang
Grundschulleiter	Helden	Kinder	Leben
Lehrmeister	Übergang	Zukunftsperspektiven	

5 **Konjunktiv**

Formulieren Sie die indirekte Rede in Text in Sätze mit direkter Rede um.

Einfach draufgehauen

Auf dem »Heißen Stuhl«

Von Ute Diefenbach

Prof. Jens Weidner

Sie kommen nicht aus Einsicht, sondern weil die Justiz ihnen die Teilnahme aufgezwungen hat. Beim Anti-Gewalt-Training sollen aggressive Jugendliche lernen, ihre Wut zu kanalisieren. Auf dem »Heißen Stuhl« wird der Schläger zum Geschlagenen. Jens Weidner entwickelte das Anti-Aggressions-Training auf der Basis eines amerikanischen Modells.

Wie ein Häufchen Elend sitzt Aleks da. Guckt auf den Boden, weicht den Blicken der anderen aus. »Der lag also schon auf dem Boden, ja? Und du hast noch mal zugetreten? Direkt ins Gesicht? Ist das Blut da schon geflossen? Na sag schon. Kannst du nicht sprechen, häh?« Drei Stunden geht das jetzt schon so. Aleks ballt die Hände zu Fäusten, als ihm einer ins Haar greift. »Das nervt dich, wenn ich dich anfasse, stimmt's? He? – Wie reagierst du denn normalerweise, wenn dich jemand blöd anmacht?« – »Aufhören«, bittet Aleks. Der 18-Jährige ist sichtlich fertig, aber – und das war der Zweck der Übung – er hat den »Heißen Stuhl« überstanden. Normalerweise reagiert er auf schräge Anmache mit der Faust. Gewalt ist das einzige »Argument«, das er kennt. Diesmal ist er nicht ausgerastet: »Es hat mir keinen Spaß gemacht, angemacht zu werden, aber danach wusste ich dann, dass ich mich auch beherrschen kann.«

Prof. Weidner mit Jugendlichen im Gefängnis

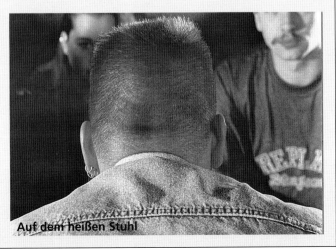

Auf dem heißen Stuhl

Ⓐ))) Anti-Gewalt-Training

1 Textverständnis

Hören Sie Text Ⓐ))) und beantworten Sie die Fragen auf Englisch in Notizform.

1 What is the aim the new concepts?

2 When did the concept emerge in the USA and in Germany?

3 What is Weidner's task in the Frankfurt 'Institut für Sozialarbeit und Sozialpädagogik'?

4 Which authorities are expecting a lot of the project?

5 Who are the weekend workshops aimed at?

6 How long will the training last and what will be the age of the participants?

7 Who is not permitted to take part?

2 Definitionen ◆B

Welche Definition (a–i) passt zu welchem Wort oder Ausdruck aus dem Text (1–9)?

1 die Einsicht
2 die Wut
3 das Elend
4 ausweichen
5 sich beherrschen
6 anfassen
7 „fertig sein" (ugs.)
8 die schräge Anmache (ugs.)
9 ausrasten

a müde, erschöpft sein
b Emotionen zurückhalten, kontrollieren
c Erkenntnis
d Traurigkeit, Armut, Not
e mit der Hand berühren, greifen
f starkes Gefühl von Ärger, Zorn
g unangenehme Art, jemanden anzusprechen
h etwas Unangenehmes vermeiden
i die Nerven verlieren und sich plötzlich aggressiv verhalten

3 Für und Wider ◆B

1 Was glauben Sie: Macht es überhaupt Sinn, mit gewalttätigen Jugendlichen zu arbeiten? Finden Sie Argumente dafür und dagegen. Bedenken Sie:

• die Kosten solcher Projekte
• die Bereitschaft der Täter zur Teilnahme
• den zeitlichen Rahmen
• die emotionalen Probleme
• die Perspektive der Opfer
• die Chancen der Besserung.

2 Bilden Sie dann zwei Gruppen und diskutieren Sie die Frage „Können sich jugendliche Gewalttäter ändern?".

Ⓒ))) Keine Streicheleinheiten für harte Jungs

4 Textverständnis

Hören Sie Abschnitt A des Interviews mit Dieter Hansen und Frank Römhild und finden Sie die deutschen Worte für die folgenden englischen Begriffe:

• violent young offender
• fight
• serious assault
• probation

5 Hoffnung auf Erfolg?

1 Stellen Sie, bevor Sie Abschnitt B des Interviews hören, Vermutungen über den Erfolg des Anti-Gewalt-Trainings an. Begründen Sie Ihre Meinungen.

2 Fassen Sie dann Abschnitt B auf Deutsch in 50 Wörtern zusammen. Erwähnen Sie Folgendes:

• wie viele Jugendliche den Trainingskurs abgeschlossen haben
• wie sich die Teilnehmer verändert haben
• ob die Jugendlichen wieder gewalttätig geworden sind

6 Aufsatz

Schreiben Sie einen Aufsatz von max. 350 Wörtern zum Thema „Jugendliche Gewalt in Deutschland – ein unlösbares Problem?", in dem Sie Ursachen und Lösungsansätze besprechen und vor allem Ihre eigene Meinung zum Ausdruck bringen. Sie können dafür die Materialien der letzten acht Seiten benutzen.

Tips for writing coursework

1 Choosing your topic and title

Your choice of topic and title will be the key to your success in written coursework, so think very carefully and ask your teacher for advice. It is vital that your topic interests you, and that you have a clear *understanding* of it. It must primarily relate to a German-speaking country. As well as your own free time and study interests, think about links with your other school subjects (e.g. art – you could write about an artist or architect from a German-speaking country), and about any links you have with people or places in the German-speaking countries.

Your *title* will need to focus on a specific aspect of your topic – make sure it is not too vague, as you will be given marks for the relevance of what you write to your title, and you will need to develop an argument. Often a question works best, as your task is then clearly to answer it. Make sure it is a title which enables you to give *facts*, *comment* on them and *evaluate* them.

> *Kriminalität in Deutschland (too vague!)*

> *Die zunehmende Jugendkriminalität in Deutschland - ein unlösbares Problem?*
>
> *(more specific, so easier to write about!)*

Alternatively, your exam board may allow you to submit a piece of creative writing as coursework, e.g. 'Tagebuch eines 16-jährigen Autodiebes'. Check with your teacher.

2 Knowing what's expected

Make sure you know at an early stage what the exam board will be looking for in your coursework. How many of the *marks* are allocated for factual content? What sort of organisation and structure do they want to see in your work? How about factual accuracy? Ask your teacher for information.

3 Collecting material

Look for source material *in German* to inform your writing – you do not have to understand every word, and it will give you the subject-specific vocabulary you need. You might include some direct quotes from the material, naming the source, but you will mostly be re-phrasing the information to make the German your own. Look for statistics and other factual details, and make a list of the quotes you wish to use.

Use German search engines on the Internet, and keep exact details of web pages used to list in your bibliography. Many German newspapers and magazines have online versions with useful archives of past articles where you can search. Material on specific topics can be ordered from the Goethe Institut library.

4 Planning

Making a careful and thorough plan in advance of writing will help to maximise your marks. You may also have to submit it to the exam board with your work. Write the plan in German, using key words and phrases, and use it to check that the structure of your writing will be clear and logical, and that you have included everything you need to. You could use headings like these:

> **Einleitung:** *(in the introduction, explain which aspects of the title you will be looking at)*
>
> **Teil 1:** *(write about each main aspect of your title in a separate section, giving it a mini title in the plan)*
> - **Absatz 1:** *(perhaps use separate paragraphs within the section to look at arguments for and against)*
> - **Absatz 2:** *(make only one main point per paragraph, and illustrate with examples)*
> - **Absatz 3:**
>
> **Teil 2:**
> - **Absatz 1:**
> - **Absatz 2:**
> - **Absatz 3:**
>
> **Teil 3:**
> - etc.
>
> **Schluss:** *(use the conclusion to briefly summarise the points you have made and to give your final response to the title. Think about your final sentence – you could perhaps use a quote, or a question relating to the future.)*

5   Lists of useful words and phrases

Before you start writing, prepare two lists to help you with the German and to ensure you maximise your language marks:

- a list of key *subject-specific vocabulary*, making sure you know the genders and, where needed, plurals of nouns, as well as forms of any irregular verbs

- a list of useful *phrases for giving opinions* and showing off a wide range of structures.

Fachvokabeln

das Jugendheim (-e)

die Abwärtsspirale

der Wissenschaftler (-)

das Jugendgericht

der Täter (-)

die Drogenabhängigkeit

der Staat

verdächtigen (reg.)

Nützliche Ausdrücke

Hier werde ich hauptsächlich ... besprechen

Zuerst will ich auf ... eingehen

Es wird oft gesagt, dass ...

Ich habe den Eindruck, dass ...

Auf der einen/anderen Seite ...

Es ist unbegreiflich, dass ...

Es wird zunehmend erkannt, dass ...

Die Statistik macht deutlich, dass ...

Man kommt unweigerlich zu dem Schluss, dass ...

Unbestritten ist, dass ...

Es steht fest, dass ...

6   Checking your work afterwards

When reading through your work, use two checklists: one to check that you have included a range of structures, and one for grammatical accuracy. They might look like this:

Structures – have I included correct examples of the following?

❑ **perfect / imperfect / future tenses**

❑ **subordinate clauses**

❑ **relative clauses**

❑ **subjunctive (conditional)**

❑ **subjunctive (indirect speech)**

❑ **the passive**

❑ **idiom**

Accuracy – have I checked the following?

❑ **verbs – endings, position, construction (e.g. tenses, use with modal verbs)**

❑ **nouns – gender, plural, capital letters**

❑ **cases – after prepositions**

And finally – Good luck!

Quiz

1 Sie sind in Deutschland und müssen bei einem Notfall die Polizei anrufen. Was wählen Sie?

   a 111
   b 199
   c 101
   d 110

2 Welche der folgenden Strafen gibt es in Deutschland nicht?

   a Geldstrafen
   b die Todesstrafe
   c Haftstrafen
   d Bewährung

3 Die Opferhilfe Frankfurt versucht, ...

   a Opfer zu misshandeln.
   b das Leiden der Opfers zu verstärken.
   c dem Opfer bei den schmerzhaften Folgen des Verbrechens zu helfen.
   d das Sicherheitsgefühl des Opfers abzubauen.

4 Jemand, dem man die Schuld an etwas gibt, obwohl er/sie unschuldig ist, nennt man ...

   a einen Sündenbock.
   b einen Sünder.
   c ein Sündenbekenntnis.
   d eine Sünde wert.

5 Die Aussage „Ausländer sind krimineller als Deutsche" ist ...

   a ein Vorteil.
   b eine Vorschrift.
   c ein Vorschlag.
   d ein Vorurteil.

6 Welcher der Folgenden ist kein traditioneller Bereich des organisierten Verbrechens?

   a der Waffenhandel
   b der Ladendiebstahl
   c der Drogenhandel
   d die Geldwäsche

7 Die Armut in unserer Gesellschaft ist ...

   a auch ein Grund für die steigende Diebstahlsrate.
   b ein völlig lösbares Problem.
   c vor allem ein Problem für junge Leute.
   d die Ursache der Drogenabhängigkeit.

8 Heimkinder kämpfen oft gegen ...

   a Haftstrafen.
   b Jugendgerichte.
   c Familienprobleme.
   d Kriminalität im Heim.

9 Ab wann sind Kinder in Deutschland strafmündig?

   a ab 12 Jahren
   b ab 14 Jahren
   c ab 16 Jahren
   d ab 18 Jahren

10 Welches der Folgenden ist nicht typisch für Jugenddelikte?

   a Schwarzfahren
   b Ladendiebstahl
   c Einbruch
   d schwere Körperverletzung

Tipp: Auf diesen Seiten können Sie die Antworten finden:
1 S. 119, 2 S. 120, 3 S. 120, 4 S. 123, 5 S. 124, 6 S. 127, 7 S. 128, 8 S. 132, 9 S. 134, 10 S. 136, 10 S. 138

6 Erste Welt – Dritte Welt

Katastrophenhilfe

AIDS

Entwicklungshilfe

*W*o die Not am größten ist

Teilen Sie die Begriffe im Kästchen in drei Kategorien ein:

- **Ursachen von Katastrophen**

- **Folgen von Katastrophen**

- **Keine von beiden**

Stromausfall   Depressionen
Erdbeben   Überschwemmung
Großbrand   Vulkanausbruch
Flüchtlinge   Feueralarm
Verkehrsunfall   Tote Ozonloch
Dürre   Trinkwasserverschmutzung
Bürgerkrieg Seuche Verletzte
Benzinmangel   Wasserrohrbruch
Hungersnot   Allergien

1   Definitionen

Ordnen Sie die folgenden Katastrophen in die Tabelle ein. Die Erklärungen in Klammern helfen Ihnen. Manche Katastrophen passen zweimal.

1   Havarie im Atomkraftwerk (In Tschernobyl gab es 1986 den größten Atomkraftwerksunfall in der Geschichte der Menschheit.)

2   Hungersnot (Nach einer Dürrekatastrophe waren in Äthiopien acht Millionen Menschen von Hunger betroffen.)

3   Ölverschmutzung von Stränden (Nach einem Tanker-Unfall 1999 vor der Küste Frankreichs bedrohten die rund 10 000 Tonnen Öl nicht nur die Tierwelt, sondern auch den Tourismus der Region.)

4   Überschwemmung (Bei der Überschwemmungskatastrophe im Februar 2000 in Moçambique starben Tausende von Menschen in den Wasserfluten.)

5   Erdbeben (Beim bisher folgenreichsten Erdbeben im Januar 2001 kamen in Indien etwa 100 000 Menschen ums Leben.)

6   Taifun (1991 forderte der Taifun „Thelma" auf den Philippinen 7 000 Menschenleben.)

7   Krieg (Seit Jahren wütet in Sierra Leone ein grausamer Bürgerkrieg zwischen der Regierungsarmee und Rebellen.)

8   Giftgaskatastrophe (Der amerikanische Chemie-Konzern „Union Carbide" verursachte 1984 im indischen Bhopal eine Giftgaskatastrophe, bei der 3 000 Menschen starben, Tausende erblindeten und Lungenschäden erlitten.)

9   Flüchtlingsströme (Nach kriegerischen Unruhen 1994 in Ruanda befanden sich unzählige Menschen auf der Flucht.)

10   Waldbrände (Als 1998 in Indonesien die Wälder brannten, entstand eine riesige Smog-Wolke.)

Politische Katastrophen	Technische Katastrophen	Naturkatastrophen
	Havarie im Atomkraftwerk	

2   Textverständnis

Wählen Sie die richtige Antwort (es können auch zwei Antworten richtig sein).

1   Diakonie „Katastrophenhilfe" trägt mit
   a   drei Millionen DM
   b   fünf Millionen DM
   c   einer halben Million DM zur Erstversorgung des Krisengebietes in Indien bei.

2   Die Katastrophenhilfe besteht aus
   a   Lebensmitteln.
   b   Transportmitteln.
   c   Wärmmaterialien.

3   Die Wasserversorgung ist
   a   ausreichend.
   b   durch neue Brunnen zu sichern.
   c   nicht mehr vorhanden.

4   Die verschiedenen Organisationen versuchen, ihre Hilfsmaßnahmen
   a   untereinander abzustimmen.
   b   zu veröffentlichen.
   c   so schnell wie möglich zu bewältigen.

A

Verheerendes Erdbeben in Indien

Stuttgart, 31. Januar 2001

Drei Millionen Mark kostet allein die Erstversorgung des Erdbebengebietes im indischen Gujarat, die auch von Diakonie „Katastrophenhilfe" mit über 500 000 Mark unterstützt wird. Zu den Hilfsmaßnahmen der Partnerorganisationen zählt neben der grundlegenden medizinischen Hilfe auch die Verteilung von Versorgungspaketen mit Nahrungsmitteln, Decken und Plastikplanen für 35 000 Menschen. Jeder erhält sieben Kilo Reis, zwei Kilo Mehl, einen Liter Öl, ein Kilo Linsen; außerdem noch Decken gegen die Kälte, Kerzen, Streichhölzer und Koch-

utensilien. Ein Paket kostet rund 50 Mark, Transport und Verteilung nicht eingerechnet. Außerdem stehen mehre Teams bereit, um Brunnen zu bohren, denn die Versorgung mit Wasser ist knapp. Wasser wird extra verteilt, weil selbst das Wasser, das noch verfügbar ist, durch die Verschiebung der Erdschichten teilweise versalzen ist.

Die Seuchengefahr wächst. Und noch immer sind viele Gebiete von jeder Versorgung abgeschnitten. Die Partner von Diakonie „Katastrophenhilfe" versuchen verstärkt, auch hier Hilfe zu leisten. Sie versuchen außerdem, die Tätigkeiten der ver-

schiedenen kirchlichen Hilfsorganisationen miteinander zu koordinieren, um effektiver arbeiten zu können. Bei dem Ausmaß an Zerstörung und der Größe des betroffenen Gebiets ist allerdings schnelle Hilfe für alle Betroffenen kaum zu bewältigen.

3 Katastrophenhilfe und Probleme

Beantworten Sie die folgenden Fragen mit Ihren eigenen Worten.

1 Welche Hilfe wird im Erdbebengebiet geleistet? (Nennen Sie mindestens 4 Bereiche.)

2 Welche Probleme gibt es dabei? (2 Fakten)

3 Was wird dagegen getan?

4 Warum ist schnelle Hilfe ein Problem? (2 Gründe)

4 Infinitivkonstruktionen

Bilden Sie Sätze mit Infinitivkonstruktionen; beginnen Sie jeweils mit dem Teilsatz in Klammern.

Beispiel

Die Erstversorgung im Erdbebengebiet wird unterstützt. (Die Diakonie „Katastrophenhilfe" hat beschlossen, …)

Die Diakonie „Katastrophenhilfe" hat beschlossen, die Erstversorgung im Erdbebengebiet zu unterstützen.

1 Spenden Sie Geld! (Bekannte Hilfsorganisationen haben dazu aufgefordert, …)

2 Ihnen werden Medikamente, Nahrungsmittel und Wärmmaterilien bereitgestellt. (Die von Katastrophen betroffenen Länder haben darum gebeten, …)

3 Sie dürfen das teilweise versalzene Wasser nicht trinken! (Den Menschen in den Katastrophengebieten wurde davon abgeraten, …) [ohne „nicht"!]

4 Man sollte die wachsende Seuchengefahr nicht unterschätzen. (Die internationalen Hilfsorganisationen warnen davor, …) [ohne „nicht"!]

5 Hilfe-ABC

Erstellen Sie anhand des Textes und Ihres eigenen Wissens ein Hilfe-ABC: Suchen Sie zu den Buchstaben des Alphabets einen Begriff, den Sie mit „Hilfe" in Verbindung bringen können. Wer findet die meisten Begriffe?

6 Handlungsmöglichkeiten

Entwerfen Sie ein Plakat, das zur Hilfe bei einer Katastrophe aufruft. Entscheiden Sie vorher:

• Welche Informationen über die Katastrophe gibt es?

• Wem soll geholfen werden?

• Welche Spenden sind am wichtigsten, z.B. Geldspenden, Sachspenden, Medikamentenspenden?

• Wie sollen die Spenden in die Katastrophengebiete gelangen, und wie soll die Hilfe organisiert werden?

• Welche Fotos, Bildmaterialien, evtl. Zeichnungen etc. wollen Sie benutzen, um Ihren Aufruf zu illustrieren?

• Wie formulieren Sie Ihren Aufruf möglichst wirkungsvoll?

*D*as große Sterben

Welche möglichen Ursachen gibt es Ihrer Meinung nach für das hohe Ausmaß der HIV-Infizierung in Afrika? Tragen Sie Ihr Wissen in der Klasse zusammen.

---

1 **Südafrika-Statistik**

Lesen Sie die ersten drei Absätze des Artikels und erklären Sie auf Deutsch die Bedeutung der folgenden Zahlen:

20%

ein Drittel

60%

750 000

55 **60**

1 700

---

2 **Opfer der Epidemie**

Lesen Sie jetzt den Rest des Artikels durch und entscheiden Sie, welche Beschreibungen (a–h) laut dem Text auf die Personengruppen 1–3 zutreffen.

1 Aids-Kranke in Südafrika …

2 Viele südafrikanische Männer …

3 Viele südafrikanische Frauen …

a … haben oft keinen Zugang zu teuren Medikamenten.

b … werden gewalttätig, wenn sie Alkohol trinken.

c … werden bei Ausbruch der Krankheit verdächtigt, fremdgegangen zu sein.

d … werden manchmal von zu Hause rausgeworfen.

e … können sich nicht mit ihren Partnern streiten.

f … fühlen sich nur zu Hause mächtig.

g … sind tatsächlich ohnmächtig.

h … können nicht mit ihren Partnern über Aids-Prävention sprechen.

---

3 **Eine Aids-Kranke in KwaZulu-Natal**

Beschreiben Sie auf Deutsch mit Ihren eigenen Worten die Situation, in der die Aids-Kranke Sindisiwe Dindi sich jetzt befindet.

B))) **Medico International e.V.**

4 **Medico International e.V.** **B**)))

Hören Sie den Spendenaufruf der Frankfurter Hilfsorganisation Medico International e.V. und notieren Sie die folgenden Details:

1 Name der Konferenz, die in Durban stattgefunden hat

2 Ausmaß der HIV-Infizierung im Süden Afrikas

3 die am stärksten betroffene Altersgruppe

4 Folgen der sozialen Marginalisierung

5 Mittelpunkt der Präventionsarbeit von Medico International

Das große Sterben

In Südafrika holt sich der Tod eine ganze Generation. Die Hälfte aller jungen Frauen ist infiziert – angesteckt meist von rücksichtslosen Männern. Zurück bleibt ein Volk von Waisen.

1 Heute wird nicht gestorben. Nicht hier. Nicht in den hellen Räumen des »Holy Cross Aids Hospiz« unter den Pinien und zwischen den Hügeln der Zuckerrohrfelder in der Provinz KwaZulu-Natal. Nicht in dieser Idylle. Und nicht, solange Schwester Priscilla es verhindern kann. Aber im Kampf gegen das HI-Virus hat die 51-jährige Nonne nur Elektrolyte und eine Pflanze, mit der afrikanische Heiler den Appetit anzuregen versuchen. Für mehr reicht das Geld nicht.

2 Wenn sie die Straße zwischen den Zuckerrohrfeldern entlangfährt, ruckt ihr Zeigefinger von rechts nach links und wieder zurück: In dieser Hütte stirbt gerade die Großmutter, dort sterben vier Kinder und der Vater, da ist die Mutter mit einem Säugling krank und allein, drüben wurde die jüngste Tochter beerdigt.

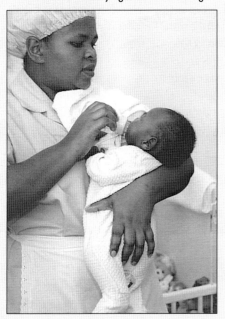

Diese drei Hütten stehen leer. Die ganze Familie ist krepiert an dem Virus, dessen Existenz viele leugnen, weil es mit dem Tabuthema Sex zu tun hat. Die Menschen sterben an Tuberkulose, an Durchfall, an schwarzer Magie. Alles besser als dieses eine Wort: Aids.

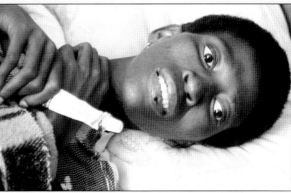

3 Jeder fünfte Südafrikaner ist HIV-positiv. In der Provinz KwaZulu-Natal ist es jeder dritte, allein hier haben sich etwa zwei Millionen Menschen angesteckt. Fast 60 Prozent aller Frauen zwischen 20 und 29 Jahren tragen das Virus in sich; im Jahr 2010 werden zwei Millionen Waisen in Südafrika leben, allein 750 000 in KwaZulu-Natal. Die Lebenserwartung ist innerhalb von vier Jahren von 63 auf 55 Jahre gefallen, weniger als die Hälfte aller Südafrikaner wird 60 Jahre alt werden. Nirgendwo auf der Welt breitet sich die Epidemie so rasend aus: Täglich infizieren sich 1 700 Menschen.

4 Nur langsam kriecht die Krankheit Aids in das Bewusstsein der Menschen, werden abstrakte Zahlen begreifbar. Jeder kennt jemanden, der vielleicht an Aids gestorben ist. Laut aussprechen sollte man es besser nicht, noch nicht. Sonst gibt es Probleme.

5 Wie für Sindisiwe Dindi. Gepflegt von ihrer fünfjährigen Tochter Ngobile, stolpert die Schwerkranke seit anderthalb Jahren von Haus zu Haus. Ihre eigene Mutter warf sie hinaus: »Wenn du stirbst, dann stirbst du halt. Ist besser so.« Sindisiwes Immunsystem ist so geschwächt, dass sie sich mit Tuberkulose angesteckt hat. Ihre Tochter hustet auch. Schwester Priscilla weiß nicht, wohin mit der Frau: »Sie ist einfach noch nicht krank genug für unser Hospiz.« Und dann ist da später das Problem mit der Leiche: »Niemand wird den Körper abholen. Vier Cousinen von Sindisiwe sind im Krankenhaus an Aids gestorben, ihre Leichen wurden nie abgeholt.«

6 »Wir erkennen unsere Ehemänner oft nicht wieder, wenn sie getrunken haben«, erzählen die Frauen in der Selbsthilfegruppe für Opfer von Gewalt. Sie können ihren Partnern nicht widersprechen. Die Jahre der Unterdrückung während der Apartheid haben einen fatalen Kreislauf in Gang gesetzt: Viele Männer fühlten sich machtlos, nur zu Hause konnten sie zeigen, wer das Sagen hat.

7 »Irgendwann reicht Beten eben nicht mehr«, sagt Schwester Priscilla. Regelmäßig unterrichtet sie ganze Gruppen von Frauen in Aids-Prävention, Familienplanung und Sexualkunde. Sogar Kondome sind nicht tabu für die Nonne: »Wenn sie weitere Infektionen verhindern, können sie nicht schlecht sein.«

8 Das »Nein« einer südafrikanischen Frau gilt nicht viel. In Zeiten des HI-Virus ist diese Ohnmacht der Frauen tödlich. Zwei von drei Frauen sagen, sie könnten mit ihren Partnern nicht über Kondome sprechen. Oft bricht die Krankheit bei den Frauen zuerst aus. Sie gelten dann als die Verursacher, werden verdächtigt, fremdgegangen zu sein. Werden im schlimmsten Fall sogar verstoßen.

Stern

Hilfe zur Selbsthilfe

Einstieg

Was ist der Unterschied zwischen „Katastrophenhilfe" und „Entwicklungshilfe"?
Machen Sie kurz einige Notizen und tauschen Sie dann in der Gruppe Ideen aus.

B

SWISSAID

Kolumbien

Kolumbien

Seit über 40 Jahren dauert der Bürgerkrieg in Kolumbien an. Rund 1 500 000 Vertriebene gibt es im eigenen Land. Und trotz der vielen Friedensversprechungen herrscht noch immer die Gewalt. Entwicklungszusammenarbeit ist in diesem Umfeld besonders anspruchsvoll.
Die Förderung des Kunsthandwerkes ist ein gängiger Weg der Armutsbekämpfung. Zwei erfolgreiche Beispiele solcher Unterstützung finden sich an der Atlantikküste Kolumbiens.

Die Kunsthandwerkerinnen und Kunsthandwerker in San Andrés de Sotavento flechten aus der Pflanzenfaser Caña Flecha die wunderbaren traditionellen Hüte der Gegend, seit einigen Jahren aber auch Taschen, Schuhe, Armreife etc. Sie haben eine eigene Kunstgewerbeschule gegründet. In absehbarer Zeit werden sie ihre Produkte (hoffentlich) auch exportieren können.

Die Weberinnen in San Jacinto produzieren vor allem wunderschöne farbige Hängematten aus Baumwollgarn, aber auch Tücher in allen Größen. SWISSAID hat diese Arbeit rund zehn Jahre lang unterstützt und die Gründung eines Netzwerkes für Kunsthandwerk gefördert. Heute produzieren und verkaufen die 26 angeschlossenen Gruppen selbstständig und mit ansehnlichem Erfolg. SWISSAID-Beraterinnen helfen noch bei der Vermarktung und Qualitätskontrolle mit.

Myanmar (Burma)

Myanmar (Burma)

Myanmar gehört zu den 11 ärmsten Ländern der Welt. Damit der noch fragile Waffenstillstand zwischen der Militärregierung und ethnischen Minderheiten wirklich zum Frieden führt, ist Aufbau- und Entwick-lungszusammenarbeit besonders wichtig.

Vor rund zwei Jahren half SWISSAID vier Dörfern in Burma bei der Anschaffung von Wasserbüffeln. 140 Familien können seither die Felder mit ihrem eigenen Büffel pflügen. Der Erfolg kann sich sehen lassen: So konnten viele neue Reisfelder angelegt werden, die zusammengerechnet einen Ertrag von fast 11 000 Körben (à ca. 15 kg) im Wert von umgerechnet rund 54 000 Franken ergaben. Die Familien konnten ihr Einkommen deutlich verbessern.

In den nächsten Monaten sollen nun auch die restlichen Reisbauernfamilien in den vier Dörfern einen Büffel erhalten. Die Jungtiere, welche drei Jahre bei der Mutter bleiben müssen, sollen dann in einem Rotationssystem an Nachbardörfer weitergegeben werden. Zudem wollen die aktiven Dorfgruppen einen weiteren Bewässerungskanal mit Zugang zu neuen Reis- und Gemüsefeldern bauen. Neben Reis ist auch der Anbau von Mais, Soja, Sesam, Kartoffeln und Chili geplant.

Projekte

A))) SWISSAID

1   Die Ziele und Grundsätze von SWISSAID A)))

Hören Sie die Aufnahme und ergänzen Sie anschließend folgende Sätze. Sie können Wörter aus dem Text benutzen, aber achten Sie auf die Grammatik.

1 Anstatt eigene Projekte zu planen und zu realisieren, …
2 Die Partnerorganisationen von SWISSAID müssen …
3 Die Projekte werden nicht von ausländischen Experten …
4 Für SWISSAID ist es wichtig, gemeinsam zu lernen, …

2   Textinhalt B

Entscheiden Sie, ob die folgenden Aussagen laut Bericht richtig (R) oder falsch (F) sind oder ob dazu nichts gesagt wird (?).

1 Der Bürgerkrieg in Kolumbien ist jetzt zu Ende.
2 SWISSAID hilft armen Kolumbianer(inne)n, ihren Lebensunterhalt durch Kunsthandwerk zu verdienen.
3 Die Hüte und andere Produkte der Bewohner von San Andrés de Sotavento werden seit einigen Jahren erfolgreich exportiert.
4 Die SWISSAID-Beraterinnen sind Schweizerinnen.
5 Der Bürgerkrieg in Myanmar hat die Armut der Bevölkerung verursacht.
6 Die Wasserbüffel haben die Reisernte der vier Dörfer um 165 000 kg gesteigert.
7 Die Wasserbüffel sollen an die Nachbardörfer ausgeliehen werden.
8 Die Wasserbüffel werden auch beim Bau des neuen Bewässerungskanals eingesetzt.

3   Umschreibungen B

Finden Sie im Text jeweils ein einzelnes Wort, das folgenden Umschreibungen entspricht.

Kolumbien
1 Man stellt nützliche und dekorative Gegenstände per Hand her. (Substantiv)
2 Man hängt es z.B. zwischen zwei Bäumen auf und liegt darauf. (Substantiv)
3 Man ist auf niemand angewiesen. (Adjektiv)

Myanmar
4 Man kämpft nicht mehr, aber der Krieg ist noch nicht zu Ende. (Substantiv)
5 Man macht den Boden locker, indem man ihn mit einem Gerät aufreißt und umdreht. (Verb)
6 Man pflanzt Nutzpflanzen an. (Substantiv)

C))) Hilfe, die weiterhilft

4   Spenden-Aktion C)))

1 Hören Sie zu. Bringen Sie die Bilder in die Reihenfolge, in der die entsprechenden Spenden-Aktionen erwähnt werden.

2 Eine der Spenden-Aktionen bezieht sich auf Kolumbien und eine auf Myanmar (Burma). Welche sind es? (Vergleichen Sie die Informationen im Hörtext C))) mit denen im Text B.)

5   Tabelle C)))

Vervollständigen Sie die Tabelle für alle fünf im Hörtext erwähnten Spenden-Aktionen.

Wie viel?	Was kauft man damit?	Wozu dient es?
50 Franken	Werkzeugkasten	eine neue Existenz aufbauen

6   Übersetzung

Übersetzen Sie folgende Sätze ins Deutsche.

1 Development aid is essential if (*damit*) the civil war is to be followed by long-term peace.
2 Supporting grass-roots organisations (*Basisorganisationen*) is an effective way to fight poverty.
3 SWISSAID wants to help the displaced people to make a new life (*Existenz*) for themselves.
4 Rather than sending foreign experts, we should establish local networks.
5 The achievements of these independent groups were impressive (*sich sehen lassen*).
6 We hope that these disadvantaged (*benachteiligt*) families will improve their level of income significantly.

*H*ilfe zur Selbsthilfe

Kinderhilfswerk

1 Hörverständnis

Hören Sie Text **A**))) und beantworten Sie
die Fragen in ganzen Sätzen auf Deutsch.
Sie können Ausdrücke aus dem Text
verwenden.

1 Wann und wofür wurde das
   Kinderhilfswerk für die Dritte Welt
   gegründet?

2 Warum wird das Kinderhilfswerk
   von den Spendern gelobt?

3 Erklären Sie, was das Spenden-Siegel
   bedeutet.

4 Wie soll die „Hilfe ohne Umweg"
   umgesetzt werden?

5 Welche Aufgaben haben die
   Vertrauensleute vor Ort?

6 Was wird über den „Tropfen auf den
   heißen Stein" gesagt?

2 Informationsblatt

Entwerfen Sie jetzt mit Hilfe von Text
A))) ein Informationsblatt für eine
deutsche Schule über das

> Kinderhilfswerk für die Dritte Welt e.V.
> Hamburger Straße 11
> 22083 Hamburg
> Tel. 040 / 227 9996
> Fax 040 / 227 9869
> E-Mail: info@khw-dritte-welt.de

3 Fotounterschriften

Netsite   http://khw-dritte-welt.de

Sehen Sie sich die Fotos vom Internet von verschiedenen Projekten des
Kinderhilfswerkes für die Dritte Welt an und entwerfen Sie die
entsprechenden Fotounterschriften. Die Notizen im Kästchen helfen Ihnen.

Mali

– 13. Mutter- und Kind-Zentrum in Dogo

– Eröffnung Januar 2001

– Krankenstation, Entbindungsstation

– Beratung für Hygiene, Ernährung, Familienplanung, Impfschutz

– Strom- und Wasserversorgung durch Solaranlage

Brasilien

– Tageskindergarten

– 100 Kinder, 2–6 Jahre

– neue Sandalen

– Kinder von Leprakranken

– Betreuung durch Franziskanerinnen

– Straßenkinder

– Hausaufgaben, kochen, nähen lernen, Sport treiben

4 Sprachmanipulation

Formulieren Sie die Sätze sinnvoll um, ohne deren Bedeutung zu verändern. Benutzen Sie die in Klammern angegebenen Wörter und achten Sie auf die Grammatik.

Beispiel

Mit Hilfe zur Selbsthilfe versetzt die Caritas die Menschen in die Lage, ihr Leben selbst wieder in die Hand zu nehmen. (ermöglicht es, zu meistern)

Mit Hilfe zur Selbsthilfe ermöglicht es die Caritas den Menschen, ihr Leben wieder selbst zu meistern.

Ein ähnliches Projekt von Christian Aid in Burundi.

Eine Ziege hilft Familien

1 So beispielsweise mit der „Aktion Ziegenbank": An über 1 000 arme Familien wurden bereits Ziegen verteilt. (*ein Beispiel, erhalten*)

2 Das Tier schafft mit seiner Milch und dem Dünger für das kleine Feld die Grundlage für die bescheidene Selbstversorgung. (*durch die Ziege, wird geschaffen*)

3 Das erstgeborene Zicklein erhält eine weitere Familie, die damit ebenfalls die Grundversorgung sichern kann. (*wird weitergegeben, deren, gesichert werden*)

4 Die Kosten für eine Ziege belaufen sich auf 60 DM. (*kostet*)

5 Verben mit festen Präpositionen

Bilden Sie aus den Verben mit festen Präpositionen und den Satzteilen vollständige Sätze.

1 leiden unter: die Kinder, am meisten, der Krieg und seinen Folgen

2 sich schützen vor: können, allein, die Schwächsten der Schwachen, nicht, die Brutalität von Armut und Hunger

3 abhängen von: werden, die Industrieländer, die Entwicklungsländer, auch in Zukunft

4 gehören zu: die Verschuldung, die schwierigsten Probleme, die Dritte Welt, die Gegenwart

5 zweifeln an: die Wirksamkeit der Hilfsprojekte, zu viele Menschen in der Ersten Welt

6 sich verlassen auf: die Hilfsorganisationen, die Spenden, langfristig, nicht nur in Deutschland, die Menschen wie du und ich

6 Rollenspiel

In Ihrer Stadt wird eine Messe organisiert, auf der sich verschiedene Hilfsorganisationen für die Dritte Welt vorstellen und um Spenden werben. Ihre Klasse hat diese Messe besucht, weil sie sich an Hilfsprojekten beteiligen will, aber mehr Informationen darüber haben möchte.

Bereiten Sie ein Rollenspiel vor. Übernehmen Sie eine der folgenden Rollen:

- Vertreter(in) einer Hilfsorganisationen
- Informationssuchende(r)

*F*airer Handel

Einstieg

Klassendiskussion: Wie heißt „fairer Handel" im Englischen? Welche Produkte kennen Sie, die in die Kategorie „fairer Handel" fallen? Wo kann man in Ihrer Gegend solche Produkte kaufen? Kaufen Sie / Ihre Familie manchmal solche Produkte? Warum (nicht)?

1 Definitionen

Welche Definition passt zu welchem Begriff? Achtung: Es gibt mehr Definitionen als Begriffe.

1 das Erzeugnis
2 der Handel
3 der Mindestpreis
4 der/die Produzent(in)
5 der/die Verbraucher(in)
6 der Vertrag
7 der Weltmarkt

a der Kauf und Verkauf von Waren
b der niedrigste Preis, für den eine Ware zu kaufen ist
c jemand, der eine Ware herstellt
d eine zusätzliche Geldsumme, die gezahlt wird
e etwas, das man produziert hat
f jemand, der eine Ware für den eigenen Gebrauch kauft
g der internationale Kauf und Verkauf von Waren
h eine Vereinbarung zwischen zwei oder mehr Partnern
i das, was man beim Verkauf einer Ware verdient

A))) Was bedeutet fairer Handel?

2 Zusammenfassung   A)))

Hören Sie das Interview über den fairen Handel. Fassen Sie den Inhalt des Interviews in ca. 80 Wörtern zusammen. Gehen Sie dabei auf folgende Punkte ein:

- warum der traditionelle Welthandel ungerecht ist
- welche Probleme es für die Produzenten gibt
- wie der faire Handel diese Probleme lösen will
- Grundsatz des fairen Handels

3 Textverständnis   B

Beantworten Sie diese Fragen zum Text in vollständigen Sätzen. Sie dürfen in Ihrer Antwort einzelne Wörter und Ausdrücke aus dem Text verwenden, vermeiden Sie es jedoch, ganze Sätze abzuschreiben.

1 Welche drei Vorteile hat der faire Handel für Kaffeebauern?
2 Welches wirtschaftliche Problem erschwert das Leben der Kakaoproduzenten?
3 Welchen Vorteil haben die Zuckerproduzenten in den Industrieländern über ihre Konkurrenten in den ärmeren Ländern?
4 Welche drei Maßnahmen hat TransFair eingeführt, um den Zucker- und Kakaoproduzenten zu helfen?
5 Wie sind die Teeproduzenten anders organisiert als die Kaffeeproduzenten?
6 Wer profitiert von den höheren Preisen, die TransFair für den Tee zahlt?
7 Geben Sie drei Beispiele konkreter Verbesserungen im Leben der Plantagenarbeiter, die TransFair ermöglicht hat.

4 Lückentext

Füllen Sie die Lücken in Text mit den Wörtern im Kästchen aus.

> angemessene Erdteilen
> Handels garantiert Genuss
> Gütesiegel
> Handelsbedingungen
> Landwirtschaft
> selbstbestimmtes
> naturbelassene Produkte
> Richtlinien umweltfreundliche

5 Übersetzung   C

Übersetzen Sie Text C ins Englische.

Kaffee mit dem TransFair-Gütesiegel
Existenzsicherung für Kleinbauernfamilien

Kaffee mit dem TransFair-Siegel stammt ausschließlich von Kleinbauern, die sich zu unabhängigen Genossenschaften zusammengeschlossen haben. Diese Kleinbauern, die in der Regel kaum mehr als drei Hektar Land bewirtschaften, profitieren gleich in mehrfacher Hinsicht von den fairen Handelsbedingungen:

- Der Kaffee wird direkt bei den Genossenschaften gekauft – dadurch werden die lokalen Zwischenhändler ausgeschaltet, und die Kleinbauern können nicht mehr Opfer von Spekulanten und Kredithaien werden.
- Außerdem gelten Mindestpreise und feste Entwicklungszuschläge – dank TransFair erhalten die Kooperativen also immer bessere Erlöse als im konventionellen Handel.
- Schließlich ermöglichen längerfristige Abnahmegarantien eine vernünftige Planung über den Tag hinaus.

Kakao und Zucker
Schokoladenseite des fairen Handels

Die wichtigsten Zutaten für Schokolade sind Kakao und Zucker. Das Leben der Kleinproduzentenfamilien in Afrika, Asien und Lateinamerika ist jedoch alles andere als süß.

Die Weltmarktpreise für Kakao unterliegen extremen Schwankungen. Stets den Kürzeren ziehen dabei die Produzentinnen und Produzenten als schwächstes Glied in der Handelskette. Die Zuckerrohrbauern haben es jedoch auch nicht besser: Sie müssen mit den hoch subventionierten Zuckerexporten der Industrieländer konkurrieren.

TransFair garantiert demgegenüber Direkteinkauf bei den Genossenschaften, deutlich über dem Weltmarkt liegende Mindestpreise und möglichst langfristige Lieferverträge.

Tee mit dem TransFair-Gütesiegel
Verbesserungen für Pflückerinnen und Plantagearbeiter

Im Gegensatz zu TransFair-Kaffee stammt nur ein geringer Teil des TransFair-besiegelten Tees von kleinen Familienbetrieben. In der Regel wird der für den Export bestimmte Tee traditionell in größeren, privat gemanagten Plantagen angebaut. Hier geht es TransFair darum, konkret die Lebensbedingungen der Teepflückerinnen, Plantagenarbeiter und ihrer Familien zu verbessern.

Deshalb wird der TransFair-Aufpreis auf ein Sonderkonto eingezahlt. Es muss ein demokratisch gewähltes Arbeitnehmergremium geben, das gemeinsam mit dem Plantagenmanager über die Verwendung der Mittel aus diesem Sozialfonds berät und entscheidet.

Die Zusatzeinnahmen aus fairem Handel dürfen ausschließlich für solche Projekte verwendet werden, die den Arbeiterfamilien zugute kommen: Kauf von Milchkühen, Anschaffung von Kinderspielgeräten, Bau von Gemeinschaftshäusern – eben das, was die Arbeiter selbst für wichtig erachten.

TRANSFAIR ÖSTERREICH

Über die Einhaltung der ____(1)____ des fairen ____(2)____ wacht die Organisation TransFair. Das ____(3)____ von TransFair ____(4)____ den KonsumentInnen fairen ____(5)____ . Es zeichnet eine menschen- und ____(6)____ Produktion und ausgewogene ____(7)____ für die PartnerInnen im Süden aus. TransFair garantiert somit die Produktion nach TransFair-Richtlinien und ____(8)____ Preise und Löhne. Dies eröffnet den Bauern- und Pflückerfamilien in den Ländern des Südens ein ____(9)____ Leben. Alle ____(10)____ , die das Gütesiegel von TransFair tragen, lassen sich bis an den Ursprung zurückverfolgen. Die PartnerInnen von TransFair in den südlichen ____(11)____ stehen für traditionelle ____(12)____ und ____(13)____ Lebensmittel. Sie erzeugen Qualität, die man schmeckt.

Wie viel ist zu viel?

Sehen Sie sich das Diagramm zur bisherigen Entwicklung der Weltbevölkerung an und beschreiben Sie in drei Sätzen:

- die Entwicklung im 20. Jahrhundert
- die Geschwindigkeit des Wachstums
- die mögliche Entwicklung in der Zukunft

Beispiel

Im 20. Jahrhundert wuchs die Menschheit sehr schnell. Das Bevölkerungswachstum von drei auf vier Milliarden dauerte nur 14 Jahre. Bis zum Jahre 2013 werden sieben Milliarden Menschen auf der Erde leben.

Die Weltbevölkerung: Vergangenheit – Gegenwart – Zukunft?

---

1 Statistik

Entscheiden Sie anhand des oben stehenden Diagramms, welche der folgenden Aussagen jeweils die richtige ist.

1 a Die Weltbevölkerung wuchs zwischen 1804 und 1999 auf sechs Milliarden.

b Die Weltbevölkerung wuchs zwischen 1804 und 1999 um sechs Milliarden.

2 a Seit 1960 hat sich die Bevölkerung der Welt verdoppelt.

b Seit 1960 hat sich die Bevölkerung der Welt verdreifacht.

3 a Seit dem Jahr 1974 zählte man vier Milliarden Menschen.

b Bis zum Jahr 1974 zählte man vier Milliarden Menschen.

4 a Innerhalb von 126 Jahren verdoppelte sich die Weltbevölkerung von einer auf zwei Milliarden.

b Alle 126 Jahre verdoppelt sich die Weltbevölkerung.

5 a Die Weltbevölkerung hat die Sechs-Milliarden-Grenze unterschritten.

b Die Weltbevölkerung hat die Sechs-Milliarden-Grenze überschritten.

6 a Die Geschwindigkeit des Bevölkerungswachstums wird in Zukunft abnehmen.

b Die Geschwindigkeit des Bevölkerungswachstums wird in Zukunft zunehmen.

---

2 Textverständnis   ▲**A**

Welche fünf der folgenden Wörter passen am besten zum Inhalt des Textes?

1 beglückwünschen
2 Überalterung
3 sterben
4 Spekulationen

5 verarmt
6 Lohnerhöhungen
7 rechtlos
8 geheilt

9 verrechnet
10 Zukunftsaussichten

A

Die Geburt des Hoffnungslosen

Von Rüdiger Ditz

Wenige Tage noch, dann feiert die Welt Geburtstag. Am 12. Oktober, so errechneten die UNO-Statistiker, wird der sechsmilliardste Erdenbürger zur Welt kommen. Die Wahrscheinlichkeit ist groß, dass er ein kurzes, beschwerliches Leben in Armut und Not vor sich hat.

Hamburg, 1.10.1999

Welches Neugeborene nun wirklich diese besondere Zahl rund macht, ist auch im Nachhinein nicht zu bestimmen. Immerhin erblicken jede Minute 260 Menschen das Licht der Welt.

Das Jubiläumskind wird vermutlich in New York von der Welt begrüßt, weil UNO-Generalsekretär Kofi Annan an diesem Oktobertag von seinem Amtssitz in eine Klinik eilen und ein Baby in den Arm nehmen wird. Die Fotografen werden ihre Fotos schießen, die Mutter einen Blumenstrauß bekommen. Doch statistisch betrachtet wird das Milliardenkind, nennen wir es Millenio, eher in den Slums von Neu Delhi, Rio, Mexico City oder Manila geboren – ohne Feierlichkeiten, Fotos und Blumen. Immerhin 95 Prozent aller Geburten entfallen auf die Dritte Welt.

Millenio wird sich vermutlich Zeit seines Lebens an die paar Tage erinnern, an denen er sich richtig satt essen konnte. Er wird früh, noch nicht einmal zehn Jahre alt, anfangen zu arbeiten um mitzuhelfen, seine Eltern und zahlreichen Geschwister zu ernähren. Die Bedingungen werden hart sein. Ein Zwölf-Stunden-Tag und Wochenendarbeit für einen Hungerlohn. Lohnfortzahlung im Krankheitsfall, Sozialversicherung oder Gewerkschaftshilfen? Fehlanzeige. Die Hände, die Füße, der Rücken werden Millenio wehtun, aber so richtig wird es niemanden interessieren. Seine Zukunft ist programmiert – als Schutzloser, Rechtloser, Hoffnungsloser.

Die UNO-Entwicklungsexperten gehen von drei Szenarien für das kommende Jahrhundert aus: Schlimmstenfalls wächst die Weltbevölkerung bis zum 22.

Jahrhundert auf 27 Milliarden Menschen, die mittlere Variante geht von knapp 11 Milliarden Erdenbürgern aus, und in der optimistischen Prognose rechnen Entwicklungspolitiker mit einem Rückgang der Weltbevölkerung auf 3,6 Milliarden. Dafür müsste die Geburtenregelung weltweit funktionieren.

Millenio wird vermutlich davon niemals etwas mitbekommen. Er wird versuchen zu arbeiten, ein bisschen Geld zu verdienen, gesund zu bleiben, eine Frau zu finden, möglichst viele Kinder zu bekommen, die ihn versorgen – und zu überleben. Vielleicht wird er in ein paar Jahren in irgendeinem Rundfunkgerät oder einer Zeitung von einem kleinen Neugeborenen hören oder lesen, das angeblich der siebenmilliardste Mensch auf der Welt ist – vermutlich wird es ihn kein bisschen kümmern.

Der Spiegel

---

3 Übersetzung der Zusammenfassung

Übersetzen Sie die folgende Zusammenfassung des Textes in Deutsche.

Like 95% of all children, world citizen number six billion* will most probably be born in a Third World country. She will lead a short and hard life, and to support her family she will soon start working for a pittance. She will not enjoy the rights of First World countries, such as sick pay, social security or support by a trade union. She will have neither protection nor hope.

According to UN statisticians, the world population could develop in the following ways within the next century: firstly, it could rise to 27 billion people; secondly, it could rise to 11 billion people; thirdly, it could fall to 3,6 billion people.

* Achtung: one billion = one thousand million; eine Billion = one million million!

4 Menschenrechte

Diskutieren Sie in der Klasse, welche Menschenrechte der sechsmilliardste Bürger in einem Land der Dritten Welt und in einem Industrieland der Ersten Welt haben würde.

Unten finden Sie eine Auswahl der von der UNO erklärten Menschenrechte.

> Recht auf Leben, Freiheit und Sicherheit der Person
>
> Recht auf Gleichheit
>
> Recht auf Gedanken-, Gewissens- und Religionsfreiheit
>
> Recht auf soziale Sicherheit
>
> Recht auf Arbeit, freie Berufswahl und Schutz vor Arbeitslosigkeit
>
> Recht auf gleichen Lohn für gleiche Arbeit
>
> Recht auf Gewerkschaftsbildung zum Schutz seiner Interessen
>
> Recht auf Bildung

1 Nouns

1.1 Gender

Nouns in German belong to one of three genders: **masculine**, **feminine** or **neuter**. A noun's gender is 'invisible' until one or more of the following things happens:

- it is preceded by a determiner (■ 2)
- it is replaced by a personal pronoun (■ 5.1)
- it is preceded by one or more adjectives (■ 3.1)
- it is referred to by a relative pronoun (■ 5.3)

Then the gender of the noun is reflected in the form of the determiner, adjective or pronoun.

Remember that the gender of a noun is not the same thing as the sex of the person or animal the noun may refer to, although the two often coincide. Gender is simply a grammatical convention. Thus, each of the following people could be male or female:

    der Mensch – human being   *die Person* – person   *das Kind* – child

    – whereas *das Mädchen* is neuter by gender but female in sex.

Although a few nouns contain reliable clues to their gender (e.g. nouns ending in *-ung* are always feminine), as a rule you need to learn the gender of each noun when you learn the noun itself. The easiest way to do this is to memorise it with its definite article (*der, die* or *das*).

1.2 Singular and plural

There is a variety of plural forms in German. As with gender, you should try to learn the plural when you learn the noun. German nouns take one of the following plural endings:

-(e)n	This group never takes an umlaut in the plural.
	der Muskel – die Muskeln *die Frau – die Frauen* *das Auge – die Augen*
no ending	Some members of this group take an umlaut in the plural.
	der Wagen – die Wagen *die Tochter – die Töchter* *das Muster – die Muster*
	der Apfel – die Äpfel *die Mutter – die Mütter* *das Kloster – die Klöster*
-e	Some members of this group take an umlaut in the plural. Many masculine nouns belong to this group.
	der Arm – die Arme *das Brot – die Brote* *der Rock – die Röcke* *die Hand – die Hände*
-er	This group always takes an umlaut in the plural when possible. It includes about 12 masculine nouns, no feminine, but many neuter nouns.
	der Geist – die Geister *das Kind – die Kinder* *der Rand – die Ränder* *das Haus – die Häuser*
-s	This group never takes an umlaut in the plural. It includes many recent borrowings from English and French.
	der Streik – die Streiks *die Party – die Partys* *das Taxi – die Taxis*

1.3 Noun phrase

In a sentence, a noun is frequently accompanied by other parts of speech which give further information about it. These may include any or all of the following: an article; one or more adjectives; a relative clause; a following prepositional phrase. The noun together with any of these other elements which happen to be present is called a **noun phrase**. For example:

noun phrase

article adjective noun prepositional phrase relative clause

Eine | **junge** | **Kollegin** | **von mir,** | **die neulich auf Ibiza Urlaub machte,** | *hat viele Deutsche kennen gelernt.*

1.4 Case

Unlike English, German likes to make it very clear exactly what function each noun is playing in a sentence. It does this by adding endings to the other elements in the noun phrase (■ 1.3) and sometimes to the noun itself (■ 1.5, 1.6, 1.7, 1.8). These functions are called **cases**. A noun in a sentence is always in one of four cases: **nominative**, **accusative**, **genitive** or **dative**.

The following table contains the basic rules for determining the case of a noun in a sentence.

case	usage	examples
nominative	i Subject of a verb	*Herr Schmidt* kauft eine Ferienwohnung. *Große Hotels* wurden in den 60er Jahren dort gebaut.
	ii Complement after the following verbs which don't take an object: *sein, bleiben, heißen, werden*	Diese Stadt ist *ein Ferienort.* Travemünde ist *ein eleganter Ferienort* geblieben.
accusative	iii Direct object of a verb	Sie bauten dort *einen großen Supermarkt.*
	iv Always after these prepositions: *durch, für, gegen, ohne, um*	Korfu ist toll für *Sonnenanbeter.* Ohne *deinen Führerschein* kannst du kein Auto mieten.
	v After these prepositions: *an, auf, entlang, hinter, in, neben, über, unter, vor, zwischen* a when they indicate movement	 a Sie stürzte sich ins *Wasser.* Wir joggten *die Strandpromenade* entlang*.
	b in certain set expressions: *sich freuen auf, sich ärgern über*	b Ich freue mich schon auf *die Ferien.*
genitive	vi After another noun, to show possession or belonging	Berlin ist die Hauptstadt *der BRD.* Das Dorf liegt an der anderen Seite *des Flusses.*
	vii Always after these prepositions: *(an)statt, trotz, während, wegen; beiderseits, diesseits, jenseits; außerhalb, innerhalb, oberhalb, unterhalb; unweit*	Trotz *des schlechten Wetters* fanden wir Hiddensee schön. Travemünde lag unweit *der Grenze* zwischen BRD und DDR.
dative	viii Indirect object of a verb, e.g. *geben, zeigen*	Wir zeigten *ihm* das berühmte Holstentor von Lübeck.
	ix The only object of certain verbs, e.g.: *begegnen, danken, folgen, helfen*	Während der Reise bin ich *vielen interessanten Menschen* begegnet.
	x Always after these prepositions: *aus, außer, bei, gegenüber, mit, nach, seit, von, zu*	Seit *dem 18. Jahrhundert* gibt es Seebäder an der Ostsee.
	xi After these prepositions: *an, auf, entlang, hinter, in, neben, über, unter, vor, zwischen* a when they indicate position, not direction b in certain fixed expressions, e.g. *teilnehmen an, sich fürchten vor*	 a An *der Ostsee* kann es ganz schön kalt werden! b Viele Boote nahmen an *der Regatta* teil.

*Note: *entlang* is an exception in that it follows the noun.

1.5 Genitive singular

The vast majority of masculine and neuter nouns in the genitive singular take the ending *-(e)s*:

   der Mann – des Mann(e)s   *das Kind – des Kind(e)s*   *der Fuß – des Fußes*   *das Schloss – des Schlosses*

Exceptions are:
- weak masculine nouns (■ 1.7):   *das Herz – des Herzens*
- neuter nouns ending in *-nis*, which take *-ses*: *das Ereignis – des Ereignisses*
- proper names ending in *-s, -ß, -x, -z* or *-tz*:   *Marx' Theorien* (commoner: *die Theorien von Marx*)

1.6 Dative plural

Almost all nouns in German take the additional ending *-(e)n* in the dative plural:

   die Männer – den Männern   *die Felder – den Feldern*

The exceptions are:
- nouns which take the plural ending *-s*:   *die Clubs – den Clubs*
- nouns which already take a plural ending *-(e)n* in the nominative, accusative and genitive: *die Frauen – den Frauen*

1.7 Weak masculine nouns

Certain masculine nouns take the ending *-(e)n* in every case except the nominative singular:

	singular	plural
nominative	*der Held*	*die Helden*
accusative	*den Helden*	*die Helden*
genitive	*des Helden*	*der Helden*
dative	*dem Helden*	*den Helden*

They are called weak masculine nouns. With the exception of *der Käse*, all masculine nouns ending in *-e* belong to this group, as do a number of others, including:

> *der Herr – des Herrn* (but plural: *die Herren*)
> *der Bauer – des Bauern*
> *der Mensch – des Menschen.*

A large number of masculine nouns are borrowed from other languages, especially nouns ending in *-and*, *-ant*, *-arch*, *-at*, *-ent*, *-ist*, *-krat* and *-nom*:

> *der Elefant – des Elefanten* etc.

Weak nouns should not be confused with adjectival nouns (■ 1.8).

1.8 Adjectival nouns

All German adjectives can be used as nouns. In this role, they begin with a capital letter, but take the normal adjective endings (■ 3.1). Here are some examples:

> *der/die Abgeordnete*   *der Beamte* (BUT *die Beamtin*)   *der/die Angestellte*   *der/die Deutsche*

Note the following differences in ending between masculine adjectival (*der Deutsche*) and weak masculine (*der Brite*) nouns:
- with definite article – same endings
- with indefinite article – same endings except nominative singular: *ein Brite   ein Deutscher*
- with no article, in plural (because the singular hardly ever occurs like this)

nominative	*zehn Briten*	*zehn Deutsche*
accusative	*zehn Briten*	*zehn Deutsche*
genitive	*zehn Briten*	*zehn Deutscher*
dative	*zehn Briten*	*zehn Deutschen*

Note that *der Beamte* is the only masculine adjectival noun to have a corresponding feminine form ending in *-in*, whereas this is common amongst weak masculine nouns:

> *der Brite – die Britin*   *der Franzose – die Französin*

1.9 Compound nouns

German has a strong tendency to form compound nouns. In a compound noun, the gender and the plural form are determined by the **final** element:

> *die Nacht*
> *der Mensch – der Nachtmensch*
> *die Schwester – die Nachtschwester*
> *das Lokal – das Nachtlokal*

> *die Nächte*
> *die Menschen – die Nachtmenschen*
> *die Schwestern – die Nachtschwestern*
> *die Lokale – die Nachtlokale*

Compound nouns can in fact be formed from a noun with any other part of speech:

> *schreiben + der Tisch*   ➤   *der Schreibtisch*
> *schnell + der Imbiss*   ➤   *der Schnellimbiss*
> *für + die Sorge*   ➤   *die Fürsorge*

Sometimes *-s-* is placed between the elements:

> *die Tätigkeit + s + der Bereich*   ➤   *der Tätigkeitsbereich*

Sometimes the plural of the first element is used:

> *(das Wort) die Wörter + das Buch*   ➤   *das Wörterbuch*
> BUT: *das Wort + der Schatz*   ➤   *der Wortschatz*

1.10 Verbal nouns

The infinitive of any verb can be used as a neuter noun:

Das Spielen von Musik ist verboten.　　　　　**Das Abnehmen** fällt ihm schwer.

This is particularly useful in combination with certain prepositions:

beim + noun = 'while doing something', e.g.　　　**Beim Surfen** ist er beinahe ertrunken.
zum + noun = 'for doing something', e.g.　　　　**Zum Trinken** ist das Wasser nicht rein genug.
geraten/kommen ins + noun = 'to start -ing', e.g.　Er geriet **ins Stolpern** und stürzte fast zu Boden.

Combinations of adjective/noun/infinitive + infinitive can also be turned into nouns:

erwachsen werden　　➤　　das Erwachsenwerden　　　schlank sein　　➤　　das Schlanksein
Diät halten　　　　➤　　das Diäthalten　　　　　abnehmen wollen　　➤　　das Abnehmenwollen

For the sake of clarity, longer compounds can be split up with a hyphen:

das Abnehmen-Wollen

2 Determiners

These are words such as definite and indefinite articles, and demonstrative, possessive and interrogative adjectives. All of these elements take endings which show the **gender**, **number** and **case** of the noun they describe. Their presence or absence determines the endings taken by any adjectives which are present in the noun phrase (■ 3.1).

2.1 Definite article

The definite article in English is 'the'. Here are the forms of the definite article in German:

	masculine	feminine	neuter	plural
nominative	*der*	*die*	*das*	*die*
accusative	*den*	*die*	*das*	*die*
genitive	*des*	*der*	*des*	*der*
dative	*dem*	*der*	*dem*	*den*

The definite article can also be used as a pronoun. This is especially common in informal speech, although *das* as a pronoun is widely used in all contexts:

Der ist wirklich zu dumm!
Den habe ich nie gemocht.
Die geht mir auf die Nerven.
Das ist keine gute Idee.

The forms are exactly the same as for the article.

2.2 Indefinite article

The indefinite article in English is 'a(n)'. Here are its forms in German:

	masculine	feminine	neuter
nominative	*ein*	*eine*	*ein*
accusative	*einen*	*eine*	*ein*
genitive	*eines*	*einer*	*eines*
dative	*einem*	*einer*	*einem*

Note that there is also a pronominal form of *ein* (■ 5.4.2).

2.3 *kein*

The negative article *kein* (= *nicht ein*; English 'no', 'not any') is declined like the indefinite article:

	masculine	feminine	neuter	plural
nominative	kein	keine	kein	keine
accusative	keinen	keine	kein	keine
genitive	keines	keiner	keines	keiner
dative	keinem	keiner	keinem	keinen

Note that there is also a pronominal form of *kein* (■ 5.4.3).

2.4 Demonstrative adjectives

The demonstrative adjectives *dieser* ('this') and *jener* ('that') are declined exactly like strong adjectives (■ 3.1.3):

	masculine	feminine	neuter	plural
nominative	dieser	diese	dieses	diese
accusative	diesen	diese	dieses	diese
genitive	dieses/diesen*	dieser	dieses/diesen*	dieser
dative	diesem	dieser	diesem	diesen

* The optional *-en* variant is frequently used when the noun has the ending *-es*.

The demonstrative adjective *jener* is mainly used in formal contexts. In informal speech, if you wished to distinguish between 'this …' and 'that …', you would use *dieser … hier* and *dieser … da*. Alternatively, you could use the definite article as a demonstrative: *der/die/das … hier* and *der/die/das … da*.

Note that there are also pronominal forms of the demonstratives (■ 5.5).

2.5 Possessive adjectives

The possessive adjectives are *mein* (my), *dein* (your, informal singular), *sein* (his, its), *ihr* (her), *unser* (our), *euer* (your, informal plural), *Ihr* (formal singular and plural) and *ihr* (their). They are declined like *ein* and *kein* (■ 2.2, 2.3). For example:

	masculine	feminine	neuter	plural
nominative	ihr	ihre	ihr	ihre
accusative	ihren	ihre	ihr	ihre
genitive	ihres	ihrer	ihres	ihrer
dative	ihrem	ihrer	ihrem	ihren

However, *euer* usually drops the *-e-* when it takes an ending: *eure*, *euren* etc.

Note that there are also pronominal forms of the possessives (■ 5.6).

2.6 Interrogative adjectives

2.6.1 *welcher* – which

Like *dieser* and *jener* (■ 2.4), *welcher* takes the endings of the strong adjective declension (■ 3.1.3):

	masculine	feminine	neuter	plural
nominative	welcher	welche	welches	welche
accusative	welchen	welche	welches	welche
genitive	welches/welchen*	welcher	welches/welchen*	welcher
dative	welchem	welcher	welchem	welchen

* The optional *-en* variant is frequently used when the noun has the ending *-es*.

2.6.2 *wie viel, wie viele* – how much, how many

The singular form *wie viel* is not declined. The plural form *wie viele* takes the same endings as *viele*, i.e. the strong adjective endings:

nominative	wie viele
accusative	wie viele
genitive	wie vieler
dative	wie vielen

2.6.3 *was für (ein)* – what sort of

Unlike the preposition *für*, the *für* element in *was für (ein)* does not send the noun which follows it into the accusative. Instead, the noun takes whatever case it would have taken without *was für*; *ein* is declined as usual:

> *Was für **ein** Wagen war das?* – What sort of car was that?
> *Mit was für **einem** Hund hast du ihn gesehen?* – What sort of dog did you see him with?

Note that there are also pronominal forms of the interrogatives (■ 5.7).

3 Adjectives

3.1 Adjectival endings

When adjectives are part of the noun phrase (■ 1.3), they take endings which show the gender, number and case of the noun they describe:

Deutscher Wein schmeckt mir nicht besonders.

When they are used in other roles, e.g. as the complement of a verb such as *sein*, *werden* or *bleiben*, they do not take endings:

Dieser Wein ist italienisch.　　　　*Dieser Wein wird schnell sauer.*　　　　*Ich bleibe dir immer treu.*

There are three sets of adjectival endings. Which set applies depends on whether or not the adjective is preceded by any determiners (■ 2), and if so, by which determiners in particular.

The basic principle is this: if the determiner carries a lot of grammatical information (i.e. it is one which has a full set of endings, e.g. *dieser* (■ 2.4) or *welcher* (■ 2.6.1)), then the adjective doesn't need to carry much information, and takes a reduced set of endings (the 'weak' declension).

However, some determiners carry less grammatical information (e.g. *ein* ■ 2.2): *ein* could be masculine nominative, or neuter nominative or accusative), so an adjective following them needs to carry more, and thus takes a more complex set of endings (the 'mixed' declension). In the most extreme situation there is no determiner: all the grammatical information must therefore be carried by the adjective, which takes the most complex set of endings (the 'strong' declension).

If the noun phrase contains a string of adjectives, they all take the same endings:

die vielen schwierigen, sinnlosen Aufgaben　　　　(weak declension, after *die*)
viele schwierige, sinnlose Aufgaben　　　　(strong declension)
ein ausgezeichnetes schweres bayrisches Bier　　　　(mixed declension, after *ein*)
keine jungen ledigen österreichischen Männer　　　　(mixed declension, after *keine*)

A few adjectives borrowed from foreign languages do not decline. Many of these are colours:

beige, lila, orange, rosa, türkis; chic, macho, prima

Incidentally, note that the colours in the following sentence are nouns, not adjectives:

Meine Lieblingsfarben sind Beige, Rot und Lila.

3.1.1 Weak adjective declension

After: *der/die/das* (■ 2.1); *dieser, jener* (■ 2.4); *welcher* (■ 2.6.1); *aller, beide* (plural), *einiger* (only in the singular), *folgender* (only in the singular), *irgendwelcher, jeder, jeglicher, mancher, sämtlicher, solcher*

	masculine	feminine	neuter	plural
nominative				
accusative		e		
genitive		en		
dative		en		

Die letzte Marktforschung zeigt uns die neuesten Entwicklungen.

3.1.2 Mixed adjective declension

After: *ein* (■ 2.2); *kein* (■ 2.3); *mein, dein, sein, ihr, unser, euer, Ihr* (■ 2.5); *irgendein*:

	masculine	feminine	neuter	plural
nominative	er			
accusative		e	es	
genitive				
dative		en		

Mein neuer Computer hat ein sehr gutes Textverarbeitungsprogramm.

3.1.3 Strong adjective declension

Not preceded by any of the words listed in 3.1.1. and 3.1.2:

	masculine	feminine	neuter	plural
nominative	er	e	es	e
accusative	en			
genitive		er	en	er
dative	em		em	en

Mehr als dreißig neue Computerfirmen verkaufen preiswerte Software online.

3.2 Comparative and superlative of adjectives

German adjectives form their comparative and superlative by adding *-er* and *-(e)st* respectively to the uninflected form. The following take an umlaut; note that *groß, hoch* and *nah(e)* are slightly irregular:

		comparative		**superlative**
alt	➤	älter	➤	ältest-
arm	➤	ärmer	➤	ärmst-
dumm	➤	dümmer	➤	dümmst-
gesund	➤	gesünder	➤	gesündest-
groß	➤	größer	➤	**größt-**
hoch	➤	**höher**	➤	höchst-
jung	➤	jünger	➤	jüngst-
klug	➤	klüger	➤	klügst-
kurz	➤	kürzer	➤	kürzest-
lang	➤	länger	➤	längst-
nah(e)	➤	näher	➤	**nächst-**
scharf	➤	schärfer	➤	schärfst-
schwach	➤	schwächer	➤	schwächst-
stark	➤	stärker	➤	stärkst-
warm	➤	wärmer	➤	wärmst-

The following are completely irregular:

gut	➤	besser	➤	best-
viel	➤	mehr	➤	meist-

Comparative and superlative adjectives which are part of a noun phrase take the same endings as any other adjectives (■ 3.1) – **in addition to** their comparative or superlative endings:

Wir genießen größere Freiheit.
Deutsch gilt als eines der schwierigsten Fächer.

English '-est' with no following noun is expressed by *am ... -sten*:

Ingwer ist scharf; Pfeffer ist schärfer; Chili ist am schärfsten.

3.3 Participles as adjectives

In German just as in English, a present or past participle can be used as an adjective:

die **verurteilten** Straftäter   die **wachsende** Unsicherheit

However, this structure is much more flexible in German. It is possible to use whole relative clauses as adjectives:

die **neulich in Frankfurt verurteilten** Straftäter   die **seit 1993 in Deutschland langsam wachsende** Unsicherheit
instead of:

die Straftäter, die neulich in Frankfurt verurteilt wurden   die Unsicherheit, die seit 1993 langsam in Deutschland wächst

4 Adverbs and adverbials

4.1 Types of adverb and adverbial

4.1.1 Adverbs

Adverbs modify the meaning of a verb or an adjective.

When modifying a verb, they usually provide information about **when**, **why**, **how** (i.e. in what way) or where the action takes place or the situation occurs:

*Ich sah den Film **gestern**.*	*(**Wann** sahst du den Film?)*
***Deshalb** bin ich so müde.*	*(**Warum** bist du so müde?)*
*Er grüßte **höflich**.*	*(**Wie** grüßte er?)*
*Ich saß **draußen**.*	*(**Wo** saßest du?)*

In fact, the four question words *wann*, *warum*, *wie* and *wo* are themselves adverbs (known as **interrogative adverbs**).

When modifying an adjective (or another adverb), adverbs usually provide information about how (i.e. to what extent) the adjective applies to the noun it describes.

Er ist ziemlich begabt.   *(**Wie** begabt ist er?)*

Because they 'quantify' the adjective, such adverbs are sometimes known also as **quantifiers**. The commonest are: *sehr* (very); *besonders* (very, especially); *kaum* (hardly); *recht* (really, very); *wenig* (not very); *ziemlich* (rather).

Rather than modifying the sense of the verb, **negative adverbs** completely reverse it. The commonest are: nicht (not); *auch nicht* (not … either); *gar nicht* (not … at all); *nicht einmal* (not even); *nicht mehr* (no longer); *noch nicht* (not yet); *keineswegs* (in no way).

German has a range of short adverbs which express the speaker's attitude. As their adverbial function is not entirely clear (do they modify the verb, or the whole sentence?), they are sometimes referred to as **particles**. The commonest are: *doch, eben, denn, ja, mal, schon, wohl*. There is often no specific equivalent in English, but these examples show how they might be rendered in translation:

*Du solltest nicht so viele Chips essen. Zu viel Fett ist **doch** ungesund.*
You shouldn't eat so many crisps. **After all**, too much fat is bad for you.

*Es wundert mich nicht, dass sie nicht gekommen ist. Sie ist **eben** vergesslich.*
I'm not surprised that she hasn't turned up. She's **just** forgetful.

*Wieso kannst du es nicht ersetzen? Hast du **denn** keine Versicherung?*
How come you can't replace it? Aren't you insured, **then**?

*Es ist sein Geburtstag. Das weißt du **ja**.*
It's his birthday. You **know** that.

*Jetzt hör **mal**, so geht das nicht!*
Listen (**a moment**), that really won't do!

*Ach, was, mach dir keine Sorgen. Er wird **schon** kommen.*
Now, now. Don't worry. He **will** turn up.

*Wo kann er **wohl** sein? Er sollte um drei hier sein.*
I wonder where he can be? He was supposed to be here at three.

4.1.2. Adverbials

A phrase or even a whole clause may have the function of an adverb. Such expressions are known as **adverbial phrases** or **adverbial clauses**, or for short just as adverbials. For example:

Vorher
(adverb)

Vor dem Spiel
(adverbial phrase)   *hatten Fußballrowdys Passanten angegriffen.*

Bevor das Spiel begonnen hatte,
(adverbial clause)

4.2 Formation of adverbs

In German, any adjective can in theory also be used as an adverb:

> *Es war ein **heiterer** Herbsttag.* (adjective)
> *„Grüß dich, Stefan!" rief er **heiter**.* (adverb)

In practice, some adjectives (e.g. colours) are extremely unlikely to occur as adverbs. (How often does e.g. 'greenly' occur in English?)

Adverbs can also be formed from some adjectives by adding the suffix *-erweise*. This expresses the speaker's/writer's attitude to the event or situation described:

> ***Glücklicherweise** hat er die Prüfung bestanden.* (fortunately)

Compare this with the adverbial use of *glücklich* itself:

> *Sie lächelte **glücklich**.* (happily)

Adverbs can be formed from many nouns by adding *-(s)weise*; the resultant adverb has the meaning 'as a …':

Ausnahme	*ausnahmsweise*	(as an exception)
Beispiel	*beispielsweise*	(as an example)
Gruppen	*gruppenweise*	(in groups)
Paar	*paarweise*	(in pairs)
Teil	*teilweise*	(partially)
Versuch	*versuchsweise*	(as an experiment)

4.3 Comparative and superlative of adverbs

The comparative and superlative forms of adverbs are formed in the same way as those of adjectives (■ 3.2) – where it is possible by sense for the adverb to have such forms:

> *Harald schwimmt **schnell**; Doris schwimmt **schneller**; Jana schwimmt **am schnellsten**.*
> *Ich stehe **früh** auf; Manfred steht **früher** auf; Anna steht **am frühsten** auf.*

Note that *gern* has an irregular comparative and superlative:

> *gern* ➤ *lieber* ➤ *am liebsten*

4.4 Order of adverbs and adverbials in the clause

When there are a number of adverbs and/or adverbials in a clause, their normal order is 'time, reason, manner, place' (or: *wann? warum? wie? wo?*). However, it would be quite a contrived clause that contained adverbs or adverbials in all of these categories. Here is an example with adverbs/adverbials of time, manner and place:

> *Dieser Verteidiger hat den Ball* | ***letzte Woche*** | ***dummerweise*** | ***vorm Tor*** | *verloren.*
>   time   manner   place

However, the order can be varied for special emphasis, the most emphatic position being the beginning of the clause, the second most emphatic being the end:

> ***Dummerweise** hat dieser Verteidiger den Ball **letzte Woche vorm Tor** verloren.*

5 Pronouns

Pronouns literally stand 'for a noun'. Therefore, they must agree in gender, number and case with the noun they replace or refer to.

5.1 Personal pronouns

5.1.1 Forms of the personal pronouns

The genitive forms occur very infrequently, but are included here for the sake of completeness. The polite *Sie*-forms are both singular and plural.

	singular				plural			
	nominative	accusative	genitive	dative	nominative	accusative	genitive	dative
1	ich	mich	meiner	mir	wir	uns	unser	uns
2	du	dich	deiner	dir	ihr	euch	euer	euch
					Sie	Sie	Ihrer	Ihnen
3	er	ihn	seiner	ihm				
	sie	sie	ihrer	ihr	sie	sie	ihrer	ihnen
	es	es	seiner	ihm				
	man	einen	(seiner)	einem				

Man is used much more in everyday German than is the equivalent 'one' in English:

> *Vielleicht klappt's:* **Man** *weiß ja nie.*   Perhaps it'll work: you never know.

5.1.2 Modes of address: *du, ihr, Sie*

Du and *ihr* are used to address:

- relatives, close friends, children (up to around 16) and animals
- fellow pupils (but teachers address pupils as *Sie* in the top three or four forms of secondary school)
- fellow students (but lecturers address students as *Frau/Herr …* and use *Sie*)
- the reader in novels etc.

In all other cases, *Sie* should be used (verb: *siezen*) unless the senior party in the conversation proposes switching to *du* (verb: *duzen*).

This rule is less strictly observed than it used to be, but the non-native speaker should always err on the side of caution: to use *du* and *ihr* inappropriately suggests at best cultural and linguistic incompetence, and at worst offensive over-familiarity and lack of respect.

5.2 Reflexive pronoun

5.2.1 Forms of the reflexive pronoun

The reflexive pronoun exists in both the accusative and the dative case (■ 6.4). It only differs in form from the personal pronoun (■ 5.1) in the third person, where there is only one form:

	singular		plural	
	accusative	dative	accusative	dative
1	mich	mir	uns	uns
2	dich	dir	euch	euch
			Sie	Ihnen
3	sich	sich	sich	sich

5.2.2 Position of the reflexive pronoun in the clause

In normal main clause word order (■ 9.1), the reflexive pronoun follows immediately after the finite verb:

*Sie beschwerte **sich** über den Lärm.*

With inversion (■ 9.1.1) and in a subordinate clause (■ 9.2) the reflexive pronoun usually comes before a noun subject, but **must follow** immediately after a pronoun subject:

*Heute Morgen beschwerte **sich** meine Mutter über den Lärm.*
*Heute Morgen beschwerte sie **sich** über den Lärm.*
*Als **sich** meine Mutter über den Lärm beschwerte, ...*
*Als sie **sich** über den Lärm beschwerte, ...*
*... , die **sich** über den Lärm beschwert hatte.*

– except *einer, etwas, jeder, jedermann, jemand, nichts, niemand* or collectives such as *alles, einiges, mehreres, vieles*:

*In letzter Zeit hat **sich** vieles geändert.*   *An die Regeln muss **sich** jeder halten.*

In infinitive constructions, the reflexive pronoun comes first:

*Ich war fest entschlossen, **mich** über den Lärm zu beschweren.*   *Das Wichtigste: **sich** auf dem Laufenden halten.*

5.3 Relative pronoun

5.3.1 Forms of the relative pronoun

The forms of the relative pronoun are very similar to those of the definite article (■ 2.1). The forms which are different are shown in bold:

	masculine	feminine	neuter	plural
nominative	*der*	*die*	*das*	*die*
accusative	*den*	*die*	*das*	*die*
genitive	***dessen***	***deren***	***dessen***	***deren***
dative	*dem*	*der*	*dem*	***denen***

5.3.2 Use of the relative pronoun

The relative pronoun always stands at the beginning of the relative clause (■ 9.2) – it may only be preceded in this clause by a preposition (see examples below).

The relative pronoun takes its gender and its number from the noun which it describes (its 'antecedent'), but its case is dependent on its function in the relative clause:

*Max ist ein guter Freund, **der** mich jede Woche anruft.*   (nominative: subject of *anruft*)
*Max ist ein guter Freund, **den** ich seit vielen Jahren kenne.*   (accusative: direct object of *kennen*)
*Max ist ein guter Freund, **dessen** Hilfe mir unentbehrlich ist.*   (genitive: possessor of *Hilfe*)
*Max ist ein guter Freund, mit **dem** ich seit vielen Jahren befreundet bin.*   (dative: after *mit*)

5.4 Indefinite pronouns

5.4.1 jemand

nominative	*jemand*
accusative	*jemand(en)*
genitive	*jemand(e)s*
dative	*jemand(em)*

Niemand is declined in exactly the same way.

5.4.2 einer

	masculine	feminine	neuter
nominative	*einer*	*eine*	*ein(e)s*
accusative	*einen*	*eine*	*ein(e)s*
genitive	*eines*	*einer*	*eines*
dative	*einem*	*einer*	*einem*

This pronoun is mostly used to avoid repetition of a noun:

*Ich hatte damals zwei **Katzen**. Jetzt habe ich nur noch **eine**.*
*Meine Schwester bekam zwei **Geschenke**, ich nur **eins**.*

– and in a few set expressions, e.g.:

*Du bist mir **eine(r)**!*   (You're a right one!)
***Eins** wollte ich noch sagen.*   (I wanted to say one more thing.)
*Es ist mir alles **eins**.*   (It's all the same to me.)
*Er redet in **einem** fort.*   (He talks without stopping.)

5.4.3 keiner

The negative *keiner* can be used in the same way as *einer*:

> **Keiner** kennt ihn.
> Jetzt hat er viel Geld und ich habe **keins**.

5.5 Demonstrative pronouns

Jener as a pronoun is identical with the adjectival form (■ 2.4); *dieser* differs from the adjectival form only in the neuter nominative and accusative:

	masculine	feminine	neuter	plural
nominative	dieser	diese	dies(es)	diese
accusative	diesen	diese	dies(es)	diese
genitive	dieses/diesen*	dieser	dieses/diesen*	dieser
dative	diesem	dieser	diesem	diesen

The optional *-en* variant is frequently used when the noun has the ending *-es*.

The definite article can also be used as a demonstrative pronoun, with or without *da* (■ 2.1).

Another demonstrative pronoun is *derjenige*. In its inflection, *derjenige* behaves like a definite article (*der-*) followed by an adjective (*-jenige*), with both parts changing according to gender, case and number:

	masculine	feminine	neuter	plural
nominative	derjenige	diejenige	dasjenige	diejenigen
accusative	denjenigen	diejenige	dasjenige	diejenigen
genitive	desjenigen	derjenigen	desjenigen	derjenigen
dative	demjenigen	derjenigen	demjenigen	denjenigen

Derjenige most often occurs as an antecedent to a relative pronoun:

> **Das ist derjenige, der mir geholfen hat.**
> (That's the one (man, boy) who helped me.)

5.6 Possessive pronouns

The possessive pronouns differ from the possessive adjectives only in the forms shown in bold:

	masculine	feminine	neuter	plural
nominative	ihrer	ihre	ihres	ihre
accusative	ihren	ihre	ihres	ihre
genitive	ihres	ihrer	ihres	ihrer
dative	ihrem	ihrer	ihrem	ihren

In the neuter nominative and accusative, *meins*, *deins* and *seins* are commoner than *meines*, *deines* und *seines*.

5.7 Interrogative pronouns

nominative	wer
accusative	wen
genitive	wessen
dative	wem

nominative	was
accusative	was
genitive	wessen
dative	–

There is no dative form of *was*; instead *was* + preposition is used. When a form of *was* is used with the following prepositions, the usual form is *wo-* + preposition:

> *an, auf, aus, bei, durch, für, gegen, hinter, in, mit, nach, über, um, unter, von, vor, zu*
> **Wovon** sprichst du? **Wozu** brauchen wir das?

If the preposition begins with a vowel, **-r-** is placed between *wo-* and the preposition:

> **Woran** erkennst du das? **Worüber** streitet ihr?

Wodurch, wonach, wovon and *wozu* are not used to express movement. Instead, *durch was, wohin* (for *nach* and *zu*) and *von was* are used:

> *Komm, wir fahren **nach** Basel. – **Wohin** fahren wir?!*

Welcher can also be used pronominally; its forms are exactly the same as those of the adjective (■ 2.6.1).

6 Verbs

6.1 Verb conjugations

German verbs are of two types, **weak** and **strong**. For examples of verb conjugation and the principal parts of common strong and irregular verbs see (■ verb lists, pp. 182–183).

6.1.1 Weak verbs

Weak verbs form their present tense by adding the following endings to the stem (which is found by removing the *-(e)n* ending of the infinitive):*

ich	-e	wir	-en
du	-st	ihr	-t
		Sie	-en
er/sie/es	-t	sie	-en
e.g.	kaufen		ich kaufe, du kaufst etc.

Their imperfect tense is formed by adding the following endings to the stem:*

ich	-te	wir	-ten
du	-test	ihr	-tet
		Sie	-ten
er/sie/es	-te	sie	-ten
e.g.	kaufen	ich kaufte, du kauftest etc.	

Weak verbs form their past participle by adding **ge-** and **-t** to the stem: **gekauft**, **gezögert** etc.*

In regular weak verbs, the stem vowel remains the same throughout all forms.

There are 15 irregular weak verbs. They all take the normal weak endings, but have variations in the stem:

- *dürfen, können, mögen, müssen, sollen, wollen, wissen*: the present singular resembles the imperfect of a strong verb, in that the *ich* and *er/sie/es* forms do not take an ending, and the stem vowel changes (except *sollen*); the plural is regular. In the imperfect and the past participle, all seven verbs take the weak endings, but those verbs with an umlaut in the infinitive drop it throughout, and the *-i-* in wissen changes to *-u-*. When used as auxiliaries, the six modal verbs (*dürfen, können, mögen, müssen, sollen, wollen*) have a past participle which is identical with the infinitive (■ 6.9.2).
- *haben*: *-b-* disappears in the *du* and *er/sie/es* forms of the present tense, and throughout the imperfect, where the *-t-* of the ending is doubled; the past participle is regular.
- *brennen, kennen, nennen, rennen, senden*: the present tense is regular, but the stem vowel changes to *-a-* in the imperfect and past participle.
- *bringen, denken*: the present tense is regular, but *-ing-* changes to *-ach-* in the imperfect and past participle.

The last seven verbs above are sometimes referred to as the mixed verbs.

6.1.2 Strong verbs

Strong verbs change their stem vowel in the imperfect; in the past participle, the stem vowel may change again, or may be the same as that of the infinitive or the imperfect.

In the *du* and *er/sie/es* forms of the present tense, the stem vowel *-e-* often changes to *-i(e)-*, *-a(u)-* to *-ä(u)-* and *-o-* to *-ö-*. The endings of the present tense are the same as those for weak verbs (■ 6.1.1).

Strong verbs do not take an ending in the first and third person singular of the imperfect.

The full set of endings is:*

ich	-	wir	-en
du	-st	ihr	-t
		Sie	-en
er/sie/es	-	sie	-en

* Verbs whose stem ends in *-t* or *-d*, or in *-m* or *-n* preceded by any consonant other than *l-* or *r-* take *-e-* before *-t* or *-st*: *wartet, findet, atmet, regnet, wartete, regnete, atmete; gewartet, geatmet, geregnet.*

Verbs whose stem ends in *-el* or *-er* take *-n* instead of *-en*: *lächeln, zögern.*

Verbs whose stem ends in *-s*, *-ß*, *-x* or *-z* lose the *-s-* from the *du* ending in the present tense: *heizen – du heizt..*

The past participle is formed by adding **ge-** and **-en** to the stem (as well as the vowel change described above).

There are many variations within the class of strong verbs, so there is little practical benefit in distinguishing 'regular' and 'irregular' strong verbs, but you may find it helpful to be aware of the following seven typical patterns:

	infinitive	present tense	imperfect	past participle
		du, er/sie/es		
1	ei + single consonant *bleiben* ei + double consonant *beißen*	ei *bleibst, bleibt* ei *beißt, beißt*	ie *blieb* etc. i *biss* etc.	ie *geblieben* i *gebissen*
2	ie *fliegen*	ie *fliegst, fliegt*	o *flog* etc.	o *geflogen*
3	i + nd/ng/nk *finden*	i *findest, findet*	a *fand* etc.	u *gefunden*
4	i + mm/nn *schwimmen* e + 2 consonants (not ss) *helfen*	i *schwimmst, schwimmt* i *hilfst, hilft*	a *schwamm* etc. a *half* etc.	o *geschwommen* o *geholfen*
5	e + single consonant/ss *geben*	i *gibst, gibt*	a *gab* etc.	e *gegeben*
6	a *graben*	ä *gräbst, gräbt*	u *grub* etc.	a *gegraben*
7	a + single consonant *schlafen* a + 2 consonants *fangen*	ä *schläfst, schläft* ä *fängst, fängt*	ie *schlief* etc. i *fing* etc.	a *geschlafen* a *gefangen*

Note that a number of strong verbs do not conform fully to these patterns, e.g. *stehen – steht – stand – gestanden*. The strong verbs *sein* and *werden* are completely irregular (■ verb lists, pp.182–183).

6.2 Separable verbs

These are verbs which have a separable prefix, which gives the verb a new or modified meaning, e.g. *kommen* – 'to come'; ***an**kommen* – 'to arrive'. Separable prefixes always carry the main stress: ***an**kommen*, ***teil**nehmen*, ***frei**lassen* etc

Separable prefixes are usually words which exist as independent parts of speech, e.g.:

prepositions:	*an + kommen*		nouns:	*teil + nehmen*
adverbs:	*dazwischen + treten*		adjectives:	*frei + lassen*

However, a very few only exist as prefixes, e.g. *hinzu + fügen*.

The prefix is attached to the front of the verb in the following situations:

1 in the infinitive: *ankommen*
2 in the present participle: *ankommend*
3 in the past participle: *angekommen*
4 in a subordinate clause: *wenn er ankommt*

Note that when the infinitive of a separable verb is used with *zu*, the latter comes between the prefix and the verb:

*Um rechtzeitig an**zu**kommen, müssen wir bis dreizehn Uhr losfahren.*

In all other situations, the prefix stands alone at the end of the clause:

*Jana **kam** um dreizehn Uhr in Leipzig **an**.*
*Wann **kommst** du in Freiburg **an**?*
***Kommen** Sie bitte rechtzeitig **an**!*

6.3 Inseparable verbs

Inseparable verbs have a prefix which is permanently attached to the front of the verb. With the exception of *miss-**, an inseparable prefix never carries the main stress.

The following eight prefixes are inseparable: *be-, emp-, ent-, er-, ge-, miss-, ver-, zer-*. Unlike most of the separable prefixes (■ 6.2), they do not exist as independent parts of speech.

Verbs with an inseparable prefix do not take the prefix *ge-* in the past participle:

> *Wir haben zu viel Kohle und Öl **verbrannt**.*

Neither do verbs which end in *-ieren*, e.g. *fotografieren – ich habe fotografiert*.

The following eight prefixes are variable, i.e. they can form both inseparable and separable verbs: *durch-, hinter-, über-, um-, unter-, voll-, wider-, wieder-*.

Amongst these eight variable prefixes, there are often both separable and inseparable variants of the same prefix with the same verb – giving different meanings. For example, *durchdringen* and *überlegen*:

separable: *Die Protestaktion **drang** schließlich bis zum Minister **durch**.*
                 *Sie hat ihrem Kind eine Decke **übergelegt**.*
inseparable: *Die Strahlen **durchdringen** die Ozonschicht nicht.*
                 *Wir haben uns den Plan genau **überlegt**.*

* In *missverstehen* the main stress is on *miss-*. Although the verb is otherwise inseparable, *zu* comes between prefix and verb: *um ihn nicht misszuverstehen*.

6.4 Reflexive verbs

Reflexive verbs consist of a verb and a reflexive pronoun (■ 5.2). There are two types:

verb + accusative reflexive pronoun: *sich fühlen*   *Ich fühle **mich** einsam.*
verb + dative reflexive pronoun: *sich leisten*   *Das kann ich **mir** nicht leisten.*

There is a number of German reflexive verbs whose English counterparts are not reflexive, e.g.:

*Er **beschwerte sich** über das Essen.*   He **complained** about the food.
*Ich kann **mir** kein neues Fahrrad **leisten**.*   I can't **afford** a new bike.

6.5 Auxiliary verbs

This is a small group of verbs which are used in combination with other verbs for various purposes:

haben, sein   Used as auxiliaries in forming the perfect, pluperfect and future perfect tenses (■ 6.9.2, 6.9.4, 6.9.6).

werden   Used as an auxiliary in forming the future and future perfect tenses (■ 6.9.5, 6.9.6) and all tenses in the passive voice (■ 6.16).

würde   (imperfect subjunctive of *werden*) is used to form the 'conditional' (■ 6.12.3).

dürfen, können, mögen, müssen, sollen, wollen
                The modal verbs, which modify the verb they are used with (■ 6.5.1).

lassen   Used as an auxiliary in a way similar to the modal verbs (■ 6.5.2).

All the above verbs can also be used alone as non-auxiliary verbs ('full verbs'), e.g.:

> *Er **ist** ein Genie.*   *Er **wurde** ein erfolgreicher Schauspieler.*   *Er **wollte** jedoch den Ruhm nicht.*

6.5.1 Modal verbs

The modal verbs are: *dürfen, können, mögen, müssen, sollen* and *wollen*. Modal verbs are used as auxiliaries (hence 'modal auxiliaries') with the infinitive of the full verb. Here are examples in the present, imperfect and perfect tense respectively:

> *Ich **will** ein paar Mark mehr verdienen.*
> *Sie **wollte** sich entschuldigen.*
> *Sie **haben** ihre Tat verteidigen **wollen**.*

Note that the infinitive is used **without** *zu*.

Modal auxiliaries express necessity (*müssen*), obligation (*sollen*), desire (*mögen, wollen*), permission (*dürfen*) and ability (*können*) to carry out the action of the full verb.

Mögen is commonly used as a modal auxiliary only in its imperfect subjunctive form *möchte*:

> Ich **möchte** dich um Rat bitten.

Modal verbs without infinitives

In certain instances, a modal verb may be used without a following infinitive:

1 Movement. An adverb or adverbial makes the meaning clear:

> Ich **will** morgen nach Hamburg.

Instead of: Ich **will** morgen nach Hamburg **fahren.**

2 The verb *tun* is implied:

> Das **kann** ich nicht. Du **kannst** es auch nicht.

Instead of: Das **kann** ich nicht **tun.** Du **kannst** es auch nicht **tun.**

3 The modal verb refers back to a preceding sentence. Sometimes *es* is added as an object:

> Leih mir zwanzig Mark bis Montag. – Nein, ich **kann** (es) nicht.

Instead of: ... Nein, ich **kann** dir nicht zwanzig Mark bis Montag **leihen.**

4 In certain idiomatic expressions: Er **kann** gut Deutsch [sprechen].
> Wir **können** bald nicht mehr [weitermachen].
> Was **soll** das eigentlich [bedeuten]?

6.5.2 Auxiliary *lassen*

Lassen can be used as an auxiliary in much the same way as the modal verbs (■ 6.5.1). In this capacity, it conveys one of two senses:

1 to let:	Ich *ließ* ihn weiterreden.	I let him carry on speaking.
2 to have, get:	Ich *ließ* ihn meine Schuhe putzen.	I had him polish my shoes.
	Ich *lasse* es holen.	I'll have it brought.
	Ich *lasse* meine Haare schneiden.	I'm getting my hair cut.

In the first two examples above, it would only be clear from the context which of the two senses was intended.

6.6 Infinitive constructions

Zu + infinitive is often used in the following situations:

* After *Es ist wichtig/möglich/schwer* etc. (impersonal constructions ■ 6.8):

    Es ist wichtig, einander **zu vertrauen.****

* After certain verbs, e.g.: *helfen, hoffen, brauchen, beginnen, versuchen, vergessen*:

    Ich hoffe, eine Beziehung **zu haben.****

* After *ohne*: ... , ohne es **zu sehen.****
* After *etwas, nichts, viel* etc.: Es gab etwas **zu sehen**/nichts **zu tun**/viel **zu essen.**
* In the construction *um ... zu ...* ('in order to ...'): Um neue Freunde **zu finden,** ...**

** Under the new spelling rules (■ 10), it is a matter of personal choice whether to separate the infinitive phrase from the main clause by a comma.

6.7 Verbs with a dative object

Note that the following verbs take a dative object only: *helfen, begegnen, gefallen, folgen*:

> Ich bin **ihr** mehrmals auf der Straße begegnet.

6.8 Impersonal constructions

Impersonal constructions have the pronoun *es* as their subject. There are two kinds:

1 *Es* doesn't stand for anything specific; examples include:

Es gibt ...	*Es klopfte an der Tür.*
Es macht nichts.	*Es gefällt mir gut hier.*
Es geht um/handelt sich um ...	*Es geht ihm gut.*

– and a number of weather expressions, e.g. *es regnet, es ist heiß*

2 *Es* anticipates the true subject, which occurs later in the sentence; note that the verb agrees with the true subject and not with *es*:

Es fanden gelegentlich heftige Demonstrationen statt.

The true subject may be a whole clause:

*Es ist wahr, **dass wir unsere Umwelt gefährden**.*
*Es würde mich freuen, **dich bald wiederzusehen**.*

This construction is frequently used with passives:

Es wurde viel getanzt.   There was a lot of dancing./People danced a lot.

In impersonal constructions of the first type, *es*, although devoid of meaning, is the true subject of the sentence and cannot be omitted if the sentence is reordered. Compare these pairs of sentences:

***Es** gibt hier viele Rentner.*	➤	*Viele Rentner gibt **es** hier.*
***Es** geht hier um ein wichtiges Prinzip.*	➤	*Hier geht **es** um ein wichtiges Prinzip.*
***Es** gefällt mir gut hier.*	➤	*Gut gefällt **es** mir hier.*

In impersonal constructions of the second type, *es* can be omitted if the sentence is reordered. Compare these pairs:

***Es** fanden gelegentlich heftige Demonstrationen statt.*	➤	*Gelegentlich fanden heftige Demonstrationen statt.*
***Es** ist wahr, dass wir unsere Umwelt gefährden.*	➤	*Dass wir unsere Umwelt gefährden, ist wahr.*
***Es** würde mich freuen, dich bald wiederzusehen.*	➤	*Dich bald wiederzusehen, würde mich freuen.*

6.9 The tenses

It is important to understand the difference between tense and time. Tense is a matter of grammatical form, and the number, forms, uses and names of tenses vary greatly between languages, whereas past, present and future time are universals. In German the 'present tense' is commonly used to refer to future time, and in certain circumstances to refer to time starting in the past but continuing into the present (■ 6.9.1). Do not assume that a present tense construction in English should always be translated by a present tense construction in German, or vice versa.

6.9.1 Present tense

(Present tense endings ■ 6.1 and verb lists, pp. 182–183)

The present tense in German has a variety of functions, for which English uses a variety of tenses and structures:

1 To describe what is happening now (English: present continuous)

Was machst du jetzt? – Ich sehe gerade fern.

2 To describe what sometimes or usually happens (English: present simple)

Ich brauche immer so lange, um meine Hausaufgaben zu machen.

3 To describe what is going to happen (English: 'going to')

Ich fahre morgen nach Frankfurt.

4 With *seit* or *seitdem* to describe what has been happening up to now and continues to happen (English: present perfect or present perfect continuous – 'have been -ing'):

Trudi wohnt seit zehn Jahren in Oxford. Seitdem sie hier wohnt, spricht sie kaum noch Deutsch.

6.9.2 Perfect tense

(Form of the past participle ■ 6.1 and verb lists, pp. 182–183)

The perfect tense is formed from the present tense of the auxiliary *haben/sein* and the past participle of the full verb.

In a main clause, the auxiliary occupies second position and the participle goes to the end of the clause; in a subordinate clause, the auxiliary takes final position directly after the participle:

> *Die Luftqualität in der Stadt **hat** sich nicht **gebessert**, obwohl wir vor einem Jahr neue strenge Maßnahmen **eingeführt haben**.*

The auxiliary *sein* is used in place of *haben* in a number of situations:

• with all intransitive verbs of motion, e.g. *gehen, fahren, schwimmen, begegnen* (which takes a dative object ■ 6.7)

• with intransitive verbs which describe a change of state, e.g. *aufwachen, einschlafen, schmelzen, sterben, verschwinden, werden, gelingen*

• with the verbs *sein* and *bleiben*

For a series of events leading up to the present, e.g. with *seitdem*, the perfect **must** be used:

> *Seitdem habe ich ihn mehrmals gesehen.*

Otherwise, there is little difference in sense between the perfect and the imperfect tense, so that the two can be considered interchangeable. However, in written German the perfect is less used than the imperfect, because of its inherent stylistic disadvantages: it is less concise, and the full verb (and thus a vital part of the clause's meaning) is delayed until the end of the clause. In southern Germany, Switzerland and Austria, the perfect is much more widely used in speech than the imperfect.

Perfective tenses of modal verbs

When used as auxiliaries in the perfect, pluperfect and future perfect tenses, modal verbs have a past participle which is identical with the infinitive. As always when used with a modal auxiliary, the full verb is in the infinitive. The past participle of the modal verb takes final position, with the infinitive of the full verb directly before it:

> *Ich **habe** ihn nicht **erreichen können**.*
> (Compare: *Ich **habe** ihn nicht **erreicht**.*)

In subordinate clauses, the word order is as follows, with the finite verb coming directly before the non-finite verbs (■ 9.2):

> *Obwohl ich ihn nicht **habe erreichen können**, …*

present tense of auxiliary *haben*   infinitive of full verb *erreichen*   past participle of auxiliary *können*

6.9.3 Imperfect tense

(Imperfect tense endings ■ 6.1 and verb lists, pp. 182–183)

For the reasons stated above (■ 6.9.2), the imperfect is the preferred tense for written narrative in the past. In addition, the imperfect of *haben*, *sein* and the modal verbs is frequently used in both speech and writing.

The term 'imperfect' is often considered inappropriate by linguists, so the terms 'preterite' and 'simple past' are also used for this tense in grammar books.

6.9.4 Pluperfect tense

(Form of the past participle ■ 6.1 and verb lists, pp. 182–183; modal verbs ■ 6.9.2)

The pluperfect tense is the third past tense, and is much less used than either the perfect or the imperfect. It places the action described at one remove further back into the past, and so often occurs in sentences which contain sequencing conjunctions like *bis*, *bevor* and *nachdem*:

> *Ich **hatte** niemals über den Treibhauseffekt nachgedacht, bis ich diese Sendung sah.*
> *Nachdem Schuschnigg **zurückgetreten war**, bildete Seyß-Inquart eine neue Regierung.*

6.9.5 Future tense

The future tense is formed from the present tense of the auxiliary *werden* and the infinitive of the full verb:

*Man **wird** gegen das neue Gesetz **demonstrieren**.*

The future tense is mostly used to make predictions or estimates, or to emphasise the speaker's determination that something **shall** happen:

*Der Treibhauseffekt **wird** die Erdkugel **erwärmen**.*
*Ihr **werdet** euren Energieverbrauch **verringern**, ob ihr es wollt oder nicht.*

Otherwise, the present tense is often used in place of the future tense (■ 6.9.1), especially if it is clear that future time is meant (e.g. there is an adverb of time such as *morgen* or *nächstes Jahr* in the sentence).

6.9.6 Future perfect tense

(Form of the past participle ■ 6.1 and verb lists, pp. 182–183; modal verbs ■ 6.9.2)

The future perfect tense is formed from the present tense of the auxiliary *werden*, the past participle of the full verb and the infinitive of the auxiliary *haben* or *sein*:

*Er **wird** vor Montag sein ganzes Geld **ausgegeben haben**.*
*Wir kommen um zehn an. Der Zug **wird** schon längst **abgefahren sein**.*

As in the above examples, the future perfect is used to refer to events which will have been completed by a certain point in the future. It is very often introduced by an adverb of time which refers to the end of a period:

*In fünf Jahren **wird** man sich an die neue Währung **gewöhnt haben**.*
*Bis 2010 **werden** wir hoffentlich die mit dem Euro verbundenen Probleme **gelöst haben**.*

This tense is usually avoided in the spoken language, if the future reference is clear from the context. Instead, the perfect tense is used:

*In fünf Jahren **hat** man sich an die neue Währung **gewöhnt**.*

6.10 Passive voice

(Conjugation of *werden* ■ verb lists, pp. 182–183)

The effect of the passive is to direct attention to the action described, rather than who or what carries it out.

In the active voice, the subject is in some sense the 'doer' of the verb:

***Autoabgase verschmutzen** die Luft.*
   subject   active verb

In the passive voice, the subject is the one to whom/which the action of the verb is done:

***Die Luft wird** (durch Autoabgase) **verschmutzt**.*
   subject   passive verb

As in the above example, the 'doer' of the action need not be stated in the passive. However, if the 'doer' is stated, then it is introduced by *durch* (if it is the means by which the action is done) or *von* (if it is the person or thing which does the action).

It is important to realise that the passive is not a tense. In fact, all the tenses described above also exist in the passive (though only the present, imperfect, perfect and pluperfect are frequently used).

present:	*Die Luft **wird** verschmutzt.*
imperfect:	*Die Luft **wurde** verschmutzt.*
perfect:	*Die Luft **ist** verschmutzt **worden**.*
pluperfect:	*Die Luft **war** verschmutzt **worden**.*

In all tenses, the corresponding tense of the auxiliary *werden* is used together with the past participle of the full verb. Note that when used as an auxiliary, *werden* has the past participle *worden* instead of its past participle as a full verb *geworden*.

6.11 Imperative

The imperative is the command form of the verb. The pronoun *Sie* is always used, whereas the pronouns *du* and *ihr* are omitted:

Hör *auf zu schreien!* **Hört** *auf zu schreien!* **Hören Sie** *auf zu schreien!*

6.12 Subjunctive mood

Whereas the indicative expresses fact, the subjunctive expresses hypothesis and doubt: it is used to talk about what *would* happen *if* a certain situation occurred, or to report what someone *said* had happened. The subjunctive has all the same tenses, active and passive, as the indicative, although many of them are rarely used.

6.12.1 Forms of the subjunctive

Present subjunctive

(Present subjunctive of *haben* and *sein* ■ verb lists, pp. 182–183)

The present subjunctive endings are:

ich	-e	wir	-en
du	-est	ihr	-et
		Sie	-en
er/sie/es	-e	sie	-en

Note that the *-e-* of the *du* and *ihr* forms is never omitted:

indicative:	du lachst, ihr lacht
subjunctive:	du lach**e**st, ihr lach**e**t

– except in the verb *sein:* du sei(e)st

There are no vowel changes in the present subjunctive of strong verbs, e.g. *geben*:

indicative:	ich gebe, du gibst, er/sie/es gibt
subjunctive:	ich gebe, du gebest, er/sie/es gebe

Imperfect subjunctive

Weak verbs: endings are exactly the same as for the indicative.

Strong verbs: endings as for the present subjunctive. In addition, stem vowels *-a-, -o-, -u-, -au-* of strong verbs take an umlaut, e.g. *geben*:

ich gäbe	wir gäben
du gäbest	ihr gäbet
	Sie gäben
er/sie/es gäbe	sie gäben

There are some irregular forms (■ verb lists, pp. 182–183).

Perfect

Present subjunctive of *haben/sein* + past participle, e.g.:

er habe angerufen
er sei gefahren

Pluperfect

Imperfect subjunctive of *haben/sein* + past participle, e.g.:

ich hätte gesehen
du wär(e)st gegangen

Future

Present subjunctive of *werden* + infinitive, e.g.:

er werde anrufen

6.12.2 Imperfect subjunctive of modal verbs

Note that the imperfect subjunctive does not refer to the past: it refers instead to the present or future. The use of the imperfect subjunctive modifies the meanings of the modal verbs:

dürfte	should (likelihood)	*Es dürfte keine Probleme geben.*
könnte	could	*Ich könnte es selber machen.*
möchte	would like	*Ich möchte dich um Rat bitten.*
müsste	ought to, might (also likelihood)	*Ich müsste es wissen. Er müsste da sein.*
sollte	ought to	*Ich sollte etwas tun.*

6.12.3 The 'conditional' and 'conditional perfect'

Würde (imperfect subjunctive of *werden*) + infinitive is used as an alternative to the imperfect subjunctive:

*Sie **würden** mit Italienisch keinerlei Schwierigkeiten haben.*
*Sie **hätten** mit Italienisch keinerlei Schwierigkeiten.*

*Birgit **würde** es schwer **fallen**, ihre Freundinnen zurückzulassen.*
*Birgit **fiele** es schwer, ihre Freundinnen zurückzulassen.*

There is no difference in meaning between the two. *Würde* + infinitive is often referred to as the conditional (not to be confused with conditional clauses, see overleaf).

6.12.4 Conditional clauses

Conditional clauses express conditions, i.e. what needs to happen in order for something else to happen. In English they are usually introduced by 'if', in German by *wenn*. There are three types of conditional clause:

1 'Open' condition:

*Wenn er nach Berlin **kommt**,*	*triffst du ihn.*
If he comes to Berlin,	you'll meet him.

The indicative is used both in the conditional clause and in the main clause.

2 Improbable condition:

*Wenn er nach Berlin **käme**,*	*würdest du ihn treffen.*
	träfest du ihn.
If he came to Berlin,	you would meet him.

The imperfect subjunctive is used in the conditional clause, followed by either the imperfect subjunctive or *würde* + infinitive (less formal) in the main clause.

3 Impossible condition (i.e. something which could have happened, but did not):

*Wenn er nach Berlin gekommen **wäre**,*	*hättest du ihn getroffen.*
If he had come to Berlin,	you would have met him.

The pluperfect subjunctive is used in the conditional clause, followed by the pluperfect subjunctive in the main clause.

6.12.5 Indirect speech

Indirect speech is used to report what someone has said, without the need to quote him or her word-for-word. For example:

direct speech:	He said 'It's all your fault, Karen.'
indirect speech:	He said it was all my fault.

In German, the subjunctive is used in indirect speech. This makes it very clear that the speaker or writer is reporting someone else's words:

Dr. Schmidt behauptet, dass die Dritte Welt an der Klimakatastrophe schuld sei.

As in the above example, the conjunction *dass* is often used to introduce the reported statement. However, the following structure is also possible:

Dr. Schmidt behauptet, die Dritte Welt sei an der Klimakatastrophe schuld.

The table below shows which tense of the subjunctive to use in indirect speech:

direct speech: indicative	indirect speech: subjunctive
present *Jörg: „Ich **habe** viel Freiheit."*	**present** *Jörg sagte, er **habe** viel Freiheit.*
imperfect *Jörg: „Ich **hatte** viel Freiheit."*	**perfect** *Jörg sagte, er **habe** viel Freiheit **gehabt**.*
perfect *Jörg: „Ich **habe** viel Freiheit **gehabt**."*	**perfect** *Jörg sagte, er **habe** viel Freiheit **gehabt**.*
future *Jörg: „Ich **werde** viel Freiheit haben."*	**future** *Jörg sagte, er **werde** viel Freiheit **haben**.*

However, there are many instances in which the indicative and the subjunctive are identical:

present indicative:	*Petra: „Sie **haben** viel Freiheit."*
present subjunctive:	*Petra sagte, sie **haben** viel Freiheit.*

In order to make it clear that indirect speech is being used, the imperfect subjunctive may be used in place of the present subjunctive, the pluperfect instead of the perfect, and *würde* + infinitive instead of the future subjunctive:

direct speech: indicative	indirect speech: subjunctive
present *Jörg und Petra: „Wir haben viel Freiheit."*	**instead of present: imperfect** *Sie sagten, sie hätten viel Freiheit.*
imperfect/perfect *Jörg und Petra: „Wir hatten viel Freiheit."* *Jörg und Petra: „Wir haben viel Freiheit gehabt."*	**instead of perfect: pluperfect** *Sie sagten, sie hätten viel Freiheit gehabt.*
future *Jörg und Petra: „Wir werden viel Freiheit haben."*	**instead of future: *würde* + infinitive** *Sie sagten, sie würden viel Freiheit haben.*

6.12.6 als (ob) + subjunctive

The subjunctive is frequently used with the conjunction *als ob*:

> *Du tust, **als ob** nichts geschehen **wäre**.*
> *Es sieht so aus, **als ob** sie hier nicht willkommen **wären**.*
> *Er sieht aus, **als ob** er kein Geld **hätte**.*

Als can be used alone with the same meaning as *als ob*. In this case, the verb comes directly after the conjunction:

> *Du tust, **als wäre** nichts geschehen.*
> *Es sieht so aus, **als wären** sie hier nicht willkommen.*
> *Er sieht aus, **als hätte** er kein Geld.*

If the verb in the main clause is in the present tense, *sei* and *habe* can be used in place of *wäre* and *hätte*, with no change in meaning:

> *Du tust, **als ob** nichts geschehen **sei**.*
> *Es sieht so aus, **als seien** sie hier nicht willkommen.*
> *Er sieht aus, **als ob** er kein Geld **habe**.*

Als (ob) can also be used with the subjunctive of modal verbs:

> *Du tust, **als ob** uns nichts passieren **könnte**. (rare: **könne**)*
> *Es sah so aus, **als müssten** die Sozialdemokraten aufgeben.*

With all other verbs, it is better style to avoid the subjunctive, and use *würde* + infinitive instead:

> *Man hat den Eindruck, **als ob** das jüdische Leben in Wien wieder **aufblühen würde**.*
> *Man hat den Eindruck, **als würde** das jüdische Leben in Wien wieder **aufblühen**.*

In colloquial language, it is becoming less common to use the subjunctive with *als ob*. Instead, the indicative is used – especially when the verb in the main clause is in the present tense, and the likelihood of the surmise is being emphasised:

> *Er sieht aus, **als ob** er kein Geld **hat**.*
> *Es sieht so aus, **als ob** wir hier nicht willkommen **sind**.*

Note that *als* (in the sense 'as if') cannot be used with the indicative in this way.

7 Prepositions

Prepositions are said to 'govern' a particular case, i.e. they put a following noun into that case.

7.1 Fixed case

The prepositions below always govern the case shown:

accusative:	*durch, für, gegen, ohne, um*
genitive:	*(an)statt, trotz, während, wegen; beiderseits, diesseits, jenseits; außerhalb, innerhalb, oberhalb, unterhalb; unweit*
dative:	*aus, außer, bei, gegenüber, mit, nach, seit, von, zu*

7.2 Dual case

The following prepositions govern either the accusative or the dative:

an, auf, entlang, hinter, in, neben, über, unter, vor, zwischen

accusative:	a when they indicate direction, not position
	b in certain set expressions, e.g. *sich freuen auf, sich ärgern über*
dative:	a when they indicate position, not direction
	b in certain fixed expressions, e.g. *teilnehmen an, sich fürchten vor*

8 Conjunctions

Conjunctions provide a link between clauses. Subordinating conjunctions introduce a subordinate clause, coordinating conjunctions introduce another main clause:

coordinating: *Jan ernährte sich bisher immer gesund, **aber** er isst jetzt nur noch Pizza.*

subordinating: *Jan isst nur noch Pizza, **obwohl** das bestimmt nicht sehr gesund ist.*

Common coordinating conjunctions are:

aber; denn; jedoch; nicht (nur) ... , sondern (auch); oder; und; weder ... noch

Clauses beginning with *oder* or *und* are not separated from the previous clause by a comma, and there is no comma between *weder* and *noch*.

Common subordinating conjunctions are:

als, als ob, bevor, bis, da, damit, dass, falls, indem, nachdem, obwohl, seit(dem), so dass, sobald, sofern, solange, soweit, trotzdem, während, weil, wenn

Subordinate clauses are always separated from the previous clause by a comma.

9 Clause structures

9.1 Main clause word order (statements)

A main clause is a clause that can stand alone as a complete sentence. In a main clause, the finite verb is always the second element:

*Thomas **ging** die Straße hinunter.*

Note that a noun phrase (■ 1.3) or an adverbial phrase is counted as one element even though it may consist of several words. Thus in the following examples the verb is always the second element:

*Mein sehbehinderter Nachbar **geht** erst morgen zur Augenklinik.*
*Erst morgen **geht** mein sehbehinderter Nachbar zur Augenklinik.*
*Zur Augenklinik **geht** mein sehbehinderter Nachbar erst morgen.*

If there is a preceding subordinate clause, this is treated as the first element in the main clause, so that the finite verb form comes directly after the comma:

***Dass ich die Prüfung bestanden habe**, erstaunt ihn.*
***Als er anrief**, lernte ich gerade für die Prüfung.*

In the first example above, the *dass*-clause takes the role of subject; in the second example, the *als*-clause has the role of an adverbial of time, and the subject is *ich*. (For the word order of this sentence, see the notes on inversion in ■ 9.1.1.)

A preceding infinitive phrase is treated in the same way:

***Ihm mit seinen Hausaufgaben zu helfen**, habe ich nie versprochen.*

9.1.1 Inversion

In a main clause, the subject typically occupies the first position. In 'inversion', however, the subject is moved from first position, to be replaced by another element. The subject then comes directly after the verb. This is especially common with adverbs and adverbials of time, though many different items may be used in the same way:

Speziell im Sommer | laden | die Strände der Kieler Bucht | zum Sonnenbaden ein.

adverbial phrase　　finite verb　　subject

In a main clause following a coordinating conjunction, the conjunction is not counted as the first element in the clause:

Der Mai ist zu unbeständig und die Urlauber sind nicht spontan genug. (NOT: ... und sind die Urlauber ...)

conjunction　1st element　2nd element

9.2 Subordinate clause word order

Subordinate clauses cannot stand alone as complete sentences: they must always refer to a main clause. Subordinate clauses are introduced either by subordinating conjunctions (■ 8) or by relative pronouns (■ 5.3). The conjunction or relative pronoun is the first element in the clause, and the finite verb form is the last:

*Es stört sie nicht, **wenn** sie vielleicht bestraft **werden**.*
*Es ist einfach schön, jemand zu haben, **dem** man vertrauen **kann**.*

The exception to this rule is when a modal verb is used in a compound tense (perfect, pluperfect, future or future perfect ■ 6.9.2, 6.9.4, 6.9.5, 6.9.6). Here, the finite verb form (the auxiliary *haben, sein* or *werden*) comes before the non-finite verb forms (infinitive, past participle):

*Es wundert mich, dass er bei dieser Kälte **hat** schwimmen wollen.*

9.3 Question word order

In questions which require a 'yes'/'no' answer, the finite verb is the first element, and the subject is the second:

Stört es dich, wenn ich rauche?

In questions with a question word, the question word is the first element and the verb is the second:

Was meint ihr dazu?

The question word may be an interrogative pronoun (*wer/wen/wessen/wem, was, welche/r/s* etc.), an interrogative adverb or adverbial (*wie, wann, wo, warum, um wie viel Uhr* etc.) or an interrogative adjective + noun phrase: (*welche deutsche Frau, wie viele Männer, was für ein Buch* etc.)

10 The new German spelling

On 1 August 1998 the German spelling reform came into force in Germany, Austria and Switzerland. However, until 2005 it will be permissible to use the older German spelling, and of course all publications printed before August 1998 contain the older spelling. In this book, the new German spelling rules are used.

The most important rules included in the 1998 reform are as follows:

ß or ss?

After a long vowel or diphthong, always *ß*: *Fußball, grüßen, heiß*

After a short vowel, always **ss**: *Flussbett, wusste, floss*

(Old rule: *ß* after a long vowel or diphthong, but also at the end of a word or before a consonant: *Flußbett, wußte, floß*.)

One word or two?

Many combinations of adjective/adverb/noun + verb are now written separately, e.g.: *übrig bleiben, überhand nehmen, Rad fahren.*

All combinations of infinitive + verb are now written separately, e.g. *bestehen bleiben, kennen lernen, sitzen bleiben, spazieren gehen.*

Combinations of *zu* + adjective/adverb are now written separately: *zu viel, zu wenig.*

(Old rule: all the above examples were written as one word.)

Comma

Main clauses beginning with the coordinating conjunctions *und* and *oder* need not be separated from the preceding clause by a comma.

(Old rule: comma before *und* and *oder* if the second clause has its own subject.)

In addition to the above, there are many minor changes, e.g. slight changes to spelling of individual words, especially recent borrowings from foreign languages. Consult an up-to-date dictionary for details.

Common strong and irregular verbs – principal parts

Verbs which take auxiliary *sein* in the perfect, pluperfect and future perfect are marked * after the past participle.

infinitive	present indicative 3rd pers. sing.	imperfect indicative 3rd pers. sing.	imperfect subjunctive 3rd pers. sing.	imperative singular	past participle	basic English meaning
backen	bäckt	backte	backte	back(e)	gebacken	to bake
befehlen	befiehlt	befahl	befähle	befiehl	befohlen	to command
beginnen	beginnt	begann	begänne	beginn	begonnen	to begin
beißen	beißt	biss	bisse	beiß(e)	gebissen	to bite
bergen	birgt	barg	bärge	birg	geborgen	to save
biegen	biegt	bog	böge	bieg(e)	gebogen* [7]	to bend
bieten	bietet	bot	böte	biet(e)	geboten	to offer
binden	bindet	band	bände	bind(e)	gebunden	to bind
bitten	bittet	bat	bäte	bitt(e)	gebeten	to ask
blasen	bläst	blies	bliese	blas(e)	geblasen	to blow
bleiben	bleibt	blieb	bliebe	bleib	geblieben*	to stay
braten	brät	briet	briete	brat(e)	gebraten	to fry
brechen	bricht	brach	bräche	brich	gebrochen* [3]	to break
brennen	brennt	brannte	brennte	brenn(e)	gebrannt	to burn
bringen	bringt	brachte	brächte	bring(e)	gebracht	to bring
denken	denkt	dachte	dächte	denk(e)	gedacht	to think
dringen	dringt	drang	dränge	dring(e)	gedrungen* [3]	to penetrate
dürfen	darf	durfte	dürfte	—	gedurft[1]/dürfen[2]	to be allowed
empfehlen	empfiehlt	empfahl	empföhle	empfiehl	empfohlen	to recommend
essen	isst	aß	äße	iss	gegessen	to eat
fahren	fährt	fuhr	führe	fahr(e)	gefahren* [3]	to drive
fallen	fällt	fiel	fiele	fall(e)	gefallen*	to fall
fangen	fängt	fing	finge	fang(e)	gefangen	to catch
finden	findet	fand	fände	find(e)	gefunden	to find
fliegen	fliegt	flog	flöge	flieg(e)	geflogen*	to fly
fliehen	flieht	floh	flöhe	flieh(e)	geflohen*	to flee
fließen	fließt	floss	flösse	fließ(e)	geflossen*	to flow
fressen	frisst	fraß	fräße	friss	gefressen	to eat
frieren	friert	fror	fröre	frier(e)	gefroren* [3]	to freeze
gebären	gebiert	gebar	gebäre	gebier	geboren	to give birth
geben	gibt	gab	gäbe	gib	gegeben	to give
gedeihen	gedeiht	gedieh	gediehe	gedeih(e)	gediehen*	to flourish
gehen	geht	ging	ginge	geh(e)	gegangen*	to go
gelingen	gelingt	gelang	gelänge	—	gelungen*	to succeed
gelten	gilt	galt	gälte	—	gegolten	to be valid
genießen	genießt	genoss	genösse	genieß(e)	genossen	to enjoy
geschehen	geschieht	geschah	geschähe	geschieh	geschehen*	to happen
gewinnen	gewinnt	gewann	gewänne	gewinn(e)	gewonnen	to win
gießen	gießt	goss	gösse	gieß(e)	gegossen	to pour
gleichen	gleicht	glich	gliche	gleich(e)	geglichen	to resemble
gleiten	gleitet	glitt	glitte	gleit(e)	geglitten*	to glide
graben	gräbt	grub	grübe	grab(e)	gegraben	to bury
greifen	greift	griff	griffe	greif(e)	gegriffen	to grab
haben	hat	hatte	hätte	hab(e)	gehabt	to have
halten	hält	hielt	hielte	halt(e)	gehalten	to hold
hängen	hängt	hing	hinge	häng(e)	gehangen[4]	to hang
heben	hebt	hob	höbe	heb(e)	gehoben	to lift
heißen	heißt	hieß	hieße	heiß(e)	geheißen	to be called
helfen	hilft	half	hülfe	hilf	geholfen	to help
kennen	kennt	kannte	kennte	kenn(e)	gekannt	to know
klingen	klingt	klang	klänge	kling(e)	geklungen	to sound
kneifen	kneift	kniff	kniffe	kneif(e)	gekniffen	to pinch
kommen	kommt	kam	käme	komm(e)	gekommen*	to come
können	kann	konnte	könnte	—	gekonnt[1]/können[2]	to be able to
kriechen	kriecht	kroch	kröche	kriech(e)	gekrochen*	to creep
laden	lädt	lud	lüde	lad(e)	geladen	to load
lassen	lässt	ließ	ließe	lass	gelassen[1]/lassen[2]	to let
laufen	läuft	lief	liefe	lauf(e)	gelaufen*	to run
leiden	leidet	litt	litte	leid(e)	gelitten	to suffer
leihen	leiht	lieh	liehe	leih(e)	geliehen	to lend
lesen	liest	las	läse	lies	gelesen	to read
liegen	liegt	lag	läge	lieg(e)	gelegen	to lie
löschen	lischt	losch	lösche	lisch	geloschen	to extinguish
lügen	lügt	log	löge	lüg	gelogen	to lie
messen	misst	maß	mäße	miss	gemessen	to measure
misslingen	misslingt	misslang	misslänge	—	misslungen*	to fail
mögen	mag	mochte	möchte	—	gemocht[1]/mögen[2]	to like
müssen	muss	musste	müsste	—	gemusst[1]/müssen[2]	to have to
nehmen	nimmt	nahm	nähme	nimm	genommen	to take

Grammatik: Common strong and irregular verbs

nennen	nennt	nannte	nennte	nenn(e)	genannt	to name
pfeifen	pfeift	pfiff	pfiffe	pfeif(e)	gepfiffen	to whistle
preisen	preist	pries	priese	preis(e)	gepriesen	to praise
raten	rät	riet	riete	rat(e)	geraten	to advise
reiben	reibt	rieb	riebe	reib(e)	gerieben	to rub
reißen	reißt	riss	risse	reiß(e)	gerissen*[3]	to rip
reiten	reitet	ritt	ritte	reit(e)	geritten*[3]	to ride
rennen	rennt	rannte	rennte	renn(e)	gerannt*	to run
riechen	riecht	roch	röche	riech(e)	gerochen	to smell
rufen	ruft	rief	riefe	ruf(e)	gerufen	to call
saufen	säuft	soff	söffe	sauf(e)	gesoffen	to drink (coll.)
schaffen	schafft	schuf	schüfe	schaff(e)	geschaffen[5]	to create
scheiden	scheidet	schied	schiede	scheide	geschieden*[3]	to divide
scheinen	scheint	schien	schiene	schein(e)	geschienen	to seem
schieben	schiebt	schob	schöbe	schieb(e)	geschoben	to push
schießen	schießt	schoss	schösse	schieß(e)	geschossen*[3]	to shoot
schlafen	schläft	schlief	schliefe	schlaf(e)	geschlafen	to sleep
schlagen	schlägt	schlug	schlüge	schlag(e)	geschlagen	to strike
schleichen	schleicht	schlich	schliche	schleich(e)	geschlichen*[3]	to creep
schließen	schließt	schloss	schlösse	schließ(e)	geschlossen	to shut
schmeißen	schmeißt	schmiss	schmisse	schmeiß(e)	geschmissen	to throw
schmelzen	schmilzt	schmolz	schmölze	schmilz	geschmolzen*[3]	to melt
schneiden	schneidet	schnitt	schnitte	schneid(e)	geschnitten	to cut
schreiben	schreibt	schrieb	schriebe	schreib(e)	geschrieben	to write
schreien	schreit	schrie	schriee	schrei(e)	geschrie(e)n	to shout
schreiten	schreitet	schritt	schritte	schreit(e)	geschritten*	to stride
schweigen	schweigt	schwieg	schwiege	schweig(e)	geschwiegen	to be silent
schwellen	schwillt	schwoll	schwölle	schwill	geschwollen*[3]	to swell
schwimmen	schwimmt	schwamm	schwämme	schwimm(e)	geschwommen*	to swim
schwören	schwört	schwor	schwüre	schwör(e)	geschworen	to swear
sehen	sieht	sah	sähe	sieh(e)	gesehen[1]/sehen[2]	to see
sein	ist	war	wäre	sei	gewesen*	to be
senden	sendet	sandte	sendete	send(e)	gesandt[6]	to send
singen	singt	sang	sänge	sing(e)	gesungen	to sing
sinken	sinkt	sank	sänke	sink(e)	gesunken*	to sink
sitzen	sitzt	saß	säße	sitz(e)	gesessen	to sit
sollen	soll	sollte	sollte	—	gesollt[1]/sollen[2]	to be supposed to
sprechen	spricht	sprach	spräche	sprich	gesprochen	to speak
springen	springt	sprang	spränge	spring(e)	gesprungen*	to jump
stechen	sticht	stach	stäche	stich	gestochen	to sting
stehen	steht	stand	stände	steh	gestanden	to stand
stehlen	stiehlt	stahl	stähle	stiehl	gestohlen	to steal
steigen	steigt	stieg	stiege	steig(e)	gestiegen*	to climb
sterben	stirbt	starb	stürbe	stirb	gestorben*	to die
stinken	stinkt	stank	stänke	stink(e)	gestunken	to stink
stoßen	stößt	stieß	stieße	stoß(e)	gestoßen*[7]	to push
streichen	streicht	strich	striche	streich(e)	gestrichen*[7]	to stroke
streiten	streitet	stritt	stritte	streit(e)	gestritten	to quarrel
tragen	trägt	trug	trüge	trag(e)	getragen	to carry
treffen	trifft	traf	träfe	triff	getroffen	to meet
treiben	treibt	trieb	triebe	treib(e)	getrieben*[3]	to drive
treten	tritt	trat	träte	tritt	getreten*[3]	to step
trinken	trinkt	trank	tränke	trink(e)	getrunken	to drink
trügen	trügt	trog	tröge	trüg(e)	getrogen	to deceive
tun	tut	tat	täte	tu(e)	getan	to do
verderben	verdirbt	verdarb	verdärbe	verdirb	verdorben*[3]	to spoil
vergessen	vergisst	vergaß	vergäße	vergiss	vergessen	to forget
verlieren	verliert	verlor	verlöre	verlier(e)	verloren	to lose
vermeiden	vermeidet	vermied	vermiede	vermeid(e)	vermieden	to avoid
verschwinden	verschwindet	verschwand	verschwände	verschwind(e)	verschwunden*	to disappear
verzeihen	verzeiht	verzieh	verziehe	verzeih(e)	verziehen	to forgive
wachsen	wächst	wuchs	wüchse	wachs(e)	gewachsen*	to grow
waschen	wäscht	wusch	wüsche	wasch(e)	gewaschen	to wash
weichen	weicht	wich	wiche	weich(e)	gewichen*	to move
weisen	weist	wies	wiese	weis(e)	gewiesen	to point
werben	wirbt	warb	würbe	wirb	geworben	to recruit
werden	wird	wurde	würde	werde	geworden*[8]/worden*[9]	to become
werfen	wirft	warf	würfe	wirf	geworfen	to throw
wiegen	wiegt	wog	wöge	wieg(e)	gewogen	to weigh
winden	windet	wand	wände	wind(e)	gewunden	to wind
wissen	weiß	wusste	wüsste	wisse	gewusst	to know
wollen	will	wollte	wollte	—	gewollt[1]/wollen[2]	to want
ziehen	zieht	zog	zöge	zieh(e)	gezogen*[7]	to pull
zwingen	zwingt	zwang	zwänge	zwing(e)	gezwungen	to force

1 When not preceded by an infinitive.
2 After an infinitive.
3 Auxiliary *sein* with the intransitive verb only.
4 Intransitive only. The transitive verb is weak and regular.
5 The verb *schaffen* 'to manage' etc. is weak and regular.
6 The verb *senden* 'to transmit' is a regular weak verb.
7 Auxiliary *sein* only with the intransitive verb in certain meanings. Consult a dictionary.
8 When not preceded by the past participle of another verb.
9 After the past participle of another verb.

Verb tables

Weak verb: *KAUFEN – TO BUY*

Indicative

present tense

ich kaufe	*wir kaufen*
du kaufst	*ihr kauft*
	Sie kaufen
er/sie/es kauft	*sie kaufen*

imperfect tense

ich kaufte	*wir kauften*
du kauftest	*ihr kauftet*
	Sie kauften
er/sie/es kaufte	*sie kauften*

perfect tense
(present of *haben* + past participle)

ich habe gekauft	*wir haben gekauft*
du hast gekauft	*ihr habt gekauft*
	Sie haben gekauft
er/sie/es hat gekauft	*sie haben gekauft*

pluperfect tense
(imperfect of *haben* + past participle)

ich hatte gekauft	*wir hatten gekauft*
du hattest gekauft	*ihr hattet gekauft*
	Sie hatten gekauft
er/sie/es hatte gekauft	*sie hatten gekauft*

future tense
(present of *werden* + infinitive)

ich werde kaufen	*wir werden kaufen*
du wirst kaufen	*ihr werdet kaufen*
	Sie werden kaufen
er/sie/es wird kaufen	*sie werden kaufen*

future perfect tense
(present of *werden* + past participle + *haben*)

ich werde gekauft haben	*wir werden gekauft haben*
du wirst gekauft haben	*ihr werdet gekauft haben*
	Sie werden gekauft haben
er/sie/es wird gekauft haben	*sie werden gekauft haben*

Subjunctive

present tense

ich kaufe	*wir kaufen*
du kaufest	*ihr kaufet*
	Sie kaufen
er/sie/es kaufe	*sie kaufen*

imperfect tense

ich kaufte	*wir kauften*
du kauftest	*ihr kauftet*
	Sie kauften
er/sie/es kaufte	*sie kauften*

perfect tense
(present subjunctive of *haben* + past participle)

ich habe gekauft	*wir haben gekauft*
du habest gekauft	*ihr habet gekauft*
	Sie haben gekauft
er/sie/es habe gekauft	*sie haben gekauft*

pluperfect tense
(imperfect subjunctive of *haben* + past participle)

ich hätte gekauft	*wir hätten gekauft*
du hättest gekauft	*ihr hättet gekauft*
	Sie hätten gekauft
er/sie/es hätte gekauft	*sie hätten gekauft*

future tense
(present subjunctive of *werden* + infinitive)

ich werde kaufen	*wir werden kaufen*
du werdest kaufen	*ihr werdet kaufen*
	Sie werden kaufen
er/sie/es werde kaufen	*sie werden kaufen*

future perfect tense
(present subjunctive of *werden* + past participle + *haben*)

ich werde gekauft haben	*wir werden gekauft haben*
du werdest gekauft haben	*ihr werdet gekauft haben*
	Sie werden gekauft haben
er/sie/es werde gekauft haben	*sie werden gekauft haben*

conditional tense
(imperfect subjunctive of *werden* + infinitive)

ich würde kaufen	*wir würden kaufen*
du würdest kaufen	*ihr würdet kaufen*
	Sie würden kaufen
er/sie/es würde kaufen	*sie würden kaufen*

conditional perfect tense
(imperfect subjunctive of *werden* + past participle + *haben*)

ich würde gekauft haben	*wir würden gekauft haben*
du würdest gekauft haben	*ihr würdet gekauft haben*
	Sie würden gekauft haben
er/sie/es würde gekauft haben	*sie würden gekauft haben*

Irregular weak verb: *HABEN – TO HAVE*

Indicative

present tense

ich habe	wir haben
du hast	ihr habt
	Sie haben
er/sie/es hat	sie haben

imperfect tense

ich hatte	wir hatten
du hattest	ihr hattet
	Sie hatten
er/sie/es hatte	sie hatten

All the compound tenses are formed in the usual way: see *kaufen* opposite.

Subjunctive

present tense

ich habe	wir haben
du habest	ihr habet
	Sie haben
er/sie/es habe	sie haben

imperfect tense

ich hätte	wir hätten
du hättest	ihr hättet
	Sie hätten
er/sie/es hätte	sie hätten

Irregular weak verb: *MÜSSEN – TO HAVE TO*

Indicative

present tense

ich muss	wir müssen
du musst	ihr müsst
	Sie müssen
er/sie/es muss	sie müssen

imperfect tense

ich musste	wir mussten
du musstest	ihr musstet
	Sie mussten
er/sie/es musste	sie mussten

All the compound tenses are formed in the usual way: see kaufen above. Note that, as all modals, *müssen* has two past participles (■ 6.9.2).

Subjunctive

present tense

ich müsse	wir müssen
du müssest	ihr müsset
	Sie müssen
er/sie/es müsse	sie müssen

imperfect tense

ich müsste	wir müssten
du müsstest	ihr müsstet
	Sie müssten
er/sie/es müsste	sie müssten

Irregular strong verb: *SEIN – TO BE*

Indicative

present tense

ich bin	wir sind
du bist	ihr seid
	Sie sind
er/sie/es ist	sie sind

imperfect tense

ich war	wir waren
du warst	ihr wart
	Sie waren
er/sie/es war	sie waren

All the compound tenses are formed in the usual way: see *kaufen* opposite (auxiliary *sein*, not *haben*).

Subjunctive

present tense

ich sei	wir seien
du seiest	ihr seiet
	Sie seien
er/sie/es sei	sie seien

imperfect tense

ich wäre	wir wären
du wärest	ihr wäret
	Sie wären
er/sie/es wäre	sie wären

Irregular strong verb: *WERDEN – TO BECOME*

Indicative

present tense

ich werde	wir werden
du wirst	ihr werdet
	Sie werden
er/sie/es wird	sie werden

imperfect tense

ich wurde	wir wurden
du wurdest	ihr wurdet
	Sie wurden
er/sie/es wurde	sie wurden

All the compound tenses are formed in the usual way: see kaufen above (auxiliary *sein*, not *haben*). Note that *werden* has two past participles (■ 6.10).

Subjunctive

present tense

ich werde	wir werden
du werdest	ihr werdet
	Sie werden
er/sie/es werde	sie werden

imperfect tense

ich würde	wir würden
du würdest	ihr würdet
	Sie würden
er/sie/es würde	sie würden

Bibliography

The authors and publishers would like to thank the following for permission to reproduce copyright materials:

„Alkohol", Herbert Grönemeyer, Mrotzek & Hamm ©1984, p2; „Alkoholismus", Aktuell 2000,p14/147 Harenberg Verlag, p3; „Die Sucht", Langenscheidts Großwörterbuch Deutsch als Fremdsprache, © 96-2001 - Langenscheidt KG, p4; „Der Untergang der Titanik", http://www.stobke.de/titanik.html, p5; „Elternängste" from the brochure „Ich will mein Kind vor Drogen schützen" pp.2–3, p6, „Diagnose: Magersucht", p16, „Ein Datum wird zur Bewegung", p27; Bundeszentrale für gesundheitliche Aufklärung 1994; Red ribbon ad: Welt-Aids-Tag, http://www.bzga.de/aids/welt.html, p27; „Hansaplatz: Drogenelend wird immer größer", Andre Zand-Vakili in Die Welt online vom 14.08.1999 – Hamburg, p8; „Die Drogenkarriere ist ein Teufelskreis", p9, „Zigaretten und Werbung", „Wichtig für Passivraucher" p11, Barmer Ersatzkasse; „Wege aus der Sucht" p.102, Focus 3/2000, p12; „Viele Kinder mit psychosomatischen Beschwerden" 22/11/1997,„Kids als Pillenschlucker" 11/12/1999, Hamburger Morgenpost online http://database.mopo.de,p14; „Mehr Druck und Frust am Arbeitsplatz", SFA Information Pressedienst online http://www.sfa-ispa.ch, p15; „Faust", Goethe, erster Teil. Leipzig: Reclam, 1980, pp.45/6, p19; „Kurzbiografie Gustaf Gründgens", http://www.lvr.de/, p18; „Mephisto. Roman einer Karriere", Klaus Mann, Rowohlt Verlag, 1981, p19; „Exzessiver Sport: Neue Männerkrankheit, Muskelsucht" 14/02/00, p20, „Sauna: Immer mehr Deutsche schwitzen" 22/05/00, p21, Focus online; „Vom Asket zum Gourmet- Die Ökobranche setzt auf Genießer", Marion Trimborn, http://www.netlink.de/gen/, p23; „Schwangere Teenager in England", Johannes Keienburg, Tagesspiegel 03/2000, p24; „AIDS-Beratung", Stadtgesundheitsamt Frankfurt, p26; „An der Babyklappe scheiden sich die Geister", Hamburger Abendblatt, p29; „Die Spur der Steine", Eberhard Schade, Stefanie Friedhoff, Nr. 45/1999, p230/231, p34, „Frauen und Bundeswehr", Nr. 45/1999, p63-65, p54, „Ich will keine Frauen an vorderster Front", Nr. 45/1999, p65, p55, „Medizinische Weltpremiere in Lyon", Cornelia Fuchs, Nr. 9/2000, „Hüpfer-Herz", Nr. 28/1999, p132, „Klonen – Horror oder Hoffnung für die Medizin?", Frank Ochmann, Nr. 5/1999, p50, „Babys für alle?", Nr. 44/2000, „Das große Sterben", Cornelia Fuchs Nr. 36/2000, p56, „Schluss damit!", Nr. 18/2000, p36, p13, Stern Magazin; „Große Mehrheit der Deutschen sieht deutsche Einheit positiv", Jutta Kramm, Berliner Zeitung, 07/11/1999, p38; „Die Parteien", Faktenlexikon Deutschland, p42; „Umfrage: Zahl der Nichtwähler steigt", p44, „Liebe in Zeiten des Krieges", p48, „Party unterm Regenbogen ", „Wie viel Freiheit braucht der Kudamm?", p49, Berliner Morgenpost 1999; „Deutsche gegen Krieg", die tageszeitung, 16/01/1991, p52; „Mehrheit billigt Waffeneinsatz", Neue Osnabrücker Zeitung 21/01/1991, p52 „Kriegsdienstverweigerung", ©2001 Verein für Friedenspädagogik Tübingen eV, http://www.friedenspaedagogik.de, p56; „Zivildienst: Angst vor der Lücke" Carsten Holm, Nr. 32/1999 p66, p59, „Der nackte Untertan", Uwe Buse und Cordt Schnibben, , Nr. 27/1999, „Ariane 5 unter Preisdruck", Nr. 40/1999, „Zeitbomben in den Vorstädten", Nr. 16/1997, p79–80, „Ich muss blöd gewesen sein", Hakan Durmus, Nr. 16/1997, p88, „Schein und Sein", Nr. 15/1998,, „Die Geburt des Hoffnungslosen", Rüdiger Ditz, Nr. 39/1999, Der Spiegel; „Rechte Jugendliche meist in einer Identitätskrise", Die Presse online, p62; „Ganz rechts: Mein Leben in der DVU", Jörg Fischer, p9, Rowohlt Taschenbuch Verlag 1999, p65; „Nationalsozialismus in Oesterreich 1933–1938", Archiv der Stadt Linz, http://www.linz.at/archiv/, p68; „Die Kapuzinergruft", Joseph Roth, p19, Kiepenheuer und Witsch 1987, p74; „Der virtuelle Morzinplatz",

http://www.museumonline.at/1998/schools/wien/WI_PICHE/rechts.htm, Bundesrealgymnasium Wien, 1998, p71; „Die Israelitische Kultusgemeinde (IKG)", http://www.ikg-vienna.at/, p72; „Erstarrt und unmodern?" http://www.kathpress.co.at/, p77; „Zwischen den Welten", http://dialog.at, p78; „Integrieren und differenzieren – muslimische Frauen", Lise J. Abid, 02/2000, Wiener Journal, p79; „Was ist eine ‚Sekte'?" http://www.bmsg.gv.at/bmsg/j_sekten/hintergrund/was_ist.htm, p80; „Der Euro kommt!", Bild online http://www.bild.de,01/1998, Axel Springer Verlag AG p86; „Umfrage – Euro-Akzeptanz der Briten wächst", http://www.business-channel.de, p87; „Ins Netz gestolpert", Eric Breitinger, Die Zeit, Nr. 2/2000, Zeit Verlag, p91; „Die Medienlandschaft im Jahr 2020", http://bird.musik.uni-osnabrueck.de/, p93; „Das Planspiel", Andreas Gruber, August 1998, p96-98; „Gibt es Leben außerhalb unseres Sonnensystems?", Hans-Erich Gillmann, http://www.astronomie.de/bibliothek/, p100; „Three Triangles – Outdoor Pieces for Bremen 1994", Sol LeWitt, p103; „Mauer muss weg", Volker Junck, Weser-Kurier, 08/2000, p103; „Sub-Orbital Spaceflights", „Der X-Prize-Wettbewerb", „Ein orbitalfähiger Weltraumtransporter – ‚der Venture Star'", http://www.spacetourism.de, p105; „Hier kommt ‚Wind' in die Sache", http://www.ltam.lu/solarteam/Windenergie.htm, p109; „Regenerative Energien", http://www.krref.krefeld.schulen.net/, p108; „Taxi vereitelt Raubüberfall",11/2000, p109; „Knast gehört zu den Risiken des Lebens", Volker Mazassek, 04/1999, p121; Frankfurter Rundschau; „Gewalt – Sehen – Helfen", http://www.praeventionsrat.stadt-frankfurt.de/kampagne.htm, p119; „Leidtragende mit bescheidenen Rechten'", http://www.zdf.de/ratgeber/, p122; „Opferhilfe Frankfurt e.V. Beratungsangebot", http://www.opferhilfe-hamburg.de, p123; „Sündenbock Ausländer", Antifa Pforzheim, http://www.antifa.net/pforzheim/auslaender.htm, p126; „Paten arbeiten gerne mit Nachrichtendiensten", Frankfurter Neue Presse online 18/11/2000, p128; „Internetverbrechen werden zur Routine", Berliner Zeitung Online, 11/04/2000, p129; „Pretty in Pink", „BOSS-Woman", http://www.mode.de/, p131; „Frankfurt – 2050 AD", Christoph Lier, http://www.das-system.de, p133; „Süße Fünfzehn", p134, „Von A wie Arbeitslosigkeit bis Z wie Zappen", p138, Volker Mazassek, „Die Abwärtsspirale beginnt, wenn das TV die Elternrolle übernimmt", p139; „Jugendkriminalität", Sonderdruck der Frankfurter Rundschau 1999, http://www.soznet.fh-frankfurt.de, „Auf dem „Heißen Stuhl"", Ute Diefenbach, http://www.prof-jens-weidner.de, p140; „Verheerendes Erdbeben in Indien", Diakonisches Werk der EDK e.V., http://www.katastrophen-hilfe-edk.de/, p147; „Swissaid Projekte", Swissaid, http://www.swissaid.ch/, pp150-151; Kinderhilfswerk für die Dritte Welt, p152; „Transfair", http://www.transfair.or.a t, www.fairtrade.net, www.fairtrade.org.uk (Fairtrade Foundation) , p157; „Eine Ziege hilft Familien", http://www.caritas-trier.de/diozese_trier/wirhelfenihnen/-auslandshilfe/ruanda.htm, Caritas, p153; „Transfair Österreich", http://www.eza3welt.at/fairerhandel_.htm, Entwicklungszusammenarbeit mit der Dritten Welt GesmbH, p155; Das Planspiel, Andreas Gruber, gruber.andreas@netway.at, www.myworld.privateweb.at/gruber.

The publishers have made every possible effort to trace all copyright holders. In the few cases where copyright holders could not be traced, due acknowledgement will be given in future reprintings if copyright holders make themselves known to the publishers.